Grundwortschatz Latein
nach Sachgruppen

bearbeitet von
Eberhard Hermes
und
Horst Meusel

Ernst Klett Schulbuchverlag Leipzig
Leipzig Stuttgart Düsseldorf

Inhalt

Erklärung der Zeichen: auf dem vorderen Vorsatz
Zu diesem Buch 3
Einführung in die lateinische Wortkunde 4
Überblick über die Gruppensequenz 17
Die Lerngruppen 18
Elemente der Wortbildung 210
Tropen und Figuren 215
Syntaktische und semantische Kasus-Funktionen 217
Übersicht über die Gliedsätze 218
Grammatischer Index 219
Alphabetischer Index der Lernwörter 220

Anleitung zur Arbeit 233

Neuausgabe 1993.

2. Auflage   A 2   14 13 12 11 | 2005 2004 2003 2002

Im Inhalt unveränderte Neuausgabe der 2. Auflage des 1988 erstmals erschienenen Klettbuches Nr. 6043. Alle Auflagen und Ausgaben können im Unterricht nebeneinander benutzt werden, sie sind untereinander bis auf Fehlerberichtigungen unverändert.
Die letzte Zahl bezeichnet das Jahr dieses Druckes.
© Ernst Klett Verlag GmbH, Stuttgart 1993.
Alle Rechte vorbehalten.

Einbandgestaltung: Manfred Muraro, Stuttgart
Satz: Steffen Hahn, Kornwestheim
Druck: Gutmann + Co., 74388 Talheim
ISBN 3-12-604330-5

Zu diesem Buch

Die Beachtung des Häufigkeitsprinzips bei der Darbietung des Wortschatzes hatte es möglich gemacht, dass sich das Lernen auf die für die Lektüre wichtigsten Vokabeln, den **Grundwortschatz,** konzentriert. Die Einführung des semantischen Prinzips, d. h. die Berücksichtigung der Bedeutungsbeziehungen, macht es möglich, das Vokabellernen sinnvoller zu gestalten. Deshalb hat unser lateinischer Lernwortschatz nun drei Teile: (1) eine *Einführung,* in der die Gesichtspunkte veranschaulicht werden, nach denen sich der Wortschatz gliedern lässt; (2) einen *Materialteil,* in dem die Lernvokabeln nach solchen Gesichtspunkten angeordnet sind; (3) einen *Übungsteil* (links neben den Vokabel-Seiten), wo die Anwendung der Vokabeln im Satzzusammenhang gezeigt und die angemessene Übersetzung geübt wird.

Das sinnvolle Lernen sieht in der Lektürephase anders aus als im Anfangsunterricht, in dem der Stoff in Einzelpensen dargeboten und die Häufung bedeutungsähnlicher Wörter vermieden wird. Nun aber gilt es, Gelerntes zu ordnen: Zusammengehöriges muss einander nahe gerückt werden, damit es einerseits *assoziiert,* andererseits durch Abgrenzung *differenziert* werden kann. Denn bei der Lektüre hat man es mit Texten zu tun, zu deren Verständnis man die jeweilige Wortwahl des Autors aufgrund der Kenntnis des Wortschatzes erfassen und würdigen soll.

Die nach ihrer Lektürewichtigkeit ausgesuchten Vokabeln sind in 85 **Sachgruppen** angeordnet, die nach dem Prinzip der sprachlichen Felder zusammengestellt wurden. Welcher Gesichtspunkt dabei jeweils im Vordergrund steht, hängt davon ab, auf welche Weise für jede Gruppe eine lernwirksame Feinstruktur erreicht werden konnte. Auch die so genannten „Kleinen Wörter" wie Pronomina, Adverbien, Präpositionen, Konjunktionen sind dorthin gestellt, wo sie ihrer Bedeutung nach hingehören.

Mit dem Übungsteil enthält unser Lernwortschatz auch Grammatik und ermöglicht es, *Wortschatzarbeit* und *Grammatikwiederholung* miteinander zu verbinden, und zwar so, wie es den Anforderungen der Lektüre am ehesten entspricht. Denn während in einer Schulgrammatik die verschiedenen Konstruktionen, die z. B. bei „cogitare denken, beabsichtigen" erwartet werden können, auf ganz verschiedene Kapitel verteilt sind, findet man sie hier unmittelbar neben der Vokabel vereinigt.

Wie jedes einzelne Wort in der Binnengliederung der Gruppe einen Platz hat, der seine Bedeutungsbeziehungen zu den anderen Wörtern erklärt, so hat jede Gruppe einen bestimmten Platz in der Sequenz aller 85 Gruppen, die abzubilden versucht, wie Latein die Welt sprachlich erfasst und deutet.

Eberhard Hermes   *Horst Meusel*

Einführung in die lateinische Wortkunde

1 Zur Gliederung des Wortschatzes

Bei der Lektüre lateinischer Texte befragen wir die dort vorkommenden Vokabeln nach ihrer *Bedeutung im Kontext*. Diese wird dadurch ermittelt, dass wir zu verstehen suchen, was der Verfasser an der betreffenden Stelle sagen will, d. h. Sprache begegnet uns hier als individuelle sprachliche Äußerung (franz.: parole). Beim *Vokabellernen* fragen wir nach der *generellen Bedeutung* der Wörter, die ihre Verwendung in immer neuen Kontexten möglich macht. Diese Bedeutung wird dadurch erkannt, dass man feststellt, welchen Platz die Vokabeln als Elemente des Wortschatzes im System der Sprache (franz.: langue) einnehmen. Wie dieser Wortschatz aufgebaut ist und welche Bedeutungsbeziehungen zwischen den verschiedenen Wörtern herrschen, ist uns jedoch nicht so unmittelbar zugänglich wie das Bedeutungsgefüge einer sprachlichen Äußerung.

Im Wortbestand der lateinischen Sprache lässt sich eine siebenfache Gliederung erkennen, deren Strukturen einander wechselseitig durchdringen, nämlich nach Wortarten, Wortfamilien, Wortfügungen, Wortfeldern, Gegensatzpaaren Sachgruppen und Wortbildungsklassen.

1.1 Die Wortarten

Besonders auffällig ist die Tatsache, dass es verschiedene Wortarten gibt. Nehmen wir an, dass sich jemand über den Eindruck äußern will, den er von einem Menschen hat, der offensichtlich Freude empfindet. Er kann sagen:

<u>*laetātur*</u>
er <u>freut</u> sich   oder   <u>*laetus est*</u>
er ist <u>fröhlich</u>   oder   <u>*laetitiā afficitur*</u>
er empfindet <u>Freude</u>.

Während zunächst eine Aussage über einen inneren *Vorgang* gemacht wird, der im Verhalten des anderen zum Ausdruck kommt *(Verb)*, schreibt der Sprecher in der zweiten Formulierung dem Subjekt eine *Qualität* zu, die seinen inneren Zustand, seine Stimmung betrifft *(Adjektiv)*. In dem dritten Satz hat sich diese Qualität gleichsam verselbständigt zu einem *Begriff,* unter dem sich viele solche Vorgänge oder Zustände zusammenfassen lassen *(Substantiv)*. Eine ähnliche Reihe erhalten wir, wenn wir den Affekt der Angst als Beispiel heranziehen:

<u>*timet*</u>
er <u>fürchtet</u> sich   oder   <u>*timidus est*</u>
er ist <u>furchtsam</u>   oder   <u>*timōre afficitur*</u>
er empfindet <u>Furcht</u>.

Die Klassifikation der Vokabeln nach Wortarten ergibt eine sehr grobe Gliederung. Etwa ein Drittel des Lernwortschatzes sind Verben, ein weiteres Drittel Substantive, ein Sechstel Adjektive. Den Rest bilden die *Funktionswörter* (structural words, mots grammaticaux), d. h. Pronomina, Adverbien, Konjunktionen, Präpositionen, mit denen bestimmte Beziehungen und Nuancierungen innerhalb des Satzes (Textes) angegeben werden können. Dazu kommen einige *Zahlwörter* (Numeralia).

Die Zugehörigkeit zu einer Wortart ist nicht nur wegen des unterschiedlichen Bedeutungsaspekts wichtig (Vorgang, Eigenschaft, Begriff), sondern auch wegen der Möglichkeiten zur Formenbildung der Vokabel (Deklination, Konjugation) und ihrer Verwendung im Satz (Subjekt, Prädikat, Ergänzung, Attribut usw.).

Einführung in die lateinische Wortkunde

1.2 Die Wortfamilien

Die oben gewählten Beispiele weisen auf ein weiteres Strukturprinzip des Wortschatzes hin: die Wortfamilien oder Wortsippen, auch ‚Lexemfelder' genannt. Die Wörter *laetari, laetus, laetitia* oder *timere, timidus, timor* stimmen nämlich jeweils im Wortstamm *(laet-, tim-)* überein, von dem die Angehörigen der verschiedenen Wortarten abgeleitet sind. Umfangreichere Wortsippen kommen dadurch zustande, dass zu den Ableitungen auch Zusammensetzungen (vgl. 1.7) treten, wie bei *ius, iustus, iniustus, iustitia, iudex, iudicium, iudicare, iniuria.*

1.3 Die Wortfügungen

Wörter können auch danach gruppiert werden, in welchem Maß ihr gemeinsames Auftreten erwartet werden kann. Es besteht nämlich zwischen ihnen eine unterschiedliche *Verträglichkeit der Bedeutungen* (semantische Kompatibilität). So ist z. B. im Zusammenhang mit *laetitia* und *timor* das Verbum *afficere* „in eine Stimmung versetzen" zu erwarten, das Partizip *perterritus* „völlig eingeschüchtert" passt jedoch nur zu *timor,* nicht zu *laetitia.*
Erwartungen des Sprachbenutzers richten sich auch auf *syntaktische Fügungen,* die zu bestimmten Wörtern gehören. So ist z. B. bei *laetari* und anderen Verben der Empfindung eine Ergänzung in Form eines Akkusativ-mit-Infinitiv oder eines Gliedsatzes mit „quod" als Füllung der Ergänzungsstelle üblich:

iniūriam tibi factam esse quereris.	Du beklagst dich, dass man dir Unrecht getan habe.
laetātus sum, quod mihi domum revertī licēret.	Ich habe mich gefreut, dass ich nach Hause zurückkommen durfte.

1.4 Die Wortfelder

Bestimmte Vokabeln des Wortschatzes sind durch *Bedeutungsähnlichkeit (Synonymie)* aneinander gebunden. Im folgenden Beispiel hat der Sprecher (Cicero) seine Freude mit zwei verschiedenen Verben bezeichnet:

suum cuique honōrem et gradum redditum esse gaudeō vehementerque laetor.	Ich freue mich sehr darüber, dass jeder sein Amt und seinen Rang behalten durfte.

Während hier die beiden Verben, das die innere Freude bezeichnende *gaudere* und das ihren Ausdruck benennende *laetari,* zum Zweck der Emphase (Verstärkung) verbunden sind, werden sie an anderer Stelle dazu benutzt, über den Unterschied dieser beiden Aspekte von Freude nachzudenken:

ut cavēre decet, timēre nōn decet, sīc <u>gaudēre</u> decet, <u>laetāri</u> nōn decet.	Wie es schicklich ist, dass man sich vorsieht, nicht aber, dass man Angst hat, so ziemt es sich auch, dass man sich <u>freut</u>, nicht aber, dass man vor Freude <u>ausgelassen ist</u>.

Während im ersten Beispiel die Bedeutungsähnlichkeit (Synonymie) zwischen den beiden Verben dem Redezweck dient, kommt es hier auf das *Bedeutungsmerkmal* an, nach dem die beiden Verben sich *unterscheiden* (d. h. in *Opposition* stehen): *gaudere* „sich (innerlich) freuen" ←→ laetari „seiner Freude Ausdruck geben".

5

Einführung in die lateinische Wortkunde

Um diesen Unterschied zu verdeutlichen, nimmt derselbe Autor noch ein weiteres Wort des gleichen Feldes zu Hilfe:

cum ratiōne animus movētur placidē atque cōnstanter, tum illud gaudium dīcitur, cum autem ināniter et effūsē animus exsultat, tum illa laetitia nimia dīcī potest.	Wenn die Seele in Ruhe und Beständigkeit durch die Vernunft bewegt wird, so nennt man das Freude. Überschlägt sich aber das Herz närrisch und unbeherrscht, dann kann man von übertriebener Ausgelassenheit sprechen.

Das Verbum *exsultare* „übermütig sein, jubeln" gehört also auf die Ausdrucksseite der Freude, während ein viertes Verb des gleichen Feldes wiederum die innere Freude meint:

rēs familiāris sua quemque dēlectat.	Jeden freut sein Besitz.

Hier ist noch das grammatische Merkmal wichtig, dass es sich um ein transitives Verbum handelt. In die Nachbarschaft von *laetitia* ist auch *voluptas* „Lust, Vergnügen" zu stellen:

huic verbō omnēs duās rēs subiciunt, laetitiam in animō, commōtiōnem suāvem iūcunditātis in corpore.	Mit diesem Wort verbinden alle zweierlei: Fröhlichkeit im Herzen und ein liebliches Gefühl des Angenehmen im Körper.

Das Wortfeld, das wir so gewonnen haben, umfasst die beiden Lexemfelder *gaudium gaudere* und *laetari laetus laetitia,* die Verben *exsultare* und *delectare* sowie das Substantiv *voluptas,* welches das Merkmal der körperlichen Befindlichkeit in das Feld einbringt.

Dabei lassen sich unterschiedliche Grade der Synonymie abgrenzen: Bei weitgehender Bedeutungsähnlichkeit *(gaudere/laetari)* können sich die Wörter in den meisten Texten gegenseitig vertreten. Bei partieller oder abnehmender Bedeutungsähnlichkeit *(gaudere//exsultare)* lassen sie sich nur in wenigen Texten ohne Sinnveränderung austauschen.

Den Zusammenhang zwischen Bedeutungsähnlichkeit (Synonymie) und Bedeutungsverschiedenheit (Opposition) kann das folgende Beispiel eines gegliederten Bedeutungskontinuums zeigen.

īdem // pār / aequus / / similis ↔ dissimilis / inīquus / / alius
(Identität) (Gleichheit)   (Ähnlichkeit) (Ungleichheit)   (Anderssein)

1.5 Die Opposition

Von den opponierenden Bedeutungsmerkmalen sind jene Fälle von Opposition zu unterscheiden, in denen durch bestimmte Weisen des Bedeutungsgegensatzes Paare von Wörtern in Erscheinung treten, z. B.:

hoc proprium est animī bene cōnstitūtī et laetārī bonīs rēbus et dolēre contrāriīs.	Dies ist einem gut ausgebildeten Charakter eigentümlich, sich über das Gute zu freuen und über das Gegenteil Schmerz zu empfinden.

Wie hier die Verben *laetari* und *dolere,* so werden an anderer Stelle die Adjektive *laetus* und *tristis* einander gegenübergestellt:

litterae tuae partim laeta, partim trīstia continēbant.	Dein Brief enthielt teils frohe, teils traurige Kunde.

Einführung in die lateinische Wortkunde

Doch gibt es zu einem Wort oft nicht nur einen Gegensatz. Zu *laetus* ist z. B. auch *anxius* als Opposition denkbar:

fronte <u>laetus</u> erat, pectore <u>anxius</u>.   Nach außen hin erschien er fröhlich, doch in seinem Inneren saß die Angst.

Bedeutungsgegensätze, die eine paarweise Anordnung von Wörtern erlauben, können von unterschiedlicher Art sein. Es gibt das Verhältnis der

○ *Ergänzung (Komplementarität):* Dabei schließt die Behauptung des einen Wortes die Negation seines Gegenteils ein, z. B.

vīta ↔ *mors* oder *māsculīnum* ↔ *fēminīnum*.

○ *Gegensätzlichkeit (Antonymie):* Hier bedeutet die Bejahung des einen Wortes keineswegs die Negation des anderen, wie der folgende Satz zeigt: „Eine große Maus ist kleiner als ein kleiner Elefant." Antonyme sind also

māgnus ↔ *parvus*, *vetus* ↔ *novus* oder *facilis* ↔ *difficilis*.

○ *Umkehrbarkeit (Konversion):* Hiermit ist die Zuordnung von Wörtern gemeint, welche die beiden Pole einer Beziehung benennen, z. B.

pater ↔ *fīlius*, *iūdex* ↔ *reus*, *dare* ↔ *accipere*.

Man kann sich die verschiedenen Arten des Bedeutungsgegensatzes sowie das Verhältnis von Ober- und Unterbegriffen (Hyponymie) an den Bezeichnungen für die Verwandtschaftsbeziehungen (66) veranschaulichen:

	parentēs ↔	līberī	*(Konversen)*
(Hyponymie) ⋏		⋏	
pater ↔ māter		fīlius ↔ fīlia	*(Komplemente)*
		parvus ↔ māgna	*(Antonyme)*
coniūnx ↔ uxor		frāter ↔ soror	*(Konversen)*

1.6 Die Sachgruppen

Die Anordnung der Vokabeln nach Sachgruppen beruht auf der Beziehung der Wörter zur außersprachlichen Wirklichkeit bzw. der Vorstellung, die sich die Sprachbenutzer von ihr gebildet haben. Diese Beziehung lässt sich am Modell des so genannten „semantischen Dreiecks" veranschaulichen:

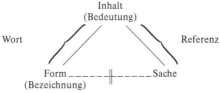

Das Wort enthält also eine formale und eine inhaltliche Komponente, die in der wechselseitigen Beziehung von Bezeichnung und Bedeutung stehen. Zwischen der Lautgestalt des Wortes und der Wirklichkeit gibt es keine unmittelbare Verbindung (wo ich die Sprache nicht verstehe, d. h. die Bedeutung der Laute, die ich höre, nicht kenne, kann ich nicht verstehen, wovon die Rede ist). Vielmehr besteht zwischen Wörtern und Sachen nur eine indirekte, durch die Wortbedeutung vermittelte Beziehung, die so genannte *Referenz*. Hier wirken sich die unterschiedlichen Vorstellungen aus, mit denen die verschiedenen

Einführung in die lateinische Wortkunde

Sprachgemeinschaften ihre Welt erfassen und deuten, ordnen und gestalten. Diese Unterschiede fallen bei konkreten Sachbezeichnungen (z. B. Körperteile, Gruppe 2) weniger ins Gewicht als bei Wörtern, die sich auf die gesellschaftliche Wirklichkeit beziehen (unsere Gruppen 65 bis 85). Es gibt z. B. keine deutsche Entsprechung für *fides, patronus, gratia, virtus* u. a. Hier hilft die Zusammenstellung von Sachgruppen beim Lernen, weil sich in ihnen die jeweiligen Oberbegriffe, Nachbarbegriffe und Gegenbegriffe gegenseitig erklären.

1.7 Die Wortbildungsklassen

Man kann Wörter auch nach der Art ihrer Wortbildung klassifizieren. Wir gehen von unserem Beispiel *laetitia* aus, das wir als ein Verhalten ansehen können, wie es einem, der *laetus* ist, entspricht, und suchen nach anderen Substantiven, die auf die gleiche Weise von Adjektiven gebildet sind:

amīc-itia: Freundschaft, wie sie unter *amīcī* herrscht,

avār-itia: Habsucht, ein Verhalten, das den *avārus* kennzeichnet,

iūst-itia: Gerechtigkeit, die Tugend eines *homō iūstus,*

und viele andere. Man nennt solche Gruppen, weil zwischen ihnen eine Beziehung der Form besteht, ,Morphemfelder' (griech. morphé „Form"). Während in diesem Beispiel das gemeinsame Merkmal am Ende des Wortes erscheint, das *Suffix „-itia",* gibt es auch Wörter, die ein solches Merkmal am Anfang des Wortes zeigen, z. B. das *Präfix „dis-"* mit der Bedeutung „scheiden, trennen" wie in *dis-cedere, dif-ferre, di-mittere.* Solche Vorsilben können bei unterschiedlichen Wortarten auftreten, das Präfix *dis-* z. B. auch bei Substantiven und Adjektiven, wie in

dis-cordia: Zwietracht (neben *concordia:* Eintracht),

dif-ficultās: Schwierigkeit (zu *facultās:* Fähigkeit, Möglichkeit),

dif-ficilis: schwierig (zu *facilis:* leicht [zu tun]).

Die Suffixe sind jedoch an bestimmte Wortarten gebunden. Da gibt es z. B. die so genannten ,Verba frequentativa' oder ,intensiva', welche die Häufigkeit oder Intensität einer Handlung hervorheben: *ag-itā-re* hin und her treiben, lebhaft verhandeln (zu *agere* handeln, verhandeln),

oder die Adjektive mit dem Suffix *„-āc-",* die den Hang zu einem Verhalten betonen, wie *audāx, audācis* waghalsig (zu *audēre* wagen),

oder bei den Substantiven die Eigenschaftsbezeichnungen mit dem Suffix *„tās, tātis",* wie *līber-tās* Frei-<u>heit</u> (zu *līber* frei), *cupidi-tās* Begier-<u>de</u> (zu *cupidus* begierig).

Von der Wortbildung mit Hilfe von Präfixen und Suffixen ist die Wortbildung durch *Zusammensetzung* zu unterscheiden. Im Gegensatz zur modernen deutschen Sprache sind der Lateiner mit dieser Möglichkeit allerdings eher sparsam umgegangen. Beispiele sind:

misericordia Mitleid: aus *miser* elend + *cor, cordis* Herz: wer ein Herz für die Unglücklichen hat (vgl. *concordia, discordia*),

animadvertere Acht geben, bemerken: aus *animum-ad-vertere* den Sinn auf etwas hinwenden.

Besonders häufig sind Zusammensetzungen mit *facere* (machen, tun), z. B.:

aedificāre bauen/*aedificium* (aus *aedes, ium* Haus + *facere*)

sīgnificāre anzeigen, bezeichnen (*sīgnum* Zeichen)

benficium Wohltat (*bene* gut)

māgnificus hochherzig, großartig (*māgnus* groß).

Einführung in die lateinische Wortkunde

1.8 Zusammenfassung

Am Beispiel der Sachgruppe ‚Furcht und Hoffnung' (30) kann man sehen, wie alle in der Einführung erläuterten Gesichtspunkte der Wortschatzgliederung ineinander wirken und zum Lernen bewusst gemacht werden können:

Hoffnung ⟺ Furcht/Ängstlichkeit	⟺	Tapferkeit/Wagemut
(30)　　　　　(30)		(73)　　(48)

spērāre ⟺ verērī // metuere / timēre / horrē re ⟺ *fortem sē*
⟺ dē-spērāre　　　　　　　　　　　　　　　　　　　*praebēre*// audēre
　　　　　　　　　　　　　　　　　　　　　　　　　　(52)
spēs　　⟺ pud<u>or</u> // metus　/ timor　/ horror ⟺ fortitūdō　// audācia
　　　　　　　　　　　　　timidus/ anxius ⟺ fortis　　// audāx

Bedeutungsgegensatz — Bedeutungsähnlichkeit — Bedeutungsgegensatz

Die Vokabeln sind in drei Zeilen nach der *Wortart* (Verben, Substantive, Adjektive: 1.1) angeordnet. Wörter der gleichen *Wortfamilie* (1.2) sind an der Kennzeichnung des gemeinsamen Stammes zu erkennen. Eine typische *Wortfügung* (1.3) ist kursiv gedruckt. *Bedeutungsähnlichkeit* (1.4) ist durch / bzw. // gekennzeichnet, *Bedeutungsgegensatz* (1.5) durch ⟺ signalisiert. In der obersten Zeile ist angegeben, um welche *Sachgruppen* es sich handelt (1.6). Die Präfixe und Suffixe der *Wortbildung* (1.7) sind unterstrichen.

2 Syntaktische und semantische Wertigkeit (Valenz)

Von der Kontextbedeutung, wie sie durch die besondere Wortwahl des einzelnen Autors zustande kommt, muss man diejenigen Kontextelemente unterscheiden, welche die Mitglieder einer Sprachgemeinschaft in der Regel bei dem betreffenden Wort in einer bestimmten Bedeutung erwarten. So erwarten wir im Deutschen bei dem Verbum „schenken" im Nominativ die Angabe der schenkenden Person, im Akkusativ die Nennung der geschenkten Sache, im Dativ aber die Auskunft, wem etwas geschenkt werden soll. Genauso hat unser lateinisches Beispielwort *laetari* sozusagen zwei Leerstellen bei sich, die fast immer gefüllt werden, eine zur Nennung desjenigen, der sich freut (semantisch: eine Person; syntaktisch: Subjekt im Nominativ), die andere, an der die Frage beantwortet wird, worüber er sich freut (semantisch: ein Sachverhalt, syntaktisch: Präpositionalergänzung, auch reiner Ablativ, AcI oder Gliedsatz mit *quod*). Weitere Angaben, z. B. über das Ausmaß der Freude, gehören nicht zu diesen erforderten Kontextelementen, sondern können frei zugefügt werden. Für den Autor allerdings können sie genauso wichtig sein wie jene, um auszudrücken, was er genau meint. *laetari* bezeichnet man wegen der beiden Leerstellen, deren Füllung erwartet werden darf, als zweiwertiges Verb:

```
                  ┌──────── Verb ────────┐
┌─────────────────┴─┐                  ┌─┴──────────────────┐
│ Ergänzung im      │                  │ Erg. im Ablativ (mit│
│ Nominativ: Subjekt│                  │ Präp.), AcI, quod-Satz│
└───────────────────┘                  └─────────────────────┘
```

9

Einführung in die lateinische Wortkunde

Der Begriff der *Wertigkeit* ist aus der Chemie übernommen. Man geht von der Annahme aus, dass zwischen den Elementen des Satzes ein hierarchisch geordnetes System von Abhängigkeitsverhältnissen besteht. Diese Beziehungen werden von der Wertigkeit *(Valenz)* des Verbums geregelt, welches als finites Verb in der Rolle des Prädikats den Kern des Satzes und die Spitze der Hierarchie bildet. Dieser Hierarchie ist auch das Subjekt als „Nominativergänzung" zugeordnet.

Für die Wortkunde ist dieser Sachverhalt insofern wichtig, als nicht nur der Satzbau, sondern häufig auch die Wortbedeutung, die das Verb als Vokabel hat, von der Valenz abhängig ist und sich in einem Text durch die Füllung der Leerstellen realisiert.

Einwertige Verben kommen mit dem Subjekt allein aus; d. h. es genügt die Nennung dessen, von dessen Zustand oder Tätigkeit die Rede ist: *dormit* „er (sie) schläft". Einen Grenzfall stellen diejenigen Verben dar, bei denen sich ein solches Subjekt schwerlich nennen lässt: *pluit* „es regnet". Das Verbum *afficere* zählt zu den dreiwertigen Verben:

ille amīcōs suōs multīs beneficiīs affēcit.   Er hat seinen Freunden viele Wohltaten erwiesen.

Wir fragen nämlich nicht nur nach demjenigen, der die Handlung ausübt, sondern auch nach der Person, auf die sie sich richtet, und nach der Sache, die dabei vermittelt wird. Erst durch alle drei Ergänzungen werden die Erwartungen erfüllt, die der Hörer oder Leser mit der Bedeutung dieses Verbums verbindet.

Um die Valenz des Verbums *afficere* vollständig zu beschreiben, sind also die folgenden vier Gesichtspunkte erforderlich:

(1) <u>Zahl</u> der Ergänzungen	*afficere* hat drei Ergänzungen.
(2) <u>Art</u> der Ergänzungen	*afficere* hat Ergänzungen im Nominativ, Akkusativ und Ablativ.
(3) <u>Syntaktische</u> Natur der Füllungen	Die Ergänzungen können durch einen Nominalkasus oder einen Gliedsatz ausgeführt werden.
(4) <u>Semantische</u> Natur der Füllungen	Die Akk.-Ergänzung bezeichnet in der Regel eine Person, die Abl.-Ergänzung eine Sache.

Wie wichtig diese Gesichtspunkte für die Bedeutungsbeschreibung sind, ergibt sich daraus, dass häufig der Unterschied in einem dieser vier Punkte bei

Einführung in die lateinische Wortkunde

dem gleichen Wort einen *Bedeutungsunterschied* signalisiert, dem bei der Übersetzung ganz unterschiedliche Ausdrücke entsprechen. Hier folgen einige häufig vorkommende Beispiele:
(1) Wechsel in der Zahl der Ergänzungen. Beispiel: *vocare* mit 2 E (Subjekt +
Akk.-Objekt, – mit 3 E (Subjekt + dopp. Akk.)

cōnsul senātum vocāvit.	Der Konsul berief den Senat ein.
eam partem animī mentem vocāmus.	Diesen Teil der Seele nennen wir Geist.

(2) Wechsel in der Art der Ergänzungen. Beispiel: *providere* mit Dativergän-
zung, – mit Akkusativergänzung

salūtī cīvium prōvidet.	Er trägt Sorge für das Wohl der Bürger.
medicus morbum, īnsidiās imperātor, tempestātēs gubernātor prōvidet.	Der Arzt sieht die kommende Krankheit, der Feldherr eine Kriegslist, der Kapitän drohendes Unwetter voraus.

(3) Wechsel in der syntaktischen Natur der Füllung. Beispiel: *persuadere* mit
Gliedsatz (*ut/ne*), – mit AcI

dux cīvitātī persuāsit, ut dē fīnibus suīs exīrent.	Der Anführer überredete die Bevölkerung, ihr Gebiet zu verlassen.
dux eīs persuāsit facile esse tōtīus Galliae imperiō potīrī.	Der Anführer überzeugte sie, dass es leicht sei, die Herrschaft über ganz Gallien zu bekommen.

(4) Wechsel in der semantischen Natur der Füllung. Beispiel: *colere* mit
(Akk.-)E „Gottheit", – „Feld, Acker", – „Gegend"

Mercurium summā religiōne colunt.	Mit großer Frömmigkeit verehren sie Merkur.
agrōrum colendōrum causā ibi remānsērunt.	Sie blieben dort zurück, um ihre Felder zu bestellen.
Celtae hās terrās colunt.	Kelten bewohnen diese Landstriche.

Valenz gibt es auch bei *Adjektiven*. In dem Ausdruck *non est philosophia similis*
z. B. bliebe offen, womit die Philosophie verglichen wird, wenn nicht die
(Gen.-)E *artium reliquarum* hinzuträte („Die Philosophie ist den übrigen Wis-
senschaften nicht ähnlich"). Die Äußerung *locus plenus, vacuus erat* wäre
unverständlich, wenn nicht die (Abl.-)E zugefügt würden:

locus hominibus plēnus, amīcīs vacuus erat.	Der Platz war voller Menschen, doch waren keine Freunde da.

Wie bei den Verben gibt es auch hier Unterschiede in der Zahl der Ergänzungen. So genügt z. B. bei *aptus* die Angabe, wozu etwas geeignet ist:

locus ad īnsidiās (*oder:* īnsidiīs *Dat.*) aptus vidēbātur.	Der Platz schien für einen Überfall geeignet.

Werden zwei Personen miteinander verglichen, so interessiert neben der Ver-
gleichsgröße auch, worin sie sich gleichen oder unterscheiden:

ille ōrātor Cicerōnī ēloquentiā pār fuit.	Jener Redner kam Cicero an Eloquenz gleich.

Auch die Art der Ergänzungen ist für die Bedeutung von Wichtigkeit. Adjektive, die auf einen Verbbegriff zurückgehen, haben den ‚Genitivus objectivus'
bei sich, welcher der Akkusativergänzung des Verbs entspricht:

Einführung in die lateinische Wortkunde

pecūniae cupidus est.   Er ist geldgierig.
pecūniam cupit.   Er wünscht sich Geld.

Adjektive, die ein Geeignetsein bezeichnen, stehen mit ‚Dativ des Zwecks‘:

hominēs mīlitiae idōneī   Leute, die für den Militärdienst
                                    geeignet sind

Den Akkusativ haben Adjektive bei sich, bei denen es um eine räumliche oder zeitliche Ausdehnung geht:

arbor pedēs novem alta   ein neun Fuß hoher Baum
puer decem annōs nātus   ein Knabe von zehn Jahren

Wo die Vorstellung eines Mangels zugrunde liegt, findet sich der Ablativ (‚separativus‘):

tōta īnsula hominibus inānis est.   Die ganze Insel ist menschenleer.

Auch hier kann die Form der Ergänzungen wechseln. Statt eines Substantivs oder Pronomens tritt zuweilen ein Gliedsatz auf:

ōrātor auribus imperītōrum aptus   ein Redner, der zu unkundigen
                                    Zuhörern passt
ōrātor aptus, quī ab imperītīs com- ein Redner, der auch von Unkun-
prehendī possit   digen verstanden werden kann

Schließlich spielt – wie bei den Verben – auch hier die semantische Verträglichkeit der Kontextelemente eine wichtige Rolle. Zu *conscius* passt eben nur eine Person als Bewusstseinsträger und (im begleitenden Genitiv) etwas, das Bewusstseinsinhalt zu sein vermag:

facinoris mihi cōnscius sum.   Ich bin mir meiner Tat bewusst.

Manchmal entspricht ein Wechsel in Form und Bedeutung der Füllung einem Bedeutungsunterschied, z. B. bei *natus (a, um):*

ille avāritiae nātus nōn laudī et   Er ist auf der Welt, um Geld zu
glōriae *(Dat. fin.).*   scheffeln, nicht um Ehre und
                                    Ruhm zu ernten.

decem annōs nātus *(Akk.)*   zehn Jahre alt
nōbilī genere nātus *(Abl.)*   aus vornehmer Familie stammend

Substantive haben nur eine Leerstelle, die durch ein *Attribut* gefüllt werden kann. Dieses bildet mit seinem Beziehungswort einen Minimalkontext, der bei mehrdeutigen Wörtern zur Eingrenzung der Bedeutung führt, z. B.:

argūmentum vēritātis (Wahrheitsbeweis) – argūmentum fābulae (Inhalt des Stückes) oder: mūnera reī pūblicae (politische Aufgaben) – mūnus māgnificum (ein prächtiges Geschenk) u. a.

Die Wortbedeutung verändert sich also, wenn die semantischen Merkmale des Attributs wechseln.

Wie bei den Ergänzungen bestimmter Verben (z. B. *certiorem facere* „benachrichtigen"; *castra movere* „abmarschieren"; *terga vertere* „fliehen") können auch bei den Substantiven bestimmte Attributfüllungen sprachüblich werden. Es entstehen dann feste *Wendungen,* die zum Teil zusammengesetzten Wörtern im Deutschen entsprechen (z. B. Fensterbank, Gewissensfreiheit), etwa:

rēs adversae (Unglück); bonae artēs (Tugenden); rērum nātūra (Weltordnung); modus vīvendī (Lebensweise) u. v. a.

Solche Wortfügungen sind eigene lexikalische Einheiten geworden und können wie Vokabeln gelernt werden.

Einführung in die lateinische Wortkunde

Übersicht über die Wortschatzstrukturen

Als Zusammenfassung der Kapitel 1 und 2 sollen in einem Schaubild die Beziehungen gezeigt werden, in denen ein bestimmtes Wort zu den verschiedenen Strukturen des Wortschatzes der Sprache stehen kann:

Sachgruppe (1.6):
Sprache *(lingua, sermō, fārī...)*

Einteilung der außersprachlichen Welt

Oppositionen (1.5):
nicht eingestehen *(cēlāre, negāre, mentīrī...)*

Bedeutungsverschiedenheit

Wortfeld (1.4):
Sprachliche Äußerung *(loquī, dīcere, clamāre, ōrāre...)*

Bedeutungsähnlichkeit

Wortbildung (1.7)
Verbkompositum *(cōnfīrmāre, concitāre, cōnscrībere...)*

Morphemfeld

— *cōnfitērī, cōnfiteor, cōnfessus sum:* eingestehen —

Wortfamilie (1.2):
fa- (fārī, fatērī, profitērī, īnfāns, nefās, fātum...)

Lexemfeld

Wortfügungen (1.3):
Mögliche Füllungen:
E im Akk.
(z. B. *culpam*)
oder Akk. m. Inf.
(z. B. *sē victum esse*)

Syntaktische Valenz

Wortfügungen (1.3):
Bedeutungsverträglichkeiten: Subjekt muss ein Mensch sein, Inhalt der Äußerung ein Sachverhalt.

Semantische Valenz

Wortart (1.1):
Verbum *(agere, facere, īre...)*

Formale Gliederung des Wortschatzes

Einführung in die lateinische Wortkunde

3 Lexikalische und Kontextbedeutungen

Der Weg von den Bedeutungen, die auf den rechten Seiten unseres Lernwortschatzes angegeben sind, zu denen, die sie in einem Text eines lateinischen Autors haben, ist oft sehr weit. Das gilt besonders für Wörter mit großem Bedeutungsumfang. Wichtige Stationen auf diesem Wege stellen unsere Textbeispiele auf den linken Seiten dar. Im Folgenden soll an drei besonders häufig vorkommenden Wörtern ausführlich besprochen werden, wie Bedeutung im engeren und weiteren Kontext jeweils zustande kommt:

> (1) **rēs,** reī *f.* 1. Sache, Ding, Gegenstand
> 2. Angelegenheit, Ereignis

Die Lexika versuchen, im Unterschied zu dieser einfachen Notierung der Vokabel durch eine Fülle von Einzelangaben den ganzen Umkreis möglicher Kontextbedeutungen auszubreiten. Doch ist es bei einem so häufig vorkommenden Wort mit einem so abstrakten Inhalt unwahrscheinlich, gerade jene Wortverbindung und Einzelbedeutung im Lexikon zu finden, die man für das Verständnis einer speziellen Textstelle braucht. Das ist aber auch gar nicht nötig. Denn das Wort *res* macht im Kontext keine Schwierigkeiten:

quōmodo rēs sē habet?	Wie verhält sich die <u>Sache</u>? Wie verhält <u>es</u> sich?
rēs vēnit ad arma atque pūgnam.	(Die <u>Angelegenheit</u>) Es kam zum bewaffneten Kampf.
cum illō mihi rēs est.	Mit jenem habe ich <u>es</u> zu tun.

Oft wird der Sinn von *res* durch ein Wort gegenteiliger Bedeutung erläutert:

<u>rem</u> tenē, <u>verba</u> sequentur.	Behalte nur die <u>Sache</u> im Sinn, die <u>Worte</u> kommen dann von selbst.
in istīs omnibus <u>rēbus</u> <u>opīniō</u> plūs valet saepe quam <u>rēs</u> ipsa.	In all diesen <u>Dingen</u> gilt die <u>Meinung</u> der Leute oft mehr als die <u>Sache</u> selbst.

Tritt ein Attribut hinzu, so gewinnt die Aussage, in der *rēs* vorkommt, an Informationskraft:

in <u>meīs</u> rēbus nihil est sānē novī.	Bei <u>mir</u> gibt es wirklich nichts Neues.

Wenn man die Bedeutung der zu *res* hinzutretenden Wörter kennt, ist es nicht nötig, das Lexikon nach einer passenden Verdeutschung zu durchforschen.

> (2) **esse,** sum, fuī, futūrus 1. sein, vorhanden sein
> 2. gehören

Hier kann eine systematische Übersicht der Verwendungsweisen nach dem Prinzip der unterschiedlichen Valenz Klarheit schaffen. Von einer solchen Übersicht lassen sich die wechselnden Kontextbedingungen für die verschiedenen Bedeutungen von *esse* ablesen. (Die folgende Tabelle zeigt (1) die Bedeutungsrichtung, (2) die möglichen Ergänzungen und ihre Füllungen, (3) Beispiele.)

Einführung in die lateinische Wortkunde

esse einwertig:

(1) Vorhandensein	Subjekt: Subst., Pronomen oder Relativsatz	*erant omnīnō itinera duo:* Es gab überhaupt nur zwei Wege. – *sunt, quī id probent:* Es gibt Leute, die das billigen.
(2) Ereignis	Subjekt: Subst. oder Gliedsatz	*māgna tempestās herī erat:* Gestern herrschte starker Sturm.

esse zweiwertig:

(3) Behauptung	Subjekt (Subst., Infinitiv oder Gliedsatz) und Ergänzung im Nominativ	*sapiēns beātus est:* Der Weise ist glücklich. – *indīgnum est eum damnāre:* Es ist unwürdig, ihn zu verurteilen. – *nec mīrum est, sī hoc facit:* Kein Wunder, wenn er das tut.
(4) Besitzverhältnis	Subjekt (Subst., Pron.) und Genitiv- oder Dativergänzung (Possessivus)	*haec domus patris est:* Dies Haus gehört (meinem) Vater. – *amīcō meō vīlla est:* Mein Freund besitzt ein Landhaus.
(5) Wertangabe	Subjekt und Ergänzung im Genitiv oder Ablativ (pretii)	*domus māgnī est:* Das Haus ist viel wert. – *flōrēs quīnquāgintā sestertiīs sunt:* Die Blumen kosten 50 Sesterzen.
(6) Eigenschaft	Subjekt und Ergänzung im Genitiv oder Ablativ (qualitatis)	*amīcus māgnae prūdentiae est:* Der Freund ist sehr klug. – *māter laetō animō est:* Mutter hat eine heitere Gemütsart.
(7) Zugehörigkeit	Subjekt (Infinitiv oder Gliedsatz) und Ergänzung im Genitiv oder als Poss.-Pron. neutr.	*meum est miserīs succurrere:* Es ist meine Art (Aufgabe, Sache), den in Not Geratenen zu helfen. – *est miserōrum, ut invideant bonīs:* Die Armen beneiden die Reichen.
(8) Lage im Raum	Subjekt (geogr. Begriff) und Lokalergänzung	*mōns Iūra est inter Sēquanōs et Helvētiōs:* Das Juragebirge liegt an der Grenze zwischen S. und H. – *hīberna ibī erant:* Dort war das Winterlager.
(9) Aufenthalt	Subjekt (Person) und Lokalergänzung	*Rōmae esse dēbeō iūdiciōrum causā:* Ich muss wegen Gerichtsterminen in Rom sein.
(10) Sachverhalt	Subjekt (Neutrum) und Modalergänzung	*quae cum ita sint:* da es sich so verhält – *hoc longē aliter est:* Das ist völlig anders.

Einführung in die lateinische Wortkunde

esse dreiwertig:		
(11) Einstellung (Gesinnung)	Subjekt (Person) mit Ablativ und präpos. Ausdruck	*nōn bonō animō erant in populum* *Rōmānum:* Sie waren dem römi- schen Volk nicht wohlgesonnen.
(12) Zweck	Subjekt (auch Gliedsatz) mit Dativ der Sache u. Dativ der Person	*virtūs eius exemplō vōbīs sit:* Seine Leistung sei euch ein Vorbild. – *omnibus cūrae sunt, quae futūra sint:* Alle sorgen sich um die Zukunft.

> (3) **petere**, tīvī, tītum   1. streben nach
>   2. sich an jmdn. wenden, bitten

Hier gibt es nur in einem Fall unterschiedliche syntaktische Valenz. In der
Regel findet sich eine Akkusativ-Ergänzung. Die Bedeutung von *petere* wech-
selt vielmehr je nach der semantischen Natur der Füllung dieser Stelle:

(1) Person oder Kollektiv	„angreifen"	*Ille mē falsīs crīminibus petīvit:* Er griff mich mit falschen Anschuldi- gungen an.
(2) Örtlichkeit	„sich nach … begeben, nach … mar- schieren"	*Athēnās petimus:* Wir sind unterwegs nach Athen. – *alium cursum petīver- unt:* Sie schlugen eine andere Rich- tung ein.
(3) Amt	„sich um … bewerben"	*Clōdius tribūnātum plēbis petīvit:* Cl. bewarb sich um das Amt des Volkstri- bunen.
(4) Begeh- renswertes (abstrakt)	„begehren, erstreben"	*glōriam petere:* nach Ruhm streben – *salūtem fugā petere:* sein Heil in der Flucht suchen
(5) Sache (konkret)	„sich nehmen, holen"	*aquam petere:* Wasser holen
(6) Anliegen (Adressat im Abl. m. *ā/ab*)	„bitten"	*sēsē habēre quāsdam rēs, quās ab eō* *petere vellent:* Sie hätten bestimmte Dinge, um die sie ihn bitten wollten.

Zum Erfassen der Bedeutungsunterschiede sind weitere Kontextelemente hilf-
reich, die sich zwischen Objekt und Verbform befinden: Der Ablativ *falsis cri-
minibus* verstärkt in (1) die Vorstellung der Aggression, der Separativ *ab eo*
weist in (6) darauf hin, dass das Subjekt von einer anderen Person Hilfe erwartet.
In jedem Fall führt es eher zum Ziel, alle Verständnishilfen zu nutzen, die der
Kontext bietet, als aus den verwirrend vielen Angaben des Lexikons eine pas-
send erscheinende Bedeutung herauszusuchen. Die für unseren Lernwortschatz ausgewählten Bedeutungsangaben und ihre Einübung in kleinen Kontexten bieten dazu eine geeignete Grundlage.

Überblick über die Gruppensequenz

1. Der Mensch

(1) Der menschliche Geist
(2) Der menschliche Körper
(3) Grundbedürfnisse des Menschen

2. Fähigkeiten des Menschen

2.1 Erfahrung
(4) Wahrnehmen
(5) Erfahren, Erkennen
2.1.1 Raum
(6) Räumliche Begriffe
(7) Räumliche Beziehungen
(8) Räumliche Orientierung
(9) Lage und Bewegung im Raum I
(10) Lage und Bewegung im Raum II
2.1.2 Zeit
(11) Zeitbegriffe
(12) Stufen und Aspekte der Zeit
(13) Zeitbestimmungen
(14) Zeitverhältnisse
2.1.3 Quantität
(15) Quantitätsbegriffe
(16) Zahlen
(17) Maß und Anteil
(18) Abstufung und Einschätzung

2.2 Denken
(19) Verknüpfen
(20) Unterscheiden
(21) Vergleichen
(22) Begründen, Zugestehen, Beabsichtigen
(23) Folgern und Annehmen
(24) Prüfen und Bewerten
(25) Bewertungsaspekte
(26) Fragen und Untersuchen

2.3 Wille
(27) Wollen, Streben

2.4 Gefühl
(28) Freude, Trauer und Schmerz
(29) Zuneigung und Abneigung
(30) Furcht und Hoffnung

2.5 Sprache
(31) Wort, Sprache, Sprechen
(32) Sprachliches Handeln
(33) Weisen der Äußerung
(34) Rollen in Sprechsituationen
(35) Unbestimmtheit. Negation

3. Mensch und Natur

(36) Wasser
(37) Feuer
(38) Licht, Farbe, Geschmack
(39) Himmel, Wetter
(40) Meer, Seefahrt
(41) Erde, Landschaft, Bodenschätze
(42) Tier- und Pflanzenwelt
(43) Zustandsformen
(44) Arten materieller Einwirkung
(45) Werden und Vergehen
(46) Gesundheit und Krankheit

4. Handeln

(47) Allgemeine Aspekte des Handelns
(48) Absicht, Plan, Entschluss
(49) Anfangen und Aufhören
(50) Erfolg und Misserfolg
(51) Bauen, Herstellen, Gestalten
(52) Geben und Nehmen
(53) Unterstützen und Behindern
(54) Gewalt, Zerstörung, Töten
(55) Beeinflussen
(56) Bitten, Fordern, Veranlassen
(57) Führen, Anordnen, Ordnen
(58) Vertrauen und Vorsicht
(59) Anstrengung und Ausdauer
(60) Ereignisse, Vorgaben des Handelns
(61) Gemeinsamkeit beim Handeln
(62) Angriff und Verteidigung
(63) Öffnen – Schließen, Zeigen – Verbergen
(64) Kommen und Gehen

5. Kultur, Gesellschaft und Staat

(65) Haus und Familie
(66) Geschlecht und Verwandtschaft
(67) Stadt, Land, Landwirtschaft
(68) Transport und Verkehr
(69) Handel und Vermögen
(70) Haben und Nichthaben
(71) Kunst, Literatur, Unterricht
(72) Religion, Gottesdienst, Brauchtum
(73) Normen und Werte
(74) Negativ bewertetes Verhalten
(75) Formen von Macht und Einfluss
(76) Staat und Staatsgefährdung
(77) Ständische Ordnung
(78) Politisches System
(79) Auswärtige Beziehungen
(80) Ruhe von Staatsgeschäften, Geselligkeit
(81) Rechtswesen
(82) Gerichtsverfahren, Strafen
(83) Kampf, Sieg und Niederlage I
(84) Militärische Organisation
(85) Kampf, Sieg und Niederlage II

1 *Der menschliche Geist*

Die Wörter der ersten beiden Gruppen charakterisieren den Menschen ganz allgemein als ein Wesen aus Geist und Körper:

Catilīna fuit māgnā vī et animī et corporis, sed ingeniō malō prāvōque.	Catilina besaß große geistige und körperliche Kraft, hatte aber einen sehr schlechten Charakter.

B omnium animī ad laetitiam excitantur. — Alle werden von Freude ergriffen.

B ▽

ratiōnem reddere	Rechenschaft ablegen
vītae ratiō	Lebensführung
eādem ratiōne	in gleicher Weise
ā deō ratiōnem habēmus.	Von Gott haben wir die Vernunft.

△

beneficiī tuī memor sum, — meminī, — oblītus est ?

G ▽

scīre (nescīre), quae fīant, — illa esse vēra ?
omnium rērum cōnscius, — īgnārus ?

īnsciī, quid in Haeduīs gererētur	ohne Kenntnis dessen, was bei den Haeduern passierte
mihi sum cōnscius numquam mē nimis vītae cupidum fuisse.	Ich bin mir bewusst, niemals allzu sehr am Leben gehangen zu haben.
nihil gravius fēcistī quam nescio an aliī multī ante.	Du hast nichts Schlimmeres getan als vielleicht viele andere vorher.

△

prūdēns et sciēns hoc fēcī.	Mit Vorbedacht und wissentlich habe ich das getan.

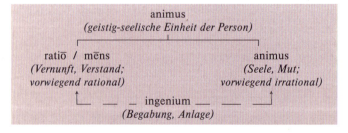

A *Welche Adjektive der Gruppe haben einen Genitivus obiectivus als Ergänzung bei sich?*

Der menschliche Geist 1

animus, ī *m* (anima 3)	Geist, Seele, Mut
ratiō, ōnis *f* (22)	1. Berechnung
	2. Art und Weise
	3. Vernunft
mēns, mentis *f*	Verstand, Gedanke, Gesinnung
ingenium, iī *n* (gignere 45)	Begabung, Anlage
memoria, ae *f*	Gedächtnis, Erinnerung
patrum memoriā	(nach der Überlieferung) zur Zeit unserer Väter
nostrā memoriā	zu unserer Zeit
aber memoria nostrī	unser Nachruhm
memor, memoris	eingedenk, sich erinnernd
meminisse, meminī	sich erinnern, daran denken
⟷ **oblīvīscī,** oblītus sum	vergessen
▶	
scīre, vī, tum (*vgl.* nōvisse 5)	wissen, kennen
scientia, ae *f*	Wissen, Kenntnis
cōnscius (a, um)	mitwissend, bewusst; Subst. Mitwisser
cōnscientia, ae *f*	Bewusstsein, Gewissen
⇕	
nescīre, vī, tum	nicht wissen
nesciō quōmodo	(ich weiß nicht, wie) irgendwie
īnscius (a, um)	nicht wissend
īgnōrāre, vī, tum	nicht wissen, nicht kennen
nōn īgnōrāre	ganz genau wissen
īgnārus (a, um)	unkundig
▶	
sapiēns, entis	weise, vernünftig
sapientia, ae *f*	Weisheit, Einsicht
prūdēns, entis	klug, umsichtig
prūdentia, ae *f*	Klugheit, Umsicht
⇕	
stultus (a, um)	töricht, dumm

D/E/F animation   **D** Ingenieur − rational − Mentalität − Ignorant
E reason − mind − memory − science − conscience − prudence
F ingénieur − raison − mentalité − mémoire ⟷ oublier − science − conscience − prudence

2 *Der menschliche Körper*

Die Wörter dieser Gruppe werden häufig in übertragener Bedeutung gebraucht („Körperteilmetaphern"). So heißt es von den Einzelstaaten des Achäischen Bundes bei einem römischen Historiker:

Achaeī per cīvitātēs velutī per membra dīvīsī sunt, ūnum tamen corpus et ūnum imperium habent.

Die Griechen sind in Einzelstaaten wie in Glieder aufgeteilt, bilden aber dennoch einen einzigen Herrschaftsverband.

M ▽

vīs memoriae

Erinnerungsvermögen

haec ōrātiō nervōs nōn habet.

Diese Rede hat keinen richtigen Schwung.

beātae vītae fōrma

das Ideal eines erfüllten Lebens

speciem honestī praebēre

den Eindruck anständigen Verhaltens machen

caput coniūrātiōnis

das Haupt der Verschwörung

pūblicī cōnsiliī faciē

angeblich aufgrund eines amtlichen Beschlusses

ōs Tiberis

die Mündung des Tiber

sibi ante oculōs pōnere

sich (etwas) vergegenwärtigen

tōtō pectore amāre

von ganzem Herzen lieben

△

G ā fronte; ā tergō; ā latere

vorn; hinten; seitlich

B ▽

oppidum et nātūrā locī et manū mūnītum erat.

Die Stadt war sowohl durch ihre natürliche Lage wie auch durch Schanzarbeit geschützt.

manus scelerātōrum

eine Bande von Verbrechern

servum manū mittere (*vgl.* 65)

einen Sklaven (aus der Gewalt des pater familias entlassen) freilassen

△

nōn digitum discēdere

keinen Fingerbreit nachgeben

mūrus vīgintī pedēs altus

eine zwanzig Fuß hohe Mauer

(quīnque) mīlia passuum

(fünf) Meilen (*ca. 7,5 km*)

A1 *Zeichne einen Kopf und beschrifte ihn lateinisch, wie es die Mediziner im Fach Anatomie lernen.*

A2 *In welchen Bedeutungsmerkmalen unterscheiden sich die Nachbarbegriffe* fōrma/speciēs/faciēs/vultus?

Der menschliche Körper 2

homō, hominis *m*	Mensch, Mann
corpus, poris *n*	Körper, *speziell auch* Leichnam
rōbur, boris *n*	(Kernholz:) Kraft
vīs (vim, vī) *f* (54, 75)	Kraft, Stärke, Gewalt
cruor, ōris *m*	Blut, Mord
sanguis, inis *m*	Blut, Lebenskraft
nervus, ī *m*	Sehne, Muskel
fōrma, ae *f*	Form, Gestalt, Schönheit
speciēs, ēī *f*	Gestalt, Aussehen, Schein
▶	
caput, pitis *n* (67)	Haupt, Kopf
praeceps, cipitis	kopfüber, steil
faciēs, ēī *f*	Gestalt, Gesicht
vultus, ūs *m*	Gesichtsausdruck, Miene
ōs, ōris *n*	Mund, Gesicht
lingua, ae *f* (31)	Zunge, Sprache
dēns, dentis *m*	Zahn
frōns, frontis *f*	Stirn, Vorderseite
crīnis, is *m*	Haar
oculus, ī *m*	Auge
auris, is *f*	Ohr
▶	
pectus, toris *n*	Brust
cor, cordis *n*	Herz
tergum, ī *n*	Rücken
latus, teris *n*	Seite, Flanke
membrum, ī *n*	Glied
manus, ūs *f*	Hand, (Hand voll:) Schar
digitus, ī *m*	Finger, Zehe; *als Längenmaß (Fingerglied) ca. 2 cm*
pēs, pedis *m*	Fuß; *als Längenmaß ca. 30 cm*
passus, ūs *m*	Schritt
Plural **passūs**, uum *m*	Doppelschritt; *als L.maß ca. 150 cm*

D speziell − robust − frontal − bi-lateral − manuell − Pedal − digital

E special − nerve − front − face − oral − language − ear − member

F spécial − homme − corps − nerf − face − oral − langue − oeil − oreille − dent − coeur − membre − main − doigt − pied − pas

3 *Grundbedürfnisse des Menschen*

In den Grundbedürfnissen des Lebens stimmen die Menschen überein: Sie brauchen Speise (famēs: edere) *und Trank* (sitis: bibere), *Schlaf, wenn sie müde sind* (fessus (59): dormīre), *Kleidung gegen die Kälte* (frīgidus (39): vestis), *ein Dach über dem Kopf* (habitāre). *Die Art der Befriedigung dieser Bedürfnisse ist von Kultur zu Kultur verschieden. Im antiken Rom lag man meist bei Tisch* (cubāre: lectus), *nahm die Hauptmahlzeit gegen Abend* (cēna). *Grundnahrungsmittel waren Brot und Wein* (aquā mixtum). *Als Kleidung trug man* tunica *und* toga. – *Zu Hausbau und Hausgemeinschaft vgl.* (51) *und* (65)!

▽
modus vīvendī	Lebensweise
vīvitur ex raptō.	Man lebt von Raub.
Hannibale vīvō	zu Lebzeiten Hannibals
vīta cottīdiāna	der Alltag
necessāriī victūs inopia	Mangel an Grundnahrungsmitteln

△

▽
animam dūcere	Atem holen
ventī spīrant secundī.	Es wehen günstige Winde.
ūsque ad extrēmum spīritum	bis zum letzten Atemzug

△

M aurī sacra famēs — der verfluchte Hunger nach Gold

ager alit agricolam. — **Der Acker ernährt den Bauern.**

cubitum *(Sup. I)* īre — schlafen gehen

falsa vērīs *(Abl.)* miscēre — **Wahrheit und Lüge vermischen**

silvās –, Rōmae –, Pompēīs –, in Siciliā habitāre?

B corporis habitus — die äußere Erscheinung

pācis est īnsīgne et ōtiī toga — Die Toga ist das Symbol des Friedens und der Muße.

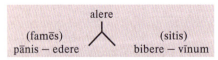

A *In welchen Merkmalen unterscheiden sich die verschiedenen Wörter mit der Bedeutung „Leben/leben":* spīritus – anima – vīta – victus *und* spīrāre – animam dūcere – vīvus – vīvere?

Grundbedürfnisse des Menschen 3

vīvere, vīxī, vīctūrus (a, um)	leben
vīvus (a, um)	lebendig, am Leben
vīta, ae *f*	Leben, Lebensweise
vīctus, ūs *m*	Lebensunterhalt, Nahrung
anima, ae *f* (animus 1)	Atem, Leben
spīrāre, vī, tum	hauchen, atmen, leben
spīritus, ūs *m* (*vgl.* aura 39)	Hauch, Atem, Leben
▶	
alere, aluī, altum	(er)nähren, großziehen
famēs, is *f*	Hunger
edere, ēdī, ēsum	essen
sitis, is *f*	Durst, Dürre
bibere, bibī	trinken
▶	
cēna, ae *f*	(Haupt-)Mahlzeit
mēnsa, ae *f*	Tisch, Essen
lectus, ī *m*	Liegesofa, Bett
cubāre, cubuī, cubitum	(bei Tisch) liegen, ruhen; *auch:* krank liegen
▶	
pānis, is *m*	Brot
aqua, ae *f* (36)	Wasser
vīnum, ī *n*	Wein
miscēre, uī, mixtum	mischen
▶	
dormīre, dormītum	schlafen
somnus, ī *m*	Schlaf
somnium, iī *n*	Traum
▶	
habitāre, vī, tum	wohnen, (e. Ort) bewohnen
habitus, ūs *m*	Haltung, Kleidung, Zustand
vestis, is *f*	Kleid
toga, ae *f*	Obergewand, Mantel
tunica, ae *f*	Untergewand, Hemd
lavāre, lāvī, lautum	waschen
lavārī	baden

D vital – inspirieren – Alimente – Mensa – panieren – Mixtur – Weste
E vital – spirit – to mix – habit **F** vivre – vie – esprit – faim – alimenta-tion – pain – vin – lit – dormir – habiter – laver

4 *Wahrnehmen*

In der Bedeutung einiger Wörter dieser Gruppe überschneiden sich der Sinnbezirk ‚Wahrnehmen' (sehen, hören, fühlen usw.) und der Bedeutungsbereich ‚innere Vorgänge' (fühlen, erkennen, bedenken u. a.).

	Ergänzungen bei den ‚verba sentiendī'	
–	Caesar pervēnit prius, quam Pompēius sentīre posset.	Caesar kam früher an, als Pompeius es bemerken konnte.
Akk.	dolōrem sentīre	Schmerz empfinden
Akk. + *Part.*	aliquōs ex nāve ēgredientēs cōnspexit.	Er sah, wie einige Leute das Schiff verließen.
Akk. + *Inf.*	sentiō dolōrēs crēscere	Ich fühle, wie die Schmerzen zunehmen.
Nom. + *Inf.*	satis dē hāc rē dīxisse mihi videor.	Es scheint mir, als habe ich genug darüber gesagt.
Abh. Frage	cupiō audīre, dē eā rē quid sentiās.	Ich möchte gern hören, was du dazu meinst.

lūdōs spectāre — sich die Spiele anschauen

pulchritūdinem mundī contemplārī — die Schönheit der Welt betrachten

cōnsīderandum est, nē quid temere fīat. — Es ist darauf zu achten, dass nichts unbedacht geschieht.

rērum nātūram intuērī — das Wesen der Dinge betrachten

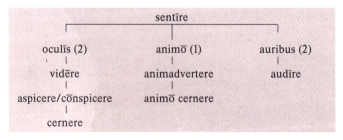

Quod neque auribus neque oculīs neque ūllō sēnsū percipī potest. — Das kann man weder mit den Ohren noch mit den Augen noch überhaupt mit einem Sinn wahrnehmen.

Wahrnehmen 4

sentīre, sēnsī, sēnsum — (be)merken, empfinden, meinen

sēnsus, ūs *m* — Wahrnehmung, Empfindung, Auffassung

animadvertere, vertī, versum
(animus 1, ad 9, vertere 44) — Achtgeben, bemerken

vidēre, vīdī, vīsum — sehen
  vidē, ut certō tempore adsīs! — Sieh zu, dass du pünktlich bist!
  vidē, nē facinus faciās! — Sieh dich vor, dass du kein Verbrechen begehst!

vidērī, vīsus sum (48) — *als etw.* (er)scheinen

vīsere, vīsī — besichtigen, besuchen

cernere, crēvī — sehen, wahrnehmen, erkennen

cōnspicere, iō, spexī, spectum *und* **aspicere**, iō, spexī, spectum — erblicken

cōnspectus, ūs *m* — Anblick

perspicere, iō, spexī, spectum — durchschauen
▶

spectāre, vī, tum — betrachten, zuschauen

cōnsīderāre, vī, tum — — , erwägen

contemplārī, tus sum — — , beobachten

intuērī — — , anschauen
▶

audīre, vī, tum — hören

concipere, iō, cēpī, ceptum (capere 52; *vgl.* accipere 5) — empfinden, auffassen, empfangen

percipere, iō, cēpī, ceptum (capere 52) — wahrnehmen, vernehmen, erfassen

D sensibel – Vision – Visite – Aspekt – Perspektive – Spektakel – Kontemplation – Intuition – Auditorium

E common sense – spectacle: Schauspiel – spectacles: Brille – to consider – to conceive – perception

F sentir – sens – voir – considérer – apercevoir

5 *Erfahren, Erkennen*

Die ersten vier Verben führen vom äußeren Aufnehmen zum inneren Verarbeiten der Erfahrung. Zwei Wortfamilien entfalten dann den Begriff der ‚Erkenntnis' und den der ‚Erfahrung' Den Schluss bilden Wörter, die mit dem Erkenntnisziel zu tun haben.

B accipere iniūriam — ein Unrecht erleiden

B dextram (com)prehendere — die rechte Hand ergreifen

quālis animus sit, intellegere et cōgitātiōne comprehendere — erkennen und denkend begreifen, von welcher Art der Geist ist

amīcum profectum esse discit. — Er erfährt, dass sein Freund bereits abgereist ist.

G quālis esset nātūra montis, quī cōgnōscerent, mīsit. — Er schickte Leute aus, welche die Beschaffenheit des Berges erkunden sollten.

▽

ex captīvīs <u>comperit</u> Suēbōs sē recēpisse. — Von Gefangenen erfuhr er, dass sich die Sueben zurückgezogen hätten.

fortūnam bellī <u>experīrī</u> — das Kriegsglück versuchen

<u>experīrī</u> voluit, vērum falsumne esset relātum. — Er wollte herausbekommen, ob der Bericht falsch sei oder auf Wahrheit beruhe.

nōn est <u>perīculum</u>, nē id facere nōn possit. — Es besteht keine Gefahr, dass er dies nicht leisten kann.

trium linguārum <u>perītus</u> est. — Er beherrscht drei Sprachen.

<u>imperītus</u> dīcendī — mit der Redekunst nicht vertraut

△

<u>vērum</u> dīcere — die Wahrheit sagen

victus <u>vēritātis</u> vīribus — durch die Macht der Wahrheit besiegt

mihi <u>vērō</u> placet! — M i r gefällt es!

fēcissem certē, sī potuissem. — Ich hätte es sicher getan, wenn ich gekonnt hätte.

G diū incertus erat, quid ageret. — Lange war er unschlüssig, was er tun sollte.

A *Worin unterscheiden sich die Gegensatzpaare* vērus ⟷ falsus *und* rēctus ⟷ prāvus?

Erfahren, Erkennen 5

accipere, iō, cēpī, ceptum (*vgl.* concipere 4)	annehmen, vernehmen, erfahren
comprehendere, hendī, hēnsum	1. ergreifen, festnehmen 2. begreifen
intellegere, lēxī, lēctum	bemerken, verstehen
discere, didicī (71) ▶	erfahren, lernen
(g)nōscere, nōvī, nōtum	kennen lernen, erkennen
nōvisse (*vgl.* scīre 1)	kennen, wissen
cōgnōscere, gnōvī, gnitum	erkennen, erfahren
nōtus (a, um)	bekannt
↔ **īgnōtus** (a, um) ▶	unbekannt
comperīre, perī, pertum	(genau) erfahren
experīrī, pertus sum	versuchen, erfahren
perīculum, ī *n* (58)	(Versuch,) Gefahr
perītus (a, um)	erfahren, kundig
↔ **imperītus** (a, um) ▶	unerfahren, unkundig
vēritās, tātis *f*	Wahrheit
vērus (a, um)	wahr, echt
vērē *und* **vērō** *Adv.*	wirklich, tatsächlich
↔ **falsus** (a, um)	falsch
rēctus (a, um)	richtig, recht
↔ **prāvus** (a, um)	schlecht, unrecht
certus (a, um)	sicher, gewiss
certē *und* **certō** *Adv.*	sicherlich, gewiss
↔ **incertus** (a, um)	unsicher, ungewiss

D akzeptieren – Intellekt – Notiz – Experte – Experiment – verifizieren

E to accept – to comprehend – to know – certain

F accepter – comprendre – connaître – vérité – certain

6 Räumliche Begriffe

Vokabeln aus dem Sinnbezirk des Raumes werden oft auf den der Zeit (spatium, intervallum, longus u. a.) und auf Abstraktes übertragen:

M ▽

honestō (humilī) locō nātus	von vornehmer (geringer) Herkunft
in fugā spem salūtis collocāre	die Hoffnung, gerettet zu werden, auf die Flucht setzen
spatium ad cōgitandum sūmere	sich Zeit zum Nachdenken nehmen
sine intervallō	ohne Unterbrechung

△

G

urbs in <u>mediā</u> īnsulā sita	eine Stadt <u>mitten</u> auf der Insel
longum est omnia ēnumerāre.	Es würde zu weit führen, alles aufzuzählen.
longē lātēque	**weit und breit**

M

rēs est adducta in angustum.	Die Situation wurde schwierig.
erat admodum <u>amplum</u> sīgnum.	Es war eine ziemlich große Bildsäule.
<u>amplae</u> atque potentēs urbēs	bedeutende und mächtige Städte
in altum nāvigāre	**aufs hohe Meer hinausfahren**

B

flūmen (mōns) erat māgnā altitūdine.	Der Fluss (Berg) war von beträchtlicher Tiefe (Höhe).
versārī hōc locō, − Rōmae, − in castrīs, − in errōre ?	

M

avēs ēventūs sīgnificant aut adversōs aut secundōs.	Die Vögel zeigen kommendes Unheil oder Glück an. (*vgl.* auspicium, 72)
itineribus dīversīs discēdere	**in verschiedene Richtungen auseinander gehen**

▽

secundum aut <u>contrā</u> nātūram vīvere	naturgemäß oder <u>gegen</u> die Natur leben
ut hī miserī, sīc <u>contrā</u> illī beātī.	Wie es diesen schlecht geht, geht es denen <u>im Gegensatz dazu</u> gut.
collis nāscēbātur adversus huic et <u>contrārius.</u>	Ein Hügel erhob sich diesem hier genau <u>gegenüber.</u>

A *Worin überschneiden und worin unterscheiden sich die folgenden Synonymenpaare:* regiō/loca − intervallum/spatium − lātus/amplus − adversus/contrārius *?*

Räumliche Begriffe 6

locus, ī *m*	Ort, Platz, Stelle
Plural **loca**, ōrum *n*	Orte, Gegend
locāre, vī, tum	stellen, legen
collocāre, vī, tum	aufstellen, unterbringen
spatium, iī *n* (11)	Raum, Strecke; Zeitraum
intervallum, ī *n* (11)	Zwischenraum, Zwischenzeit
regiō, ōnis *f*	Richtung, Gegend
situs (a, um)	gelegen, befindlich
pertinēre, uī **ad** (20)	sich erstrecken bis

▶

longus (a, um)	lang, weit; lange	⊢⟶
⟷ **brevis** (e), is (13)	kurz	
lātus (a, um)	weit, breit	⊬ ⊣
⟷ **angustus** (a, um)	eng; schwierig	
amplus (a, um)	weit, geräumig, groß; bedeutend	
altus (a, um)	hoch; tief	
altitūdō, dinis *f*	Höhe; Tiefe	⥮
propinquus (a, um) (65) (prope 7) (*vgl.* vīcīnus 67)	nahe, benachbart	
appropinquāre, vī, tum	sich nähern	

▶

versārī, tus sum (vertere 45)	sich aufhalten, sich bewegen in …
adversus (a, um)	(zugewandt) entgegen; feindlich
dīversus (a, um) (20)	entgegengesetzt
contrā *Präp.* + *Akk.; Adv.*	gegen; *Adv.:* gegenüber
contrārius (a, um)	gegenüberliegend, (dem Feinde) zugewandt

▶

sinister (tra, trum)	links
⟷ **dexter** (tra, trum / tera, terum)	rechts
medius (a, um)	in der Mitte befindlich

D Lokal − Intervall − Region − Situation − Amplitude − versiert − divers − Medium

E local − space − long − brief − sinister − medium − middle

F lieu − espace − long(ue); loin − altitude − contraire − sinistre

7 *Räumliche Beziehungen*

Mit den folgenden vier Begriffspaaren, die als Präposition und als Adverb vorkommen, werden räumliche Beziehungen erfasst. Sie finden auch zeitlich und übertragen Anwendung.

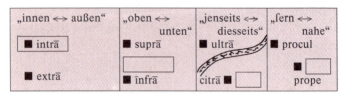

M ▽
nihil fit extrā fātum.	Nichts geschieht außerhalb der Vorsehung.
extrēmum supplicium	die Todesstrafe
intrā lēgem	im Rahmen des Gesetzes
ille in intimīs est meīs.	Er gehört zu meinen engsten Freunden.

△
ea, quae suprā scrīpsī	was ich weiter oben ausgeführt habe
summa imperiī	der Oberbefehl
summō in monte	**auf der Spitze des Berges**
M aetāte īnferior	der/die Jüngere
Gallia ulterior ↔ Gallia citerior?	
senātūs cōnsultum ultimum	*Erklärung des Notstandes durch den Senat*
propius accēdere	**näher heranrücken**
prope oblītus sum	**beinahe hätte ich vergessen**
procul ab urbe, − negōtiīs *(Abl.)* ?	

B ▽
iam scīmus, quid proximā, quid superiōre nocte ēgeris.	Wir wissen bereits, was du in der letzten Nacht, was du in der Nacht davor getrieben hast.
proficīscar Kalendīs proximīs.	Ich werde am nächsten Ersten reisen.

△

A *Die folgenden Wörter können i. D. alle mit „letzte(r)" wiedergegeben werden. In welchen Bedeutungsmerkmalen unterscheiden sie sich?*
suprēmus / ultimus / extrēmus / proximus.

Räumliche Beziehungen 7

extrā (+ Akk.) — außerhalb von; *Adv.:* außen
exterus (a, um) (79) — auswärtig
exterior (ius), ōris — weiter außen, äußerer
extrēmus (a, um) — äußerster, letzter
⇕

intrā (+Akk.) — innerhalb von; *Adv.:* innen
interior (ius), ōris — weiter innen, innerer; vertrauter
intimus (a, um) — innerster; eng befreundet
▶

suprā (+Akk.) — oberhalb von, über... hinaus; *Adv.:* oben

superior (ius), ōris — weiter oben, höherer; *(zeitlich)* voriger

suprēmus (a, um) — höchster, oberster; letzter
summus (a, um) — oberster, höchster
Subst. **summa**, ae *f* — Vorrang, Hauptsache, Gesamtheit
⇕

īnfrā (+ Akk.) — unterhalb von; *Adv.:* unten
īnferior (ius), ōris — weiter unten; geringerer
īnfimus (a, um) — unterster; geringster
und **īmus** (a, um)
▶

ultrā (+ Akk.) — jenseits von, über... hinaus; *Adv.:* jenseits

ulterior (ius), ōris — weiter entfernt, entfernterer
ultimus (a, um) — entferntester, äußerster, letzter
⇕

(**citrā** (+ Akk.) — diesseits von; *Adv.:* diesseits)
▶

prope (+ Akk.) (*vgl.* paene 35) — nahe bei, in der Nähe von; *Adv.:* beinahe

propior (ius), ōris — näherer; ähnlicherer
proximus (a, um) — nächster; letzter
⇕

procul (+ Abl.) — fern von; *Adv.:* fern, weit; aus der Ferne; in die Ferne

---

D extra — Extrem — intim — Summe — infra-rot — ultra-violett — Ultimatum
E extreme — intimacy — superiority — summary
F extérieur — intérieur — supérieur — inférieur — prochain

8 *Räumliche Orientierung*

Ähnlich wie die Orientierung im Bereich der Zeit nach den drei Zeitstufen der Gegenwart, Vergangenheit und Zukunft erfolgen kann (12), so liegt der räumlichen Orientierung das Schema der drei Fragen „wo?", „woher?" und „wohin?" zugrunde:

ubī terrārum sumus?	Wo in aller Welt befinden wir uns?
quaesīvit, **unde** esset epistula.	Er fragte, woher der Brief komme.
quō ūsque tandem abūtēre, Catilīna, patientiā nostrā?	Bis wohin, Catilina, wird dein Missbrauch unserer Geduld noch gehen?
hūc atque illūc intuērī	**(die Sache) in dieser und jener Hinsicht betrachten**

G Caesar īre contendit, quā proximum iter per Alpēs erat. — Caesar durcheilte auf dem kürzesten Wege die Alpen.

patria est, ubicumque est bene. — **Heimat ist überall da, wo es einem gut geht.**

ibī imperium erit, ubī victōria fuerit. — Die Herrschaft wird bei dem liegen, der gesiegt hat.

G nāvēs, quās ubīque possunt, dēprehendunt. — Wo immer sie können, beschlagnahmen sie Schiffe.

M spēs nōn alibī est nisi in armīs. — Hoffnung gibt es nirgendwo anders als im Kampf.

iam ad id, unde dīgressī sumus, revertāmur! — Kehren wir zu dem Punkt zurück, von dem wir ausgegangen sind!

procul hinc abīre — **weit von hier weggehen**

Einige der hier aufgeführten Ortsadverbien werden auch zur Bezeichnung von Zeitverhältnissen gebraucht, z. B. ubī (prīmum) (14), ad-hūc (13), de-inde (13).

A *Einige Wörter dieser Gruppe werden* interrogativ *und* relativ *verwendet, wie die nebenstehende Tabelle zeigt. Welcher der beiden mit* unde *eingeleiteten Gliedsätze (zweites und zehntes Beispiel) ist interrogativ? Welche Gründe kann man dafür anführen?*

Räumliche Orientierung 8

quō	wohin
hūc	hierher
eō	dorthin
eōdem	ebendorthin, an dieselbe Stelle
illūc	(an jenen Ort:) dahin, dorthin
▶	
ubī	wo
quā (*ergänze:* viā) (26)	wo, wohin
hīc	hier
ibī	dort
illīc	(an jenem Ort:) da, dort
alibī	anderswo
ubīque	überall
ubicumque	wo auch immer
utrimque (uter 26)	auf beiden Seiten
▶	
unde	woher
hinc	von hier
inde	von dort
undique	von allen Seiten; auf allen Seiten

	„Wohin?"	„Wo?"	„Woher?"
fragend (*interrogativ*)	quō? quā?	ubī? quā?	unde?
sich beziehend (*relativ*)	quō quā	ubī, ubicumque quā	unde
hinweisend (*demonstrativ*)	hūc eō, eōdem illūc	hīc ibī illīc	hinc inde (illinc)
gegenüberstellend (*alternativ*)	(aliō)	alibī	(ex aliō locō)
verallgemeinernd (*generalisierend*)	(quōcumque)	ubīque ubicumque undique	undique

9 *Lage und Bewegung im Raum I*

Wie in (7) *werden auch in* (9) *und* (10) *Präpositionen paarweise angeordnet, um die Raumorientierung zu verdeutlichen. Die Rolle der P. als Präfix
von Verben zeigt sich in Verbindungen mit den beiden Verben, die ganz allgemein die Lage* (esse) *und die Bewegung im Raum* (īre) *bezeichnen.*

	apud plēbem multum valēre	**beim Volk viel ausrichten können**
G	pūgna ad Cannās facta	die Schlacht bei Cannae
M	ad trecentōs captī sunt.	An die 300 wurden gefangen.
	adesse comitiīs; — fūnerī; — lūdīs *(Dat.)* **?**	
	adīre ōrāculum, — patrōnum, — in iūs ?	
M	accēdere ad rem pūblicam	in die Politik gehen
	↔ (dē) forō dēcēdere	sich aus der Politik zurückziehen
	▽	
	decem mīlia passuum ab urbe abesse	zehn Meilen von der Stadt entfernt sein
	nōn multum āfuit, quīn urbs caperētur.	Es hätte nicht viel gefehlt, und die Stadt wäre eingenommen worden.
	mē absente	in meiner Abwesenheit
	nāvēs nōbīs *(Dat.)* dēsunt.	Wir haben keine Schiffe.
	convīviō *(Dat.)* dēesse	am Gastmahl nicht teilnehmen
	△	

*Präpositionen entfalten die Grundbedeutungen der Kasus (Akk. = Bewe-
gung auf ein Ziel; Abl. = Trennung und Ortsangabe; vgl. die Tabelle auf
S. 217). Dabei gibt es i. L. gelegentlich vom D. abweichende Vorstellungen,
z. B.* librum in mēnsā pōnere *(Ortsangabe): das Buch auf den Tisch
legen (Richtungsangabe);* ex arbore pendēre *(Trennung): am Baum
hängen (Ortsangabe).*

▽	
in L. Catilīnam ōrātiō	Rede gegen L. Catilina
auctōritās sermōnī inerat.	Seine Rede besaß Glaubwürdigkeit.
magistrātum inīre	ein Amt antreten
vēre ineunte	bei Frühlingsanfang
haec audīvī ex amīcō.	Das habe ich von einem Freund gehört.
dolēre ex morte fīliī	Schmerz über den Tod des Sohnes empfinden
△	

Lage und Bewegung im Raum I 9

esse, sum, fuī; futūrus (a, um);   sein, vorhanden sein
  fore = futūrum (am, um;
  ōs, ās, a) esse (70)

īre, eō, iī, itum   gehen
▶

apud *(+ Akk.)*   bei, nahe bei

ad *(+ Akk.)*   bei, an; zu, nach

  adesse, sum, fuī (53)   anwesend sein, teilnehmen

  adīre, eō, iī, itum   herangehen, bitten

  aditus, ūs *m*   Zugang

  accēdere, cessī, cessum   herantreten, hinzukommen
↕

ā, **ab**, **abs** *(+Abl.)*   von, von … her

  abesse, absum, āfuī   abwesend sein, fehlen

  absēns, sentis   abwesend

  abīre, eō, iī, itum   weggehen

dē *(+ Abl.)*   von, von … herab, von … her
  dē pāce agere   über einen Friedensvertrag
                      verhandeln

  dēesse, sum, fuī (53)   abwesend sein, mangeln

  dēcēdere, cessī, cessum weggehen
▶
in *(+ Akk.)*   nach (… hin), in (… hinein),
                      gegen

— *(+ Abl.)*   in, an, auf, bei

  inesse, sum, fuī   enthalten sein, sich befinden

  inīre, eō, iī, itum (49)   hineingehen, beginnen

  initium, iī *n*   Eingang, Anfang
↕

ē, **ex** *(+ Abl.)*   aus, von … her

  exīre, eō, iī, itum   herausgehen

  exitus, ūs *m*   Ausgang, Ergebnis
▶

9 (Forts.) *Lage und Bewegung im Raum I*

G ▽
<u>sub montem</u> succēdere	an den Berg heranrücken
<u>sub monte</u> cōnsīdere	am Fuß des Berges Stellung beziehen
cum nōn multum aestātis <u>superesset</u>	als der Sommer fast zu Ende war
fīliō (pūgnae) (*Dat.*) <u>superesse</u>	den Sohn (die Schlacht) überleben
neque abest quicquam neque <u>superest</u>.	Es fehlt nichts und es ist auch nichts zu viel.

△

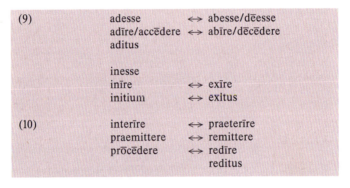

Vgl. auch aus (7):

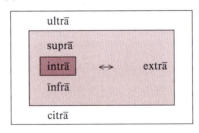

D Essenz – Absenz – Abitur – Initiative – Exitus – Subkultur – Supermarkt

E absent – exit – suburb – subway – super

F être – j'irai – accès – absent – très

Lage und Bewegung im Raum I (Forts.) 9

sub *(+Akk.)* — unter (...hin), unmittelbar vor (nach)

— *(+ Abl.)* — unter, unterhalb von

subīre, eō, iī, itum — darunter gehen, nahe herangehen
perīculum subīre — sich einer Gefahr aussetzen
(vgl. suscipere 59)

super *(+ Akk.)* — über, über...hinaus; darüber
superesse, sum, fuī — übrig sein, überlegen sein

trāns *(+ Akk.)* — über...hinaus, jenseits von
trānsīre, eō, iī, itum — hinübergehen, überschreiten

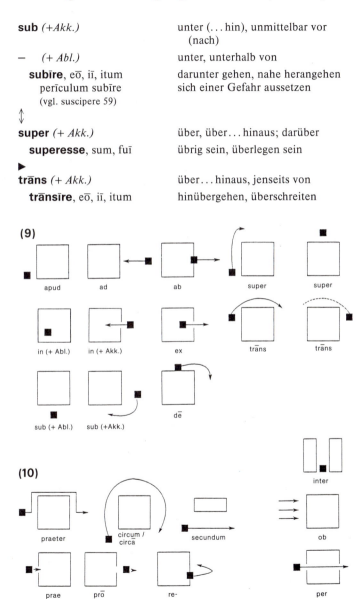

10 *Lage und Bewegung im Raum II*

Die Bedeutungen der Präpositionen lassen sich auf räumliche Vorstellungen zurückführen. Doch werden sie häufig in übertragenem Sinn gebraucht, z. B. für Zeitangaben (sub vesperum: gegen Abend) *und für Beziehungen* (z. B. secundum nātūram: naturgemäß; dē pāce agere: über Frieden verhandeln).

G	inter meam sententiam et tuam multum <u>interest.</u>	Es <u>besteht</u> ein großer <u>Unterschied</u> zwischen meiner und deiner Meinung.
G	omnibus interfuī proeliīs *(Dat.)*.	Ich habe an allen Gefechten teilgenommen.
B	▽
	<u>praeter</u> moenia fluere	an den Mauern vorbeifließen
	<u>praeter</u> spem	wider Erwarten
	omnēs <u>praeter</u> Fabium	alle außer Fabius
	<u>praetereō</u>, quid tum sit āctum.	Von dem, was dann geschah, rede ich nicht.
	△
	locum vallō fossāque circumdare ?
M	secundum comitia	gleich nach den Wahlen
	prae lacrimīs loquī nōn posse	vor Tränen nicht sprechen können
	nāvī faciendae praeesse	**den Schiffbau leiten**
	cōpiās prō castrīs collocāre ? prō lībertāte morī ?
	modus prōcēdendī	Vorgehensweise
B	litterās Caesarī remittit.	Er schickt Caesar eine Antwort.
	diem suprēmum obīre	**eines natürlichen Todes sterben**
	per multās hōrās	**viele Stunden lang**
	certiōrem facere aliquem per litterās (per nūntium)	**jemanden brieflich (durch Boten) benachrichtigen**
M	in senātum pervenīre	zur Senatorenwürde gelangen

A1 *Welchem Kasus sind die folgenden Präpositionen aufgrund ihrer Bedeutung zuzuordnen?* trāns — super — sub — prae — in — ex — ad — prō— apud — per — ab — circā — inter — secundum — praeter — dē.

A2 *Welche der folgenden Verben gehören als Gegensätze zusammen?* inīre — accēdere — adesse — adīre — praemittere — prōcēdere — abīre — dēesse — exīre — recēdere — abesse — remittere

Lage und Bewegung im Raum II 10

inter *(+ Akk.)*	zwischen, unter
interesse, sum, fuī (20, 61)	dazwischen sein, teilnehmen
interīre, eō, iī, itum	(ver-)schwinden, zugrunde gehen
praeter *(+ Akk.)*	an...vorbei, außer
praeterīre, eō, iī, itum	vorübergehen, (jmdn./etw.) übergehen

▶

circā *und* **circum** *(+ Akk.)*	um...herum
circā *Adv.* (circiter 35)	ungefähr
circumdare, dedī, datum	umgeben
secundum *(+ Akk.)* (sequī 61)	an...entlang; (unmittelbar) nach
secundum nātūram vīvere	naturgemäß leben

▶

prae *(+ Abl.)*	vor; im Vergleich zu
praeesse, sum, fuī (57)	vorstehen, leiten
praemittere, mīsī, missum (57)	vorausschicken
prō *(+ Abl.)*	vor, für
prō multitūdine hominum	im Verhältnis zur Anzahl der Menschen
prōcēdere, cessī, cessum	vorankommen, vorrücken
re(d)- *Vorsilbe*	zurück
remittere, mīsī, missum	zurückschicken; nachlassen
redīre, eō, iī, itum	zurückgehen, zurückkehren
reditus, ūs *m*	Rückkehr

▶

(ob + *Akk.*) (22)	(gegen...hin)
obīre, eō, iī, itum	entgegengehen, besuchen
obviam īre	entgegengehen
per *(+ Akk.)*	durch (...hindurch)
perīre, eō, iī, itum (45)	zugrunde gehen
pervenīre, vēnī, ventum (64)	durchkommen, hingelangen

D/E/F international – Prozedur/procedure
D Interesse – Präteritum – zirka – Prämisse – Prozess – Remittende
E interest(ing) – to perish   **F** intérêt – périr

11 *Zeitbegriffe*

Die Einteilung des Jahres *in 12 Monate (vgl.* 16) *und 4 Jahreszeiten haben wir von den Römern übernommen. Der* Tag *wurde von Sonnenaufgang bis Sonnenuntergang gerechnet und in* 12 hōrae *eingeteilt, die je nach Jahreszeit länger oder kürzer waren und sich insofern von unseren „Stunden" unterscheiden. Die* hōra sexta *war Mittag, wovon die „Siesta", die Mittagsruhe, ihren Namen hat. Die* Nacht *wurde entsprechend von Sonnenuntergang bis Sonnenaufgang gerechnet und in* 4 vigiliae *eingeteilt.*

▽ *„Zeit"*

in illā <u>tempestāte</u> ac nocte reī pūblicae *(Gen.)*	in der damaligen, für unseren Staat schlimmen, finsteren Zeit
<u>aetātem</u> … agere	seine Lebenszeit … verbringen
clārissimus ōrātor suae <u>aetātis</u>	der glänzendste Redner seiner Zeit
licentia huius <u>saeculī</u>	die Zügellosigkeit unserer Zeit
<u>spatium</u> cōnsiliī habendī	Bedenkzeit

△

B

diem dīcunt, quā diē omnēs conveniant.	Sie machen einen Termin aus, zu dem sich alle treffen sollen.
ante lūcem	**vor Tagesanbruch**
sub vesperum	**gegen Abend**
hōrā sextā	**mittags**
dē tertiā vigiliā	**in der dritten Nachtwache** *(d. h. nach Mitternacht)*
multā nocte	**spät in der Nacht**
autumnō exeunte	**im Spätherbst**

A *Man kann sich die Angaben für die Nachtzeit (im Frühjahr/Herbst) folgendermaßen an einem Zeitstrahl veranschaulichen:*

18.00 Uhr	*21.00 Uhr*	*0.00 Uhr*	*3.00 Uhr*	*6.00 Uhr*
vesperī	noctū	multā nocte	dē tertiā vigiliā	ante lūcem

Wie würde ein entsprechendes Schaubild für die Tageszeiten aussehen?

6.00 Uhr	*9.00 Uhr*	*12.00 Uhr*	*15.00 Uhr*	*18.00 Uhr*
primā lūce	…			

Zeitbegriffe 11

tempus, poris *n*	Zeit
tempestās, tātis *f* (39)	Zeit(abschnitt)
aetās, tātis *f*	Lebensalter, Zeitalter
saeculum, ī *n*	Zeitalter; *später:* Jahrhundert
spatium, iī *n* (6)	Zeitraum, Frist
intervallum, ī *n* (6)	Zwischenzeit, Pause
▶	
diēs, diēī *m f*	Tag *(m)*, Termin *(f)*
lūx, lūcis *f* (lūcēre 38)	Licht, Tagesanbruch
merīdiēs, ēī *m*	Mittag, Süden
vesper, erī *m*	Abend
Adv. **vesperī**	abends
nox, noctis *f*	Nacht
Adv. **noctū**	nachts
Adj. **nocturnus** (a, um)	nächtlich
hōra, ae *f*	Stunde, Zeit
vigilia, ae *f* (85)	(Zeitraum einer) Nachtwache
▶	
interdiū	bei Tage
cottīdiē	täglich
Adj. **cottīdiānus** (a, um)	täglich
herī	gestern
hodiē	heute
crās	morgen
▶	
annus, ī *m*	Jahr
mēnsis, is *m*	Monat
vēr, vēris *n*	Frühling
aestās, tātis *f*	Sommer
autumnus, ī *m*	Herbst
hiems, hiemis *f*	Winter, Kälte

D Intervall − Vesper   **E** age − space − day − hour − autumn
F temps − siècle − midi − nuit − heur − quotidien − hier − an − mois −
été − automne − hiver

12 *Stufen und Aspekte der Zeit*

Die Dimension der Zeit betrachten wir in den drei Zeitstufen *der* Gegenwart, Vergangenheit *und* Zukunft, *die auch dem Tempussystem des lat. Verbs zugrunde liegen. Dazu kommt der Unterschied der* Aspekte *(z. B.: ‚punktuelles' Perfekt, ‚lineares' Imperfekt). Dieser Unterscheidung der Stufen und Aspekte der Zeit dienen neben den Verbformen auch bestimmte Adjektive, Adverbien und Präpositionen (14). Zur räumlichen Orientierung vgl. (8)!*

(Präteritum) quondam				iam	aliquando *(Futur)*		
ōlim	aliquandō	tunc/tum	nūper	modo	nunc	modo	ōlim
(einst)		(damals)	(neulich)	(eben erst)	(jetzt)	(bald)	(dereinst)

B vēnde tuam illam <u>antīquam</u> domum et aedificā <u>novam</u>!

Verkaufe dieses schreckliche alte Haus und lass dir ein neues bauen!

B cūr aut <u>vetera</u> aut aliēna prōferam potius quam <u>nostra</u> et <u>recentia</u>?

Warum sollte ich alte und fremde Beispiele lieber heranziehen als eigene aus jüngster Zeit?

ēgredere aliquandō ex urbe!

Verschwinde endlich aus Rom!

modo āit, modo negat.

Bald sagt er ja, bald sagt er nein.

amīcitia <u>perpetua</u>

beständige Freundschaft

quīnque diēbus <u>continuīs</u>

an fünf Tagen hintereinander

<u>assiduō</u> labōre

mit unablässiger Mühe

<u>aeternam</u> glōriam cōnsequī

unvergänglichen Ruhm ernten

eōrum ūsque ad nostram memoriam glōria remānsit.

Ihr Ruhm blieb ununterbrochen bis in unsere Tage lebendig.

Bezeichnungen für die drei Zeitstufen im L:

Vergangenheit	*Gegenwart*	*Zukunft*
tempus praeteritum (11)	nostra tempora (11)	rēs futūrae (9)
praeterita, ōrum n Pl. (10)	praesentia, ium n Pl.	futūra, ōrum n Pl. (9)
tempora antīqua (11)	nostra memoria (1)	memoria nostrī (1)
memoriā patrum (1)	aetās nostra (11)	posterī, ōrum m Pl. (14)
aetās ante ācta (11)	hoc saeculum (11)	quae ēventūra sunt (60)

Stufen und Aspekte der Zeit 12

praesēns, entis (↔ absēns 9)   anwesend, gegenwärtig, im Augenblick

futūrus (a, um) (esse 9)   künftig

(tempus) praeteritum (10)   Vergangenheit
▶

novus (a, um)   neu

↔ **antīquus** (a, um) (ante 14)   alt, altertümlich

recēns, entis   neu, frisch

↔ **vetus**, teris   alt
▶

ōlim   einst, dereinst

quondam   einst, zu bestimmten Zeiten

aliquandō   irgendwann, einmal

tum (tunc) (13)   da, zu diesem Zeitpunkt

tum (tunc)**..., cum...**   damals, als ...

nūper   neulich

modo   eben gerade, nur
  modo...modo...   bald (dies), bald (das)

nunc   jetzt, nun

iam   schon, gleich, jetzt
▶

perpetuus (a, um)   ununterbrochen

continuus (a, um)   ununterbrochen, zusammenhängend

assiduus (a, um)   beharrlich, unablässig

aeternus (a, um)   ewig

ūsque *Adv.*   ohne Unterbrechung
↕

repēns, entis   plötzlich, unerwartet
und **repentīnus** (a, um)
Adv. **repente**

subitus (a, um) (subīre 9)   plötzlich
Adv. **subitō**

statim   sofort, auf der Stelle

D Präsens – Futur – Präteritum – Veteran – Antiquitäten – Kontinuität

E present – future – new – recent – continuous

F présent – nouveau – déjà – continuer

13 *Zeitbestimmungen*

Die Gruppe enthält weitere Zeitadverbien, die auf die Frage quandō?
*„wann?" antworten. Es ergibt sich eine Gliederung in drei Sparten, die
man jede für sich lernen sollte:*

*1. Abfolge von Vorgängen (*prīmō, deinde *usf.):*

B hominēs inter sē prīmō sēdi-
bus, deinde coniugiīs, dēnique lēgibus iūnxērunt.

Die Menschen haben zuerst miteinander gesiedelt, dann untereinander geheiratet, schließlich eine Rechtsgemeinschaft gebildet.

*2. Wiederholung (*iterum *u. ä.):*

cōnsul iterum

zum zweiten Mal Konsul

B rūrsus eōdem revertāmur!

Wir wollen wieder dorthin zurückkehren!

3. relative Zeitangaben (rel. auch zum Sprechakt: adhūc, nōndum *usf.):*

id adhūc nōn audīvī.

Davon habe ich bis jetzt nichts gehört.

nihil iam spērō.

Ich erhoffe nichts mehr.

sed fugit intereā tempus.

Doch inzwischen vergeht die (kostbare) Zeit.

B sērō est tunc vīvere incipere,
cum fīnis vītae īnstat.

Es ist zu spät, mit dem Leben erst dann anzufangen, wenn das Ende bevorsteht.

nōn quam diū, sed quam
bene vīxeris, refert.

Nicht wie lange, sondern wie gut man gelebt hat, ist entscheidend.

A1 *In welcher Abfolge ergibt sich eine zeitliche Reihe?* deinde − postrēmō
− dēnique − prīmō

A2 *Welche der folgenden Wörter drücken Wiederholung aus?* adhūc −
intereā − iterum − dēnuō − nōn iam − nōndum − rūrsus − interim

Zeitbestimmungen 13

quandō?	wann?
▶	
prīmō (14)	anfangs, zuerst
deinde, dein	darauf, ferner
tum (12)	dann, darauf
dēnique	zuletzt, endlich
postrēmō (14)	zuletzt, schließlich
dēmum	endlich
tandem	endlich
▶	
prīmum (14)	zum ersten Mal, zuerst
iterum	wiederum, zum zweiten Mal
dēnuō (dē 9, novus 12)	von neuem, wieder, nochmals
rūrsus	wieder, wiederum
▶	
adhūc (ad 9, hūc 8)	bis jetzt, noch	+ ⟶ |
nōndum	noch nicht	– ⟶ |
nōn iam	nicht mehr	⊢⟶ –
intereā (inter 10, is 34)	unterdessen, inzwischen	⊢——⊣
interim	inzwischen	
sērō	spät, zu spät	
diū (diūtius, diūtissimē)	lange (länger, am längsten)	
⟷ **brevī** (tempore) (brevis 6)	in kurzem, bald (darauf)	

14 *Zeitverhältnisse*

Man kann drei zeitliche Verhältnisse zwischen verschiedenen Ereignissen oder Sachverhalten unterscheiden:

	„früher"	↔ „später"	„gleichzeitig"
Präposition	ante	↔ post	cum + *Abl.*
Adverb	anteā	↔ posteā	simul
Subjunktion	antequam/priusquam	↔ postquam	simul, cum, dum; ut, ubī, cum (prīmum)
Adjektiv:			
Kompar.	prior	↔ posterior	
Superl.	prīmus	↔ postrēmus	

ante Chrīstum nātum	**vor Christi Geburt**
multīs annīs post	**viele Jahre später**
aetāte posterior	**jünger**
simul ex omnibus partibus castra adortī sunt.	Von allen Seiten zugleich griffen sie das Lager an.
hoc ubī dīxērunt, discessērunt.	Sowie sie dies gesagt hatten, gingen sie auseinander.
dum spīrō, spērō.	**Solange ich atme, hoffe ich.**
ōderint, dum metuant!	**Mögen sie mich hassen, solange sie mich nur fürchten!**

cum *m. Ind. bezeichnet verschiedene Aspekte der Gleichzeitigkeit,*
cum *m. Konj. einen inneren Zusammenhang zweier Vorgänge (vgl. 22):*

cum Caesar in Galliam vēnit, duae ibi factiōnēs erant. (‚cum temporale')	Als Caesar nach Gallien kam, gab es dort zwei Parteien. *(rein zeitliche Entsprechung)*

nam tua rēs agitur, pariēs **cum** proximus ardet. (paries: Wand)
(‚cum iterativum')

pars turris concidēbat, **cum** hostēs perterritī sē forās prōripiunt. (‚cum inversum')	..., da stürzten die F... hinaus ins Freie. *(Umkehrung: der Hintergrund steht im HS, der neue Erzählschritt im NS - Tempora!)*
Aber: Caesarī **cum** id nūntiātum esset, mātūrat ab urbe proficīscī. (‚cum historicum' oder ‚narrativum')	Als Caesar dies gemeldet wurde, brach er schleunigst aus Rom auf. *(innerer Zusammenhang)*

Dem temporalen Satzgefüge liegt ein Vergleich zugrunde:

Caesar pervēnit prius, quam Pompēius sentīre posset.	Caesar kam (früher) an, (als) bevor es P. bemerken konnte.

Zeitverhältnisse 14

ante *(+ Akk.)*	vor; *Adv.:* vorher
anteā *Adv.*	vorher, früher
antequam *oder* **ante … quam**	ehe, bevor
prior (ius), ōris	früherer, wichtigerer
prius *Adv.*	früher, eher
prīmus (a, um)	erster, vorderster, wichtigster
imprīmīs *Adv.*	besonders, vor allem
prius … quam *oder* **priusquam** ▶	ehe, bevor
ut (prīmum), ubī (prīmum) *und* **cum (prīmum)** *(meist mit Ind. Perf.)*	sobald (als)
simul *Adv.*	gleichzeitig, zugleich
simul(ac) *und* **simulatque** ▶	sobald (als)
post *(+ Akk.)*	nach; *Adv.:* nachher
posteā *Adv.*	danach, später
postquam *oder* **post … quam**	nachdem
posterus (a, um) *Subst.* **posterī**, ōrum (65)	nachfolgend Nachkommen, Nachwelt
posterior (ius), ōris	späterer, geringerer
postrēmus (a, um) ▶	letzter, geringster
cum + *Ind. (im HS oft Hinweise wie* tunc, eō tempore *u. a.)*	1. (zu der Zeit) als, (dann) wenn
— *(mit Präs. oder Imperf.)*	2. jedes Mal wenn
— *(im HS meist Hinweise wie* iam, vix, nōndum *u. a.)*	3. als plötzlich
cum + *Konj.*	als, nachdem
dōnec + *Ind.*	solange (bis)
dum + *Ind. Präs.* **dum** + *Ind. aller Tempora*	während solange (bis)
dum (modo) + *Konj.*	1. bis 2. solange nur

D Prior – Primus   **E** prime – posterior   **F** premier – puis – postérieur

15 Quantitätsbegriffe

Die Quantitätsbegriffe sind hier nach Größe, Menge und Häufigkeit (Messen bzw. Zählen) geordnet. Am Anfang stehen jeweils die in Frage- oder Vergleichssätzen verwendeten Pronomina oder Adverbien, darunter die zugehörigen Begriffe.

In der Dimension 'Größe' wird das Kontinuum durch das Adjektivpaar māgnus ←→ parvus *und seine Komparation abgedeckt. In den beiden anderen Dimensionen wird stärker differenziert, bei 'Menge' von „keiner" bis „alle":*

multa illum, quaedam eum, nōnnulla etiam tē ipsum fefellērunt.	Vieles blieb jenem verborgen, einiges hat dieser nicht bemerkt, und ein paar Dinge sind sogar dir selbst entgangen.

Bei 'Häufigkeit' reicht das Kontinuum von „niemals" bis „immer":

	ille saepe prūdenter, nōnnumquam mediocriter, interdum etiam stultē loquitur.	Seine Reden sind oft klug, manchmal mittelmäßig, hin und wieder auch einfältig.
M	māgnitūdō reī pūblicae	Bedeutung des Staates
M	parvō labōre māgnās contrōversiās tollere	mit geringem Einsatz große Streitigkeiten beilegen
	quot capita, tot sententiae	**wie viele Köpfe, so viele verschiedene Ansichten**
G	diēs nūllus fuit, quīn mē vīseret.	Kein Tag verging, an dem er mich nicht besuchte.
	multō labōre	**mit viel(er) Mühe**
B	cūnctī ex omnī Italiā ad mē ūnum dēfendendum vēnērunt.	Alle Welt aus ganz Italien ist hergekommen, um mich einen Mann zu verteidigen.

A *Welche Bedeutungsverhältnisse (Synonymität, Abstufung, Opposition, vgl. die Einführung, 1.4 und 1.5, S. 5–7) sind für die folgenden Gruppierungen kennzeichnend?* nūllus – omnēs; tot – quot; paucī – multī – plērīque; frequēns – crēber – multus; frequēns – rārus; numquam – semper; rārō – saepe; nūllus – nēmō – nihil; cūnctī – omnēs; nōnnūllī – paucī – aliquot.

Quantitätsbegriffe 15

quantus (a, um)	wie groß, so groß wie; *n* wie viel, so viel wie
tantus (a, um)	so groß, so viel
māgnitūdō, dinis *f*	Größe
māgnus (a, um) *Komp.* māior (ius), ōris *Superl.* maximus (a, um)	groß
↔ **parvus** (a, um) *Komp.* **minor** (us), ōris *Superl.* minimus (a, um) ▶	klein kleiner, geringer
quot	wie viele
tot	so viele
multitūdō, dinis *f*	Menge
nūllus (a, um) *Gen.* nūllīus; *Dat.* nūllī	kein(er)
nēmō; *Dat.* nēminī	niemand
nihil *oder* **nīl**	nichts
ūnus (a, um) (16) *Gen.* ūnīus; *Dat.* ūnī	ein(er)
singulī (ae, a)	einzelne; je ein
nōnnūllī (ae, a)	einige, manche
paucī (ae, a)	(nur) wenige
aliquot	einige
complūrēs (ra), rium	mehrere
multī (ae, a) *Komp.* **plūrēs** (ra), rium *Superl.* plūrimī (ae, a)	viele mehr
plērīque (plēraeque, plēraque)	die meisten
cēterī (ae, a)	die übrigen
cūnctī (ae, a)	alle zusammen
omnis (e), is (*vgl.* tōtus 17) *Plural* **omnēs** (ia), ium ▶	jeder, ganz alle (alles)

15 (Forts.) *Quantitätsbegriffe*

B refert etiam, quī audiant <u>frequentēs</u> an <u>paucī</u> an <u>singulī</u> (sint).

Wichtig ist auch, ob du zahlreiche Zuhörer hast oder wenige oder nur einzelne.

<u>quotiēns</u> dīcimus, <u>totiēns</u> dē nōbīs iūdicātur.

Sooft ich eine Rede halte, wird über mich geurteilt.

<u>crēbrī</u> nūntiī afferuntur.

Immer wieder treffen Nachrichten ein.

ad <u>multum</u> diem dormīre

bis weit in den Tag hinein schlafen

ex silvīs <u>rārī</u> prōpūgnābant.

<u>Einzeln</u> brachen sie aus dem Wald hervor.

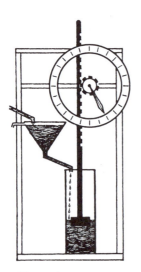

Wasseruhr

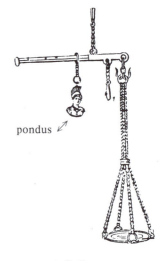

pondus

Balkenwaage

Quantitätsbegriffe (Forts.) 15

quotiēns *Adv.*	wie oft, so oft wie
(totiēns *Adv.*	so oft)
frequēns, entis	zahlreich, häufig
crēber (bra, brum)	zahlreich, häufig
multus (a, um)	viel, zahlreich
↔ **rārus** (a, um)	selten, vereinzelt
numquam	niemals
umquam	jemals, irgendeinmal
rārō	selten, hin und wieder
interdum	bisweilen
saepe (saepius, saepissimē)	oft (öfter, sehr oft)
plērumque	meistens
semper	immer

bestimmte
Menge

D Quantität − Majorität − Minorität − Maximum − Minimum − Plural −
Multiplikation − Null − Nihilismus − Singular − Omnibus − Quotient −
Frequenz − Rarität

E quantity − majority − minority − multiple − nihilism − frequency − rare

F quantité − majeur − minorité − multiplier − un − fréquence − rareté

16 *Zahlen*

Man unterscheidet Grundzahlen, *die zum Abzählen dienen („fünf"),*
Ordnungszahlen, *mit denen der Platz in einer Reihe bestimmt wird („der
fünfte"),* Zahladverbien, *die für das Malnehmen (Multiplizieren)
gebraucht werden („fünfmal"), sowie* Distributivzahlen, *mit denen beim
Verteilen kleine Teilmengen bezeichnet werden können („je fünf").*

*Im L werden die Grundzahlen von 11 bis 17 durch Zusammensetzung
gebildet* (ūn-decim 11, trē-decim 13 usw.), *18 und 19 jedoch durch Sub-
traktion* (duo-dē-vīgintī 18, ūn-dē-vīgintī 19). *Zehner, Hunderter und
Tausender werden folgendermaßen gebildet:*

trī-gintā	30	tre-centī (ae, a)	300	tria mīlia	3000
				(*Gen.* trium mīlium)	
quīnquā-gintā	50	quīn-gentī (ae, a)	500	quīnque mīlia	5000
				(*Gen.* quīnque mīlium)	
trī-cēsimus (a, um)	30.	tre-centēsimus (a, um)	300.	ter mīllēsimus (a, um)	3000.
quīnquā-gēsimus (a, um)	50,	quīn-gentēsimus (a, um)	500.	quīnquiēs mīllēsimus (a, um)	5000.[1]

Von den Zahladverbien kommen semel *(„einmal"),* bis *(„zweimal")*[2] *und*
ter *(„dreimal") gelegentlich vor. Von den Distributivzahlen wird nur* singulī (ae, a) „je einer (eine, eines), *adj.* je ein(e)" (15) *häufig gebraucht.*

Zur Erklärung der römischen Zahlzeichen:
I *ein Finger* — II *zwei Finger* — *usw.* — V *eine Hand* — IV *eine Hand minus
ein Finger* — VI *eine Hand plus ein Finger* — *usw.* — X *zwei Hände* — C(*en-
tum*) — L *halbes* ⊏ (C) — D *halbes* Φ *(d. i. das urspr. Zeichen für 1000)* —
M(*ille*)

*(„Ein X für ein U (lat. = V) vormachen" bedeutet, dass der Wirt statt einer
Schuld von 5 eine von 10 Sesterzen anschreibt.)*

*Die Monatsnamen September, Oktober, November, Dezember erklären
sich dadurch, dass in Rom die Monate vom 1. März an gezählt wurden, so
dass der September damals der siebente Monat* (mēnsis septembris) *war.
Der alte* Quīntīlis *wurde Caesar zu Ehren in* Iūlius, *der* Sextīlis *Octavia-
nus Augustus zu Ehren umbenannt.*

---

[1] eigentlich „dreimal " bzw. „fünfmal Tausendster"
[2] vgl. die Vorsilbe „bi-"; F itinéraire bis „Nebenstrecke"

Zahlen 16

numerus, ī *m*	Zahl, Reihe, Rang	
▶		*Zeichen:*
ūnus (a, um) (15)	einer, eine, ein	I
Gen. ūnīus; *Dat.* ūnī		
duo (duae, duo)	zwei	II
trēs (tria), trium	drei	III
quattuor[1]	vier	IIII/IV
quīnque	fünf	V
sex	sechs	VI
septem	sieben	VII
octō	acht	VIII
novem	neun	IX
decem	zehn	X
vīgintī	zwanzig	XX
centum	hundert	C
mīlle	tausend	M
Pl. (duo *usw.*) mīlia, ium		
▶		
prīmus (a, um) (14)	der erste	
secundus (a, um) (50)	der zweite	
tertius (a, um)	der dritte	
quartus (a, um)	der vierte	
quīntus (a, um)	der fünfte	
sextus (a, um)	der sechste	
septimus (a, um)	der siebente	
octāvus (a, um)	der achte	
nōnus (a, um)	der neunte	
decimus (a, um)	der zehnte	

D Nummer – Duo – dezimal – Prozent – Oktave

E number – six – second – century – prime-minister

F nombre – un – deux – trois – quatre – cinq – six – sept – huit – neuf – dix – vingt – cent – mille

---

[1] quattuor *usw. bis* centum *und* mille *(im Singular) sind undeklinierbar.*

17 Maß und Anteil

Hier folgen weitere Klassen von Quantität. Zu Größe, Menge und Häufigkeit (15) kommen nun noch Maß, Stufe, Gewicht und Anteil, dazu Verben des Teilens. Besonders der Bereich ‚Gewicht' wird häufig metaphorisch verwendet.

▽

<u>modum</u> adhibēre	Maß halten, sich einschränken
eōdem <u>modō</u>	in derselben Weise
mūrus <u>modicus</u>	eine niedrige Mauer
mīlitibus frūmentum <u>mētīrī</u>	den Soldaten Getreide zuteilen

△

ad altiōrem gradum dīgnitātis pervenīre	in ein ranghöheres Amt aufsteigen
interdum grandem ōrātiōnem prō longā dīcimus.	Manchmal reden wir von einer ‚bedeutenden Rede' statt von einer langen.
exiguus animī erat.	Er war geistig unbedeutend.
exiguā parte aestātis reliquā	**als der Sommer bereits seinem Ende zuging**
litterae tuae maximī apud mē sunt ponderis.	Dein Brief bedeutet mir sehr viel.
gravissimum crīmen	ein sehr schwerer Vorwurf
pecūnia eī levissima erat.	Geld spielt für ihn keine Rolle.
dolōrem cōnsōlandō levāre	den Schmerz durch Trost lindern

B	ad hominum mīlle partim equitum partim peditum	an die tausend Leute, teils Reiter, teils Infanteristen
G	scīre sē sōlōs omnia dīcunt.	Sie behaupten, sie allein wüssten alles.

▽

philosophia ūniversa in trēs partēs est <u>tribūta</u>.	Das Gesamtgebiet der Philosophie ist in drei Teilgebiete gegliedert.
<u>ūnī</u> culpam <u>attribuere</u>	einem einzigen die Schuld zuweisen
Caesar legiōnibus opera <u>distribuit</u>.	Caesar teilte den (einzelnen) Legionen ihre Aufgaben zu.
pecūniam inter sē <u>dīvidere</u>	das Geld unter sich teilen

△

Maß und Anteil 17

modus, ī *m*	Maß, Weise, Art
modicus (a, um)	maßvoll; bescheiden
↔ **immēnsus** (a, um)	unermesslich, unendlich
mētīrī, mētior, mēnsus sum	messen, beurteilen
▶	
gradus, ūs *m*	Schritt, Stufe, Rang
grandis (e), is	groß; alt; bedeutend
↔ **exiguus** (a, um)	klein, gering; unbedeutend
▶	
pondus, deris *n*	Gewicht
onus, oneris *n*	Last
mōlēs, is *f*	1. Masse 2. Anstrengung
gravis (e), is	schwer
↔ **levis** (e), is	leicht; leichtsinnig
levāre, vī, tum	erleichtern, heben
▶	
pars, partis *f*	Teil, Seite
partim ... partim ... *Adv.*	teils ... teils ...
sēmi-	halb-
timōre sēmianimus	vor Angst halb tot
↔ **tōtus** (a, um)	ganz
Gen. tōtīus; *Dat.* tōtī	
(*vgl.* omnis 15)	
ūniversus (a, um)	gesamt, allgemein
↔ **sōlus** (a, um)	allein
Gen. sōlīus; *Dat.* sōlī	
tribuere, uī, ūtum	zuteilen, zuweisen
attribuere, uī, ūtum	zuteilen, zuweisen
distribuere, uī, ūtum	verteilen, einteilen
dīvidere, vīsī, vīsum	trennen, teilen

D/E/F Part/part/part — total/total/total

D Modalität — immens — Grad — Mole — Semi-finale — Universität — Solo — Tribut — Attribut — Distribution — dividieren

E grade — grand — pound   **F** grand — grave — lever — tout

18 Abstufung und Einschätzung

Vielen Aussagen werden Adverbien beigegeben, mit denen der Sprecher den betreffenden Vorgang oder Sachverhalt bemisst. Dabei wird der Maßstab kaum jemals ausdrücklich genannt:

erant <u>omnīnō</u> itinera duo: ūnum per Sēquanōs angustum et difficile, <u>vix</u> quā singulī carrī dūcerentur, alterum per prōvinciam nostram <u>multō</u> facilius atque expedītius.
(Caesar BG I 6, 1/2)

Es gab <u>überhaupt</u> nur zwei Wege: einen engen und schwierigen durch das Gebiet der Sequaner, auf dem schon zweirädrige Karren einzeln <u>kaum</u> Platz hatten, den anderen durch die römische Provinz, der <u>viel</u> leichter und bequemer war.

nōn māgnopere labōrāre

sich nicht sonderlich anstrengen

magis valēre

mehr Geltung haben

multum posse

viel vermögen

G atrōcius/nimis atrōciter sociīs imperābant.

Sie herrschten ziemlich hart / allzu hart über die Bundesgenossen.

nimia lībertās

ein Übermaß an Freiheit

G sunt ea quidem parum fīrma.

Das ist freilich wenig zuverlässig.

<u>quantō</u> diūtius cōnsiderō, <u>tantō</u> mihi rēs vidētur obscūrior.

<u>Je</u> länger ich mich damit beschäftige, <u>desto</u> dunkler erscheint mir die Angelegenheit.

eum tantum vīdī neque loquī potuī.

Ich habe ihn nur gesehen, konnte ihn aber nicht sprechen.

id fuit nōbīs admodum grātum.

Das kam uns durchaus gelegen.

valdē timēre

sich sehr fürchten

haec satis iam explicāta sunt.

Das ist nun ausführlich genug erörtert worden.

satis superque

genug und übergenug

„sehr":	māgnopere / multum / valdē / admodum / nimis	
„mehr":	magis	/ plūs
„am meisten":	maximē	/ plūrimum
↑↓		
„wenig / kaum":	parum	/ paulum / vix

A *Die Adverbien kann man auch nach ihrer* Form *ordnen:*
(a) *Akk. Neutr. Sg. als Adverb:* ....
(b) *Abl. Neutr. Sg. (ablativus mensurae):* ....
(c) *Adverbiale Formen auf -ē:* ....
(d) *Unveränderliche Formen wie* vix *u. a.:* ....

Abstufung und Einschätzung 18

māgnopere (māgnus 15, opus 51)	sehr
magis (*vgl.* potius 75)	mehr, eher, lieber
maximē (*vgl.* potissimum 75)	überaus, am meisten
maximē idōneus	am besten geeignet
nimis *und* **nimium**	zu sehr
Adj. **nimius** (a, um)	sehr groß, zu groß
↔ **parum**	(zu) wenig
▶	
multum (multī 15)	viel, oft, sehr
plūs	mehr
plūris esse	mehr wert sein
plūrimum	am meisten
↔ **paulum**	ein wenig
paulātim	allmählich
minus (*vgl.* parvus 15)	weniger
minimē	am wenigsten, ganz und gar nicht
▶	
quantō (quantus 15)	um wie viel
paulō	(um) ein wenig
paulō ante (14)	kurz zuvor
paulō post (14)	ein wenig später
↔ **multō** (multī 15)	(um) vieles, viel
multō magis	viel mehr
▶	
vix	kaum
tantum (tantus 15)	nur
admodum (ad 9, modus 17)	ziemlich, sehr, durchaus
valdē (validus 46)	sehr
satis	genug
omnīnō (omnis 15)	ganz und gar, völlig

D plus − minus − satt
E plus − minus   **F** plus − moins − assez (ad + satis)

19 *Verknüpfen*

Die einfachste Weise, einen erkannten Zusammenhang sprachlich zum Ausdruck zu bringen, ist das Verknüpfen zweier Satzteile oder Sätze mit Hilfe eines Bindeworts (Konjunktion). Die Verben dieser Gruppe benennen *diese Operation, während die Konjunktionen dazu dienen, sie* sprachlich auszuführen. *Dabei ergeben sich folgende Möglichkeiten und Beispiele:*

1. Eine Aussage soll von zwei Subjekten gelten:

Marcus et Lūcius revertērunt.   M. und L. sind zurückgekehrt.

2. Eine Handlung richtet sich auf zwei verschiedene Objekte:

Lūcius cum parentēs tum
amīcōs salūtāvit.

L. begrüßte seine Eltern und dann
besonders seine Freunde.

3. Es werden zwei verschiedene Mittel genannt, mit denen eine Handlung ausgeführt wurde:

Lūcius nōn modo dōnīs, sed
etiam ōrātiōnibus animōs
cīvium flexit.

L. machte sich die Bürger nicht nur
durch Geschenke, sondern auch
durch seine Reden geneigt.

4. Von einem Subjekt werden zwei Aussagen gemacht:

Iūvenēs revertērunt atque
parentēs salūtāvērunt.

Die jungen Leute sind zurückgekehrt und haben ihre Eltern be-
grüßt.

G ▽

nāvēs iungere (nectere) ? virtūtem cum ēloquentiā iungere ?

ōrdinēs inter sē coniungere	die gesellschaftlichen Gruppen (wieder) an einen Tisch bringen
nātiōnēs in societātem ad-iungere	mit diesen Stämmen ein Bündnis schließen
ad laudem doctrīnae glōriam adiēcit.	Zu der Anerkennung seines Wissens erwarb er sich auch Tatenruhm.
ōrātiōnī minās adicere	in die Rede Drohungen einflechten

△

pōma ex arbore dēmere	Äpfel vom Baum abnehmen
senātus populusque Rōmānus (SPQR)	Senat und Volk von Rom
mortem nē dīvitissimī quidem effugere possunt.	Dem Tod können nicht einmal die ganz Reichen entkommen.

Verknüpfen 19

iungere *und* **coniungere,** iūnxī, iūnctum	verbinden, vereinigen
adiungere, iūnxī, iūnctum	anbinden
nectere, nex(u)ī, nexum	verknüpfen, zusammenbinden, fesseln
addere, didī, ditum	hinzutun
adicere, iō, iēcī, iectum (iacere 43)	hinzufügen
⟷ **dēmere,** dēmpsī, dēmptum	wegnehmen

▶

et	und, auch
et X **et** Y	sowohl X als auch Y
etiam X (*oder* X **etiam**)	auch/noch/sogar X
X-**que**	und X
ac *und* **atque** (21)	sowie, und, und auch
X **quoque**	auch X
cum X **tum** Y	sowohl X als auch besonders Y
nōn modo X **sed etiam** Y *oder* **nōn sōlum** X **vērum etiam** Y	nicht nur X, sondern auch Y
praetereā (praeter 10)	außerdem

▶

nec *und* **neque**	und nicht, auch nicht
nec X **nec** Y *und* **neque** X **neque** Y	weder X noch Y
nē X **quidem** nōn modo nōn X sed nē Y quidem	nicht einmal X nicht nur nicht X, sondern nicht einmal Y

---

et/-que/ac/atque	⟷	nec/neque
et...et	⟷	neque...neque
etiam/...quoque	⟷	ne...quidem
cum...tum/non modo...	—	
sed etiam	⟷	non modo non...sed ne...quidem

D/E/F Adjektiv/adjective/adjectif – Addition/addition   **D** Junktim – Konjunktion – addieren – Konnex   **E** to join – to connect, connection – to add   **F** joindre – connexion

20 *Unterscheiden*

Das Gegenteil zum gedanklichen Verknüpfen ist das Unterscheiden. Wie in (19) benennen auch hier Verben den Vorgang oder Sachverhalt, während Konjunktionen dazu dienen, das Unterscheiden sprachlich auszuführen.
Viele Wörter dieser Gruppe zeigen die Vorsilbe dis- („auseinander"). Entsprechend erscheint als Füllung der zweiten Objekt-Stelle meist ā/ab + Ablativ der Trennung (vēra ā falsīs distinguere) oder ein anderer präpositionaler Ausdruck (differre inter sē). Angaben über Hinsicht und Grad des Unterschieds (Abl. instr. oder Adv.) können hinzutreten (lēgibus –, multō –, valdē inter sē differre).

duae urbēs māgnō inter sē maris spatiō discrētae	zwei Städte, voneinander durch ein weites Meer getrennt
nūllum discrīmen habēre	keinen Unterschied aufweisen
rēs in summō discrīmine est.	Die Sache ist an dem entscheidenden Punkt angelangt.
dīversīs itineribus ītur.	Man geht auf getrennten Wegen.
in dīversissimā parte Galliae	im entlegensten Teil Galliens
Rhēnō populī Rōmānī imperium finītur ā Germānīs.	Durch den Rhein wird das römische Herrschaftsgebiet von den Germanen abgegrenzt.
quem ad fīnem sēsē iactābit audācia tua?	Worauf soll das noch hinauslaufen mit deiner Frechheit?
rēs difficilis et inexplicābilis; atquī explicanda est.	Die Sache ist schwierig und kaum zu entwirren; und doch muss sie erklärt werden.

B

rem ita esse vel hāc ex rē intellegī potest.	Dass es sich so verhält, kann man schon hieraus erkennen.
hoc sīve Platō sīve quis alius dīxit.	Das kann Platon gesagt haben oder irgendein anderer.

„oder"	„aber"
ausschließend: aut *wahlweise*: vel	*schwacher Gegensatz, weiterführend*: autem *gegenüberstellend, steigernd*: sed / vērum / vērō *starker Gegensatz*: at, atquī

A *Welche Präfixe sind für die Verben des Verknüpfens und Unterscheidens kennzeichnend?*

Unterscheiden 20

discernere, crēvī, crētum (cernere 4) — unterscheiden, trennen

discrīmen, minis *n* — Unterschied, Entscheidung, Gefahr

distinguere, stīnxī, stīnctum — unterscheiden, trennen

differre, ferō — verschieden sein

interest, fuit (interesse 10) — es ist ein Unterschied, es ist wichtig

nōn multum interest inter x et v. — Es ist kein großer Unterschied zwischen x und v.

meā (eius) interest tē venīre. — Es ist für mich (ihn, sie) wichtig, dass du kommst.

dīversus (a, um) (6) — entgegengesetzt, verschieden

pertinēre, uī (6) — sich beziehen auf

id nihil ad rem pertinet. — Das gehört nicht zur Sache.

fīnīre, vī, tum — begrenzen, beendigen

fīnis, is *m* (22, 79) — Grenze, Ende

▶

aut — oder (aber)

aut...aut... — entweder...oder

aut Caesar aut nihil. — Ich möchte entweder Caesar oder gar nichts sein.

sed — aber, hingegen

(nōn...) sed — (nicht....) sondern

vērum (19) (vērus 5) — (in Wahrheit) aber, *(nach Neg.)* sondern

neque vērō — aber nicht

at — aber, jedoch, dagegen

atquī — und doch, aber doch

▶

Y **autem** — Y aber, Y andererseits

Y-**ve** — oder, oder auch

ūnus plūrēsve — einer oder mehrere

vel — oder (auch), oder sogar, zum Beispiel

vel X **vel** Y — X oder Y; teils X, teils Y

sīve...sīve... *oder* **seu...seu...** — sei es (dass) ... sei es (dass) ...

D/E/F *s. u.* 21

21 *Vergleichen*

Das Vergleichen umfasst Verknüpfen (19) und Unterscheiden (20). Ihm dienen auch die Steigerungsformen des Adjektivs (Komparativ, Superlativ).

Als Vergleichswörter finden sich quam *(vgl.* postquam: „später als, nachdem" 14*) und* ac *oder* atque *(„sowie, und auch" 19).*

quid <u>tam</u> populāre <u>quam</u> lībertās?	Was ist so sehr im Sinne des Volkes <u>wie</u> die Freiheit?
haec domus nōn māior <u>quam</u> nostra est.	Dieses Haus ist nicht größer <u>als</u> unseres.
accipere <u>quam</u> facere praestat iniūriam.	Besser Unrecht leiden <u>als</u> Unrecht tun.
<u>quam</u> maximīs (potest) itineribus Rōmam contendit.	In <u>möglichst</u> großen Tagemärschen eilt er nach Rom.
rēs <u>aliter</u> sē habet <u>ac</u> sentīs.	Es verhält sich anders, <u>als</u> du denkst.
frātrēs tuōs <u>aequē</u> dīligō <u>atque</u> tē.	Ich schätze deine Brüder genauso sehr <u>wie</u> dich.

Die Verben des Vergleichens haben als 2. Objekt unterschiedliche Kasus:

virtūte cum amīcō sē comparāre	sich an Tüchtigkeit mit dem Freund messen
amīcum virtūte (ad)aequāre	**dem Freund an Tüchtigkeit gleichkommen**
colōniās iūre ūrbī aequāre	**die Kolonien rechtlich Rom gleichstellen**
parva māgnīs *(Dat.)* cōnferre	kleine Dinge mit großen vergleichen
(sē) aegrum (esse) simulāre	den Kranken spielen

B dīvitiās <u>aliī</u> praepōnunt, bonam <u>aliī</u> valētūdinem, <u>aliī</u> honōrēs.

<u>Die einen</u> ziehen Reichtum vor, <u>die anderen</u> Gesundheit, <u>wieder andere</u> eine politische Karriere.

B eīs genus, aetās, ēloquentia prope <u>aequālia</u> fuēre, māgnitūdō animī <u>pār</u>, <u>item</u> glōria, sed <u>alia aliī</u>. *(Sall. Cat. 54, 1)*

An Abstammung, Alter, Bildung waren sie einander fast gleich, hatten dieselbe geistige Überlegenheit, den gleichen Ruhm, doch jeder auf seine Weise.

Vergleichen 21

comparāre, vī, tum	vergleichen
pār, paris, *Adv.* pariter	gleich, angemessen
cōnferre, ferō, tulī, collātum (61)	zusammentragen, vergleichen
praeferre, ferō, tulī, lātum	vorzeigen, vorziehen
praepōnere, posuī, positum (*vgl.* praeficere 57)	vorziehen, an die Spitze stellen
antepōnere, posuī, positum	vorziehen
praestat (praestāre 52)	es ist besser
longē (longus 6)	bei weitem
►	
(ad)aequāre, vī, tum	gleichmachen, gleichkommen
aequus (a, um) (81)	eben, gleich
↔ **inīquus** (a, um) (81)	uneben, ungleich
aequālis (e), is	gleich, gleichaltrig
simulāre, vī, tum	nachbilden, vortäuschen
similis (e), is (simul 14)	ähnlich
↔ **dissimilis** (e), is	unähnlich
►	
īdem (eadem, idem)	derselbe
↔ **alius** (alia, aliud); *Gen.* alterīus; *Dat.* aliī (alter 26)	ein anderer
item	ebenso, gleichfalls
↔ **aliter**	anders, sonst
►	

D Komparativ – Parität – Konferenz – Prälat – adäquat – simulieren – Identität
E to compare – pair – to confer – to prefer – equal – similar – item
F comparer – pair – préférer – égal

zu Gruppe 20:
D diskret – diskriminieren – Differenz – Interesse – Infinitiv
E to distinguish – diverse – to finish   **F** distinguer – divers – finir – fin

21 (Forts.) *Vergleichen*

Vergleiche gehen oft in Gliedsätze (Komparativsätze) über, die im Indikativ (‚realer Vergleich') oder Konjunktiv (‚angenommener Vergleich') stehen können:

sīcut magistrātibus lēgēs, ita populō magistrātūs <u>imperant</u>.	Wie die Gesetze über den Beamten stehen, so gebieten die Beamten über das Volk.
mē sequitur, tamquam sī mea umbra <u>esset</u>.	Er folgt mir, als ob er mein Schatten wäre.

A *Durch welche Bedeutungsmerkmale unterscheiden sich die Wörter der folgenden Reihe?* pār – aequus – aequālis – item – īdem

22 *Begründen, Zugestehen, Beabsichtigen*

Gründe können vom Sprecher auf dreierlei Weise berücksichtigt werden: 1. indem er einem berichteten Vorgang/Sachverhalt eine Begründung *beigibt (kausal), 2. dadurch, dass er einen* Gegengrund *als Vorbehalt nennt, der jedoch nicht zur Wirkung kommt (konzessiv), und 3. wenn er eine Zweckbestimmung, d.h. einen* Beweggrund (Motiv) *der Handlung angibt (final). Die jeweiligen Angaben können auch die Form von Gliedsätzen haben:*

1. Kausalsatz:
flūmen propter lātitūdinem trānsīre nōn poterant.
flūmen, quia lātum erat, trānsīre nōn poterant.
    Weil der Fluss zu breit war, konnten sie ihn nicht überschreiten.

2. Konzessivsatz:
iūs minimē dubium   vetustāte tamen intermittitur.
iūs, quamquam minimē dubium est, vetustāte tamen intermittitur.
    Obgleich (es) nicht in Zweifel gezogen (wird), wird ein Recht, einfach weil es sehr alt ist, doch gebrochen.

3. Finalsatz:
mittitur ad eōs eques Rōmānus colloquendī causā.
mittitur ad eōs eques Rōmānus,ut cum eīs colloquātur.
    Ein römischer Ritter wird hingeschickt, um mit ihnen zu verhandeln. (damit er...)

Vergleichen (Forts.) 21

ut X **ita** *oder* **sīc** Y	wie X, so Y; Y auf dieselbe Weise wie X
quam X **tam** Y	wie (sehr) X, so (sehr) Y; Y ebenso (sehr) wie X
quālis (e), is **.. tālis** (e), is	wie (beschaffen) … so (beschaffen)
quālis rēx, tālis grex.	Wie sich der König benimmt, so auch seine Untertanen.[1]
quō...eō + *Kompar.*	je … desto
hominēs, quō plūra habent, eō plūra cupiunt.	Je mehr die Menschen haben, desto mehr begehren sie.
sīcut(ī) *und* **velut(ī)**	so wie, gleich wie
velut (sī), quasi, tamquam (sī)	(wie wenn,) als ob; gleichsam

Begründen, Zugestehen, Beabsichtigen 22

causa, ae *f* (81)	Ursache, Streitsache
argūmentum, ī *n*	Inhalt, Beweis(grund)
arguere, uī (82)	darlegen, beschuldigen
dēmōnstrāre, vī, tum	zeigen, darlegen, beweisen
ratiō, ōnis *f* (1)	vernünftiger (Beweg-)Grund
cōnsiliī causam ratiōnemque cōgnōscere	Grund und Motiv des Plans erkennen
►	
cūr?	warum?
quamobrem	weswegen
ob *(+ Akk.)* (10)	wegen
propter *(+ Akk.)*	wegen
proptereā	deswegen

(→ Forts.)

---

[1] *Vgl.* „wie der Herr, so's Gscherr."

22 (Forts.) *Begründen... Beabsichtigen*

Auch Relativsätze *können kausalen, konzessiven oder finalen Sinn haben. Sie stehen dann im Konjunktiv. Ein finaler Relativsatz ist z. B.:*

lēgem brevem esse oportet,
quō (= ut eō) facilius
teneātur.

Ein Gesetz muss knapp (formuliert)
sein, damit man es leichter behalten kann.

*Eine zeitliche Abfolge von Vorgängen stellt sich oft als ursächliches Ver-
hältnis dar. So ergibt sich aus dem ,cum historicum'(14) die kausale, kon-
zessive und adversative Verwendung von* **cum:**

quae <u>cum</u> ita essent, itinere
dēstitit. *(,cum causale')*

<u>Weil</u> die Dinge so lagen, sah er von
der Reise ab.

Sōcratēs, <u>cum</u> facile posset
ēdūcī ē carcere, nōluit.
(,cum concessivum')

<u>Obwohl</u> S. leicht aus dem Gefäng-
nis hätte befreit werden können,
wollte er es nicht.

iam tacet reus, <u>cum</u> anteā
continenter locūtus sit.
(,cum adversativum')

Jetzt schweigt der Angeklagte, <u>wäh-
rend</u> er vorher dauernd geredet
hat.

Auch das Vergleichen kann zum Gegengrund führen:

**ut dēsint vīrēs, tamen est
laudanda voluntās.**

**Wenn auch die Kräfte fehlen, ist der
gute Wille doch zu loben.**

G avārī egent, <u>quamvīs</u> sint
dīvitēs.

Geizhälse leiden Mangel, auch
wenn sie noch so reich sind.

quamvīs multī

beliebig viele

B cum id, quod facere aliquis
dēbet, officium esse dīci-
mus, illud, cuius causā
facere dēbet, fīnem appellā-
mus.

Wenn wir das, was einer tun muss,
Pflicht nennen, dann bezeichnen
wir das, weshalb er es tun muss,
als Zweck.

Verwendungen von **ut**:	
Fragewort (,ut interrogativum') (,,wie?")	(26)
Vergleichswort (,ut comparativum') (,,wie")	(21)
,ut temporale' (,,wie bald = sobald")	(14)
,ut concessivum' (,,wie sehr auch ..., mag auch ...")	(22)
,ut finale' (,,in der Weise = Absicht, dass ...")	(22)
,ut consecutivum' (,,in der Weise = mit der Folge, dass ...")	(23)
,ut explicativum' (Geschehen ,,der Art, des Inhalt, dass ...")	(60)

Begründen... Beabsichtigen (Forts.) 22

nam X	denn X
X **enim**	X nämlich, X allerdings
etenim	nämlich, und in der Tat
neque enim...	denn... nicht
quod (60)	da, weil
quia	weil
quoniam	da ja
cum + *Konj.* (14)	da, weil
praesertim (cum)	besonders, zumal (da)

▶

conc<u>ē</u>dere, cessī, cessum	nachgeben, gestatten, zugestehen
tamen	gleichwohl, dennoch
X **quidem** (n<u>ē</u>... quidem 19)	X jedenfalls, X jedoch
quamquam	obgleich, obwohl
etsī, etiamsī	auch wenn, obgleich
cum + *Konj.* (14)	obgleich, während
ut + *Konj.* (21, 23, 60)	wenn auch
quamvīs (quam 21, velle 27)	wie sehr auch, obwohl; beliebig

▶

f<u>īnis</u>, is *m* (20)	Ziel, Zweck
ut + *Konj.*	dass, damit
qu<u>ō</u> (= ut e<u>ō</u>) + *Konj.*	damit dadurch
— + *Kompar.* + *Konj.*	damit umso (mehr)
n<u>ē</u> + *Konj.*	dass nicht, damit nicht
... n<u>ē</u>ve	... und damit nicht

Fragewort	*Adjunktion*	*Subjunktion*	*Präposition*	*Adverb*
cūr quamobrem	nam enim	quod, quia, quoniam	propter ob	proptereā

D Argument — rationell — Demonstration — Konzession
E cause — argue   **F** cause, chose

23 *Folgern und Annehmen*

Der Zusammenhang von Grund (22) und Folge *kann an unserem Bei-spiel aus (22) erläutert werden:* flūmen lātum erat *(Sachverhalt)* et trānsīrī nōn poterat *(Folge). Bei einer kausalen Darstellung des Zusam-menhangs erscheint die Auswirkung des Sachverhalts im Hauptsatz und erhält so größeres Gewicht:* flūmen **quod** lātum erat, trānsīrī nōn pot-erat. *Bei einer konsekutiven Darstellung dagegen erhält die Ursache (im HS) das Hauptgewicht:* flūmen lātum erat, **ut** trānsīrī nōn posset.

Beim Bedingungsgefüge (Konditionalsatz) *erscheint der Grund als Annahme im Gliedsatz:* sī flūmen lātum sit, id nōn trānseāmus („Falls der Fluss ...").

Man kann die Annahme als Tatsache hinstellen (Realis: Indikativ): sī hoc dīcis, mentīris („Wenn du das sagst, lügst du"), *als Möglichkeit kennzeichnen (Potentialis: Konj. Präs. oder Perf.):* sī pluat, domī maneam („Sollte es regnen, werde ich wohl zu Hause bleiben") *oder ihre Unwirklichkeit betonen (Irrealis: Konj. Imperf. oder Plusquamperf.):* sī tacuissēs, philosophus mānsissēs („Wenn du geschwiegen hättest, ständest du weiter als kluger Mann da").

▽

ex quō cōnsequitur (conclūdi-tur) illud vērum esse.	Daraus folgt, dass dies wahr ist,
ex eō colligere potes, quid agere in animō habeam.	Daraus kannst du schließen, was ich zu tun gedenke.
quam multōs esse oportēret, ex rēmōrum numerō coniciēbant.	Wie viele es sein mussten, erschlos-sen sie aus der Zahl der Ruderrie-men.

△

Quis hoc dīcit? Platō scīlicet!	Wer das sagt? Platon natürlich!

▽

,ut *consecutivum' (andere Funktionen von* ut: *s. 21, 22, 60!)*

Atticus sīc Graecē loquēbā-tur, ut Athēnīs nātus vidērētur.	Atticus sprach so gut Griechisch, dass man den Eindruck hatte, er sei in Athen geboren.
Sōcratēs tantā erat sapientiā, ut dēcipī nōn posset.	Sokrates war von einer solchen Weisheit, dass man ihn nicht täu-schen konnte.

△

memoria minuitur, nisi eam exerceās.	Das Gedächtnis lässt nach, wenn man es nicht übt.
id facere nēmō nisî deus potest.	Das kann nur ein Gott.

Folgern und Annehmen 23

conclūdere, clūsī, clūsum
(claudere 63)

einschließen, folgern

conicere, iō, iēcī, iectum
(iacere 43)

(zusammen-)werfen, vermuten,
folgern

colligere, lēgī, lēctum (61)
(legere 71)

sammeln, folgern

cōnsequī, secūtus sum (50)
(sequi 61)

nachfolgen, erreichen,
logisch folgen

▶

ergō

deshalb, also

ideō

deshalb

igitur

also, folglich

itaque

(und so), daher

quārē

wodurch; *oft ‚rel. Anschluss':* daher

scīlicet (scīre 1, licet 60)

selbstverständlich, natürlich

▷

ut + *Konj.* (21, 22, 60)

so dass

↔ **ut nōn** + *Konj.*

so dass nicht

adeō ..., ut ...

so (sehr) ..., dass ...

▶

condiciō, ōnis *f*
(dīcere 31)

Verabredung, Bedingung, Lage

sī (26)

wenn, falls

↔ **nisi**
(nōn ...) nisi

wenn nicht
außer, nur

sīn (autem)

wenn aber

E/F/D condition/Kondition[1]

D Kollektiv – konsequent – Konsekutivsatz

E to conclude – to conjecture – to collect

F conclure – cueillir – car (quārē)

---

[1] *Die Schreibweise* konditional *(statt* kondizional*) geht auf die mittelalterliche
Schreibweise* conditio *für* condicio *zurück.*

24 *Prüfen und Bewerten*

*Mit den Verben dieser Gruppe können bestimmte Aspekte der Meinungs-
bildung hervorgehoben werden, z. B. der offizielle Charakter* (cēnsēre)
oder die Komponente des Urteilens (probāre) *oder die Subjektivität der
Bewertung* (interpretārī):

ex ēventū dē tuō cōnsiliō exī-
stimābō.

Aufgrund des Erfolges werde ich
über deinen Plan urteilen.

quid mihi faciendum putātis?

Was soll ich eurer Meinung nach
tun?

B ▽

pecūniam prō nihilō dūcere

Geld für unwichtig halten

illa ficta esse dūcimus.
△

Wir halten das für reine Einbil-
dung.

B ▽

Pompēius māgnus imperātor
habētur.

Pompeius gilt als bedeutender
Feldherr.

male rēs sē habet.
△

Es sieht schlecht aus.

cēterum cēnseō Carthāginem
esse dēlendam.
(Cato maior)

Übrigens stimme ich dafür, dass
Karthago zerstört wird.

B ▽

causam et hominem probant.

Sie sind mit der Sache und dem
Mann einverstanden.

hōs librōs tibi valdē probō.

Diese Bücher empfehle ich dir sehr.

perfacile factū esse illīs pro-
bat cōnāta perficere.
△

Er beweist ihnen, dass es leicht sei,
erfolgreich einen solchen Ver-
such zu machen.

G pater eum laudat, quod
modestus fuerit.

Der Vater lobt ihn, weil er so
bescheiden war.

cuius mōrēs erant ā cēnsōri-
bus reprehēnsī.

Seine Lebensführung war von den
Zensoren öffentlich gerügt worden.

A1 *Von welchen Kontextbedingungen — Bedeutung und Form der Ergänzungen — sind die hier aufgeführten Bedeutungen von* dūcere *und* habēre
bestimmt? Worin liegt der Unterschied zu den Bedeutungen von dūcere
(57) *und* habēre (70)?

A2 *Was bedeuten die folgenden Wendungen?* laudāre (reprehendere)
mōrēs, — puerōs, — mīlitēs propter audāciam, — virum, quod hominem adiūvit.

Prüfen und Bewerten 24

aestimāre, vī, tum   schätzen
   māgnī (parvī) aestimāre   hoch, (gering) schätzen

exīstimāre, vī, tum   einschätzen, meinen

arbitrārī, tus sum   meinen, glauben

putāre, vī, tum   rechnen, meinen, halten für

rērī, reor, ratus sum (ratiō 1)   rechnen, meinen, denken

dūcere, dūxī, ductum (57)   glauben, meinen, halten für

habēre, uī, itum (70)   glauben, meinen, halten für
   eum in iūdicum numerō   ihn zu den Richtern rechnen
   habēre

cēnsēre, uī, cēnsum   schätzen, meinen, für etwas
                       stimmen

interpretārī, tus sum   auslegen, deuten; übersetzen;
                       beurteilen

probāre, vī, tum (probus 25)   prüfen, für gut befinden, als gut/
                       richtig nachweisen

▶

bonus (a, um)   gut

melior (ius), ōris   besser

optimus (a, um)   der beste

bonum, i *n* (bona 69)   Gut, das Gute

bene *Adv.*   gut
↕

malus (a, um)   schlecht

peior (ius)   schlechter
   Superl. pessimus (a, um)

malum, ī *n*   Übel, Leid

male *Adv.*   schlecht
▶

laus, laudis *f*   Lob, Ruhm, Vorzug

laudāre, vī, tum   loben, preisen

↔ **reprehendere**, hendī,   tadeln
   hēnsum

D arbiträr — ratifizieren — Zensur — interpretieren — Probe — probat(es)
Mittel — Optimist — Pessimist

E to estimate — to arbitrate — rate — to interpret — to prove — to reprehend

F estimer — prouver — bon — mal — bien — louer

25 *Bewertungsaspekte*

Bei der Bewertung wird einer Person oder Sache eine Qualität zugeschrieben. Im Unterschied zu bonus und malus (24) enthalten andere Adjektive den Hinweis auf einen besonderen Bewertungsaspekt, z. B. auf die Tauglichkeit für einen bestimmten Zweck (ūtilis), auf die moralische Qualität (dīgnus), auf eine persönliche Wertschätzung (cārus) oder auf das Außerordentliche des bewerteten Gegenstandes (ingēns).

Mögliche Füllungen der Leerstelle des Adjektivs (s. o. S. 11/12)		
Dat. der Person	cibus aegrō ūtilis	eine für einen Kranken geeignete Nahrung
Dat. der Sache	nox ēruptiōnī opportūna est.	Die Nacht ist günstig für einen Ausbruch.
Präp.- ausdruck	patrōnus ad dīcendum aptus	ein Anwalt, der geschickt im Verhandeln ist
Ablativ	sē dīgnum māiōribus suīs praebuit.	Er hat sich seiner Vorfahren würdig erwiesen.
Glied- satz	putāmus tē idōneum, quī hōc mūnere fungāris.	Wir halten dich für fähig, dieses Amt auszuüben.

B ut māiōribus <u>pulcherrimum</u>
    fuit vōbīs imperium trādere, sīc vōbīs <u>turpissimum</u>
    id cōnservāre nōn posse.

So rühmlich es für eure Vorfahren gewesen ist, euch die Herrschaft zu übergeben, so schändlich ist es für euch, sie nicht bewahren zu können.

suōs quisque habet cārōs.   **Jeder hängt an seinen Angehörigen.**

īnsīgnis calamitās   **eine denkwürdige Niederlage**

B bēstia vāsta et immānis   ein riesiges Untier
    ▽

<u>mīrum</u> in modum   auf wunderbare Weise

id <u>admīrāns</u> illud iam mīrārī dēsinō.

Indem ich dies hier bestaune, höre ich schon auf, das da zu bewundern.

<u>mīror</u>, quō id ēvādat.

Ich bin gespannt, worauf das hinauslaufen wird.

<u>admīror</u> in homine esse Rōmānō tantam scientiam.

Ich staune, dass ein Römer so viel Wissen besitzen kann.

A *Welche grammatische Form kann die Ergänzung zu (ad)mīrārī haben?*

Bewertungsaspekte 25

ūtilis (e), is (ūtī 60)	nützlich, brauchbar
aptus (a, um)	passend, geeignet
idōneus (a, um)	passend, geeignet
commodus (a, um) (modus 17)	angemessen, günstig, angenehm
opportūnus (a, um)	geeignet, günstig
▶	
dīgnus (a, um)	würdig, wert
↔ **indīgnus** (a, um)	unwürdig
probus (a, um) (probāre 24)	tüchtig, rechtschaffen
↔ **improbus** (a, um)	unredlich, schlecht
pulcher (chra, chrum)	schön, vortrefflich
↔ **turpis** (e), is	hässlich, schändlich
clārus (a, um)	hell, klar, berühmt
↔ **sordidus** (a, um)	schmutzig, gemein
▶	
cārus (a, um)	lieb, teuer, wertvoll
singulāris (e), is (singulī 15)	einzigartig
ēgregius (a, um) (grex 67)	hervorragend, ausgezeichnet
īnsīgnis (e), is (sīgnum 63)	kennzeichnend, auffallend
illūstris (e), is (lūx 38)	leuchtend, berühmt
praeclārus (a, um) (clārus)	glänzend, ausgezeichnet
▶	
ingēns, entis	ungeheuer, gewaltig
immānis (e), is (*vgl.* vāstus 54)	ungeheuer, riesig
↔ **tenuis** (e), is	dünn, dürftig, gering
▶	
mīrus (a, um)	wunderbar, erstaunlich
mīrārī, tus sum *und* **admīrārī**, tus sum	sich (über etw.) wundern, (etw.) bewundern

D Opportunismus — singulär — Mirakel
E apt — opportunity — clear — to admire
F utile — commode — digne — clair — cher — illustre — admirer

26 Fragen und Untersuchen

Die Gruppe gliedert sich in Verben des Fragens und Fragewörter. Man kann Inhaltsfragen *stellen* (Wortfragen) *oder das Problem auf eine* Ja-Nein-Alternative *bringen (Satz-, Doppel-, Entscheidungsfragen).*[1]

Wortfragen (Fragen nach:)				Satzfragen	
Ort (8) Zeit (13)	Art/Weise (26) Zahl (15)	Grund (22)	Identität (26)	Haupt- satz	Gliedsatz
quō/quā ubī, quā	quōmodo ut/quam/quā/quī	cūr/quārē quā dē causā	quis, quid quī, quae, quod	-ne nōnne	-ne (...an) an
unde	quīn	quīn		num an	num, sī
quandō, quamdiū	quālis, quantus quot(iēns)		uter		utrum..an

Dem deutschen „wie?" entsprechen im L drei verschiedene Fragen:
1. **ut** *„von welcher Art?"* (Qualität), z. B. vidēs, ut altā stet nive candidus mōns („Siehst du, wie der Berg schneeglänzend dasteht?"),
2. **quōmodo** (oder **ut**) *„auf welche Weise?"* (Modalität), z. B. quōmodo vērum invenīrī potest? („Wie kann man die Wahrheit herausfinden?"),
3. **quam** *„wie sehr?"* (Intensität), z. B. nescīs, quam doleam („Du weißt nicht, wie sehr ich leide").

G▽ dē vī eius verbī <u>quaeritur</u>.

Nach der Bedeutung dieses Wortes wird gefragt.

<u>quaeris</u> ā mē, quid prō tē facere possim.

Du fragst mich, was ich für dich tun kann.

<u>quaesītum</u> est ex Caesare, quid fierī vellet.

Man fragte Caesar, was nach seinem Willen geschehen solle.

eum in urbe <u>quaesīvērunt</u>.

Man hat in Rom nach ihm gesucht.

△ dominus servum quaedam dē hāc rē <u>interrogāvit</u>.

Der Herr stellte seinem Diener einige Fragen in dieser Sache.

reperiuntur, quī, quod sentiunt, nōn audeant dīcere.

Es gibt Leute, die ihre Meinung nicht zu sagen wagen.

disputāre, quamobrem quidque fīat

erörtern, warum alles geschieht

▽ <u>quī</u> tibi id facere licuit?

<u>Wie</u> konntest du das nur tun?

<u>quīn</u> experiāmur?

<u>Warum</u> versuchen wir es <u>nicht</u>?

nōn dubitō (dubium nōn est), <u>quīn</u> hoc vērum sit.

Ich zweifle nicht (es ist nicht zweifelhaft), <u>dass</u> dies wahr ist.

---

[1] Abhängige Fragesätze stehen häufig als Ergänzung (Subj. oder Obj.) bei den verba sentiendī (4) und (5) und dīcendī (31) bis (33).

Fragen und Untersuchen 26

quaerere, quaesīvī, quaesītum   suchen, fragen
quaestiō, ōnis *f*   Untersuchung, Frage
inquīrere, quīsīvī, quīsītum   untersuchen, nachforschen
requīrere, quīsīvī, quīsītum   aufsuchen, nachforschen, verlangen
exquīrere, quīsīvī, quīsītum   aussuchen, sich erkundigen, verlangen
investīgāre, vī, tum   aufspüren, ausfindig machen
vestīgium, iī *n*   Spur, Standort
invenīre, vēnī, ventum   (hingelangen,) finden
reperīre, repperī, repertum   wiedergewinnen, finden
disputāre, vī, tum   erörtern, untersuchen
interrogāre, vī, tum   fragen
  (rogāre 56)

↔ **respondēre**, spondī, spōnsum   antworten

▶

Wortfragen:
quōmodo
und **quemadmodum**   wie, auf welche Weise
  (modus 17)

quā (8)   wie, auf welche Weise

quī   wie, wie denn?

  quīn (60) (quī + ne)   1. wie denn nicht, warum nicht?
     2. *Konjunktion m. Konj.:* dass

  quīn etiam   ja sogar

quis, quid (35)   wer, was

quī, quae, quod (34)   welcher, welche, welches

uter (tra, trum)   wer (von beiden)
  Gen. utrīus, *Dat.* utrī
  uterque (traque, trumque)   jeder (von beiden)
  neuter (tra, trum)   keiner (von beiden)

alter (tera, terum)   der eine/der andere (von beiden)

▶

D Inquisition − Requisiten − exquisit − Interrogativsatz − Inventur − Repertoire − disputieren − Neutrum − Altruismus

E to query − question − to investigate − response

F quérir − question − répondre − comme (quōmodo) − qui/que

26 (Forts.) *Fragen und Untersuchen*

tōta<u>ne</u> urbs ārsit?	Hat die ganze Stadt gebrannt?
canis <u>nōnne</u> similis est lupō?	Ist der Hund <u>nicht tatsächlich</u> dem Wolf ähnlich?
dic, <u>num</u> fidem eī habeās?	Sag, du glaubst ihm <u>doch nicht etwa?</u>
<u>an</u> quisquam dubitat?	<u>Oder</u> hat jemand Bedenken?
<u>sī</u> perrumpere possent, cōnātī sunt.	Sie versuchten, <u>ob</u> sie durchbrechen könnten.

A *Welche unterschiedlichen Bedeutungsaspekte zeigen die folgenden Synonyma? Beachte besonders die Präfixe!*
„fragen": interrogāre/quaerere
„suchen": quaerere/requīrere/exquīrere//disputāre
„finden": invenīre/reperīre/investīgāre

27 *Wollen, Streben*

Der sprachlichen Äußerung von Wünschen und Willensakten dienen nicht nur Verben *(„ich wünsche, dass ..."), sondern auch* Partikeln *(„ach wenn doch . . .") und schließlich die* Modi *des Verbs (Konj. = Optativ; Imperativ). Alle drei können kombiniert verwendet werden:*

hoc dī bene vertant!	Die Götter mögen es zum Guten wenden!
senātus hoc nē concēdat!	Hoffentlich lässt der Senat es nicht zu! *Oder:* Der Senat soll das nicht zulassen!
utinam pater hunc diem vīdisset!	Wenn doch Vater diesen Tag noch erlebt hätte!
velim mihi īgnōscās!	Bitte verzeih mir!
nōllem haec dīxissem!	Hätte ich dies doch bloß nicht gesagt!
cūrā, ut valeās!	Sieh zu, dass du gesund bleibst!
cavē, nē cadās!	Pass auf, dass du nicht fällst!

G Catō esse quam vidērī bonus mālēbat.

Cato wollte lieber gut sein als gut scheinen.

Fragen und Untersuchen (Forts.) 26

Satzfragen:

-ne	(*im Gliedsatz:* ob)
nōnne	doch wohl *(Antwort ‚ja' erwartet)*
num	(ob) etwa *(Antwort ‚nein' erwartet)*
an	oder (etwa), ob (nicht)
sī (23)	ob (vielleicht)
utrum ... an *oder* **-ne ... an**	(ob) ... oder

Wollen, Streben 27

Wunschpartikeln:

ut(ī) (22)	dass (doch)
nē ... nēve (22)	dass (nur) nicht ... und nicht
utinam	wenn doch
utinam nē	wenn nur nicht
▶	
velle, volō (vīs, vult, vultis), voluī	wollen
↔ **nōlle**, nōlō (nōn vīs ...), nōluī	nicht wollen
voluntās, tātis *f*	Wille, Zustimmung
benevolentia, ae *f* (bene 24)	Wohlwollen, Gunst
mālle, mālō (māvīs ...), māluī (magis 18 + velle)	lieber wollen
sponte *(Abl.)* meā (tuā, suā) sponte	von selbst, absichtlich aus eigenem Antrieb
ultrō (ultrā 7)	noch dazu, von selbst, freiwillig
libenter	gern
↔ **invītus** (a, um) mē invītō discessit.	unwillig, ungern Er ist gegen meinen Willen fortgegangen.
▶	

27 (Forts.) *Wollen, Streben*

G optō, ut beātus sīs. — Ich möchte, dass du glücklich bist.

locum colloquiō *(Dat.)* **dēligere** — einen Platz für die Unterredung wählen

litterīs *(Dat.)* **studēre** — sich mit der Literatur befassen

G fīlius studēbat, ut mox domum redīret. — Der Sohn gab sich Mühe, bald wieder nach Hause zu kommen.

Rōmam petere? cōnsulātum — ? adversārium ferrō (mit der Waffe) —? *Vgl. auch o. S. 16.*

nēmō est, quī nōn līberōs suōs incolumēs et beātōs esse cupiat. — Es gibt niemand, der nicht den Wunsch hätte, dass seine Kinder gesund und glücklich sind.

B impetū magis quam cōnsiliō — mehr mit Begeisterung als mit Überlegung

oculōs hominum vītāre — den Blicken der Menschen ausweichen

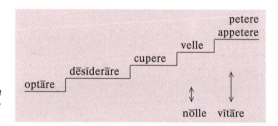

Steigerung im Ausdruck des Wünschens

A *Welche unterscheidenden Merkmale lassen sich für folgende Nachbarbegriffe angeben?* voluntās — studium — cupīdō — libīdō — appetītus — impetus.

Wollen, Streben (Forts.) 27

libet, libuit *oder* libitum est	es beliebt, gefällt
libīdō, dinis *f*	Lust, Begierde, Willkür
dēsīderāre, vī, tum (cōnsīderāre 4)	ersehnen, vermissen
optāre, vī, tum	wünschen, wählen
dēligere, lēgī, lēctum	wählen, auswählen
cupere, iō, pīvī, pītum	wünschen, begehren
cupidus (a, um) audiendī cupidus	begierig neugierig (zu hören)
cupīdō, dinis *f* *und* **cupiditās**, tātis *f*	Begierde, Leidenschaft
▶	
studēre, uī	sich bemühen, streben
studium, iī *n*	Vorliebe, Bemühung, (wissenschaftliche) Beschäftigung
petere, tīvī, tītum (56)	(nach e. Ort *oder* nach etw.) streben
impetus, ūs *m*	Antrieb, Schwung, Angriff
appetere, tīvī, tītum	begehren, angreifen
⟷ **vītāre**, vī, tum	aus dem Wege gehen, meiden

D spontan − optieren − studieren − Studium − Petition
E spontaneous − to desire − study
F vouloir − volonté − désirer − étude − appétit − éviter

28 *Freude, Trauer und Schmerz*

In der Einführung ist das Wortfeld ‚Freude' unter dem Gesichtspunkt der Bedeutungsbeziehungen in vielen Kontexten vorgeführt. Der Anlass der Freude (Objekt) erscheint im Abl. causae, im Akk. m. Inf. oder im explikativen quod-Satz:

G ▽

ōtiō dēlectārī	Freude an der Muße haben
in alterīus ruīnīs exsultāre	über den Zusammenbruch des anderen jubeln
malīs aliēnīs voluptātem capere	sich an fremdem Unglück weiden
gaudeō tibi iūcundās esse meās litterās.	Ich freue mich, dass dir mein Brief willkommen ist.
doleō, quod nesciō, ubī tē vīsūrus sim.	Ich finde es schade, dass ich nicht weiß, wo ich dich sehen werde.

△

B maerōrem minuī, dolōrem nōn potuī.
Die traurige Stimmung habe ich schon etwas überwunden, mit dem Schmerz ist mir das nicht gelungen.

trīste est nōmen ipsum carendī.
Schon das Wort ‚Entbehrung' ist abstoßend.

G cāsum reī pūblicae flēre
über den Untergang des Staates weinen

tē valēre mē iuvat.
Ich freue mich, dass es dir gut geht.

nec sōlum nōn molesta, sed etiam iūcunda rēs est.
Die Sache ist nicht nur nicht lästig, sondern geradezu erfreulich.

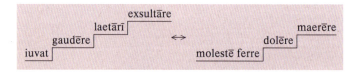

A *Die Reihe der Verben im Schaubild führt jeweils von der Empfindung des Gefühls zu seinem Ausdruck. Ordne den Verben die entsprechenden Substantive und Adjektive zu!*

Freude, Trauer und Schmerz 28

afficere, iō, fēcī, fectum — versehen mit etwas
  hominēs gaudiō (dolōre) afficere — den Menschen Freude bereiten (Leid zufügen)
  gaudiō (dolōre) affectus — freudig (schmerzlich) berührt

dēlectāre, vī, tum — erfreuen, unterhalten

gaudēre, gāvīsus sum — sich freuen

gaudium, iī *n* — Freude

laetārī, tus sum — sich freuen, fröhlich sein

laetus (a, um) — fröhlich, munter

laetitia, ae *f* — Freude, Fröhlichkeit

voluptās, tātis *f* (velle 27) — Vergnügen, Lust

↕

dolēre, uī — Schmerz empfinden, bedauern

dolor, ōris *m* — Schmerz, Bedauern

maerēre, uī — trauern, etw./jem. betrauern

maeror, ōris *m* — Trauer, Gram

maestus (a, um) — betrübt, traurig

trīstis (e), is — traurig; hart, finster

▶

exsultāre, vī, tum — (vor Freude) in die Höhe springen, jubeln

ridēre, rīsī, rīsum — lachen; verspotten

↔ **flēre**, vī, tum — weinen, beklagen

lacrima, ae *f* — Träne

▶

iuvat (iuvāre 53) — es erfreut, es nützt
  multōs castra iuvant. — Viele haben Spaß am Militärdienst.

iūcundus (a, um) — angenehm, erfreulich
  (*vgl.* grātus 75)

↔ **molestus** (a, um) — beschwerlich, lästig
  (mōlēs 17)

D Affekt − Gaudi − trist
E to delight − to molest
F douleur − triste − rire

29 *Zuneigung und Abneigung*

Die Wörter sind in Gegensatzpaaren angeordnet: Liebe ↔ Hass
Freund ↔ Feind   Hochschätzung ↔ Geringschätzung
Gunst ↔ Missgunst   Mitleid ↔ Zorn   verzeihen ↔ gekränkt sein

B ille ā mē nōn dīligitur sōlum, vērum etiam amātur. — Er wird von mir nicht nur geschätzt, sondern sogar geliebt.

omnēs hominēs nātūrā lībertātī student et condiciōnem servitūtis ōdērunt. — Alle Menschen streben von Natur aus nach Freiheit und hassen ein Leben in Knechtschaft.

G ratiōnī voluptās inimīca. — Der sinnliche Genuss ist ein Feind der Vernunft.

dīligentiam adhibēre — **sorgfältig verfahren**

Caesaris partibus *(Dat.)* **favēre** — **auf Caesars Seite stehen**

invideō tibi (− honōrī tuō). — **Ich bin neidisch auf dich** (− auf deine Stellung).

B invidia nōn in eō, quī invidet, sōlum dīcitur, sed etiam in eō, cui invidētur. — Von ‚invidia' spricht man nicht nur bei dem, der Neid empfindet, sondern auch bei dem, welcher Missgunst erfährt.

in miserōs ūtī misericordiā — **Mitleid üben mit Leuten, die in Not sind**

G ▽

omnēs amīcōs discessisse <u>aegrē ferō.</u> — Ich finde es schlimm, dass alle meine Freunde weggegangen sind.

<u>graviter ferō</u>, quod omnēs amīcī mē dēseruērunt. — Ich ärgere mich darüber, dass mich alle meine Freunde im Stich gelassen haben.

mihi <u>īgnōscit</u>, quod nōn vēnerim. — Er verzeiht es mir, dass ich nicht gekommen bin.
△

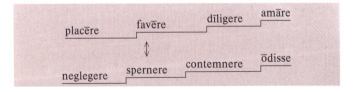

A *Beschreibe die Wortbildung und ihre Bedeutungsmerkmale bei:* misericordia *bis* īrātus *(vgl. o. S. 8 und u. S. 211/212).*

Zuneigung und Abneigung 29

amāre, vī, tum	lieben
amor, ōris *m*	Liebe
⟷ **ōdisse**, ōdī	hassen
odium, iī *n*	Hass
amīcus, ī *m (auch Adj.)* (79)	Freund (befreundet)
amīcitia, ae *f* (79)	Freundschaft
⟷ **inimīcus**, ī *m (auch Adj.)*	Feind (feindlich)
(*vgl.* hostis 83)	
▶	
placēre, uī, itum (48)	gefallen
complectī, plexus sum	umarmen, umfassen
dīligere, lēxī, lēctum	hoch achten, lieben
dīligēns, entis	sorgfältig, gewissenhaft
dīligentia, ae *f*	Sorgfalt, Umsicht
↕	
neglegere, lēxī, lēctum	vernachlässigen, nicht beachten
contemnere, tempsī, temp-tum	verachten, gering schätzen
spernere, sprēvī, sprētum	verschmähen, ablehnen
▶	
favēre, fāvī, fautum	geneigt sein, begünstigen
favor, ōris *m* (*vgl.* grātia 75)	Gunst, Beifall
↕	
invidēre, vīdī, vīsum	beneiden
invidia, ae *f* (75)	Neid, Missgunst
▶	
misericordia, ae *f* (cor 2)	Mitleid, Barmherzigkeit
miser (era, erum)	elend, unglücklich
miseria, ae *f*	Elend, Unglück
↕	
īra, ae *f*	Zorn
īrāscī, īrāscor	zürnen, zornig sein
īrātus (a, um)	zornig, aufgebracht
▶	
aegrē ferre (aeger 46 + ferre 68)	übel (auf)nehmen, sich gekränkt
oder **graviter ferre** (gravis 17)	fühlen
↕	
īgnōscere, īgnōvī, īgnōtum	verzeihen

E enemy — to neglect — to contempt — favour — to envy — misery
F aimer — amour — ami — amitié — ennemi — négliger — faveur — envier — miséricorde — misère

30 *Furcht und Hoffnung*

Die Spannweite der menschlichen Erwartung zwischen Hoffnung und Hoffnungslosigkeit ist vor allem von Wörtern aus dem Sinnbezirk ‚Furcht‘ gefüllt. Vgl. die Übersicht in der Einführung S. 9!

Füllungen der Objektstelle:	
litterās <u>expectāre</u>	einen Brief erwarten
tū quid ēgeris, vehementer <u>exspectō</u>.	Ich bin äußerst gespannt, was du ausrichtest.
<u>exspectāvit</u>, dum suī in ūnum colligerentur.	Er wartete, bis sich seine Leute zusammengefunden hatten.
ōs ut videam hominis, <u>exspectō</u>.	Ich warte darauf, das Gesicht des Menschen zu sehen.

G māgna mē spēs tenet tē valēre. Ich habe große Hoffnung, dass es dir gut geht.

dēspērāta rēs est. **Die Lage ist verzweifelt.**

vīcit pudōrem libīdō. **Die Lust war stärker als die Scham.**

hostibus *(Dat.)* **pavōrem inicere** **die Feinde in Angst versetzen**

B sapientia nōs ā formīdinum terrōre vindicat. Die Weisheit befreit uns von dem Druck der Ängste.

B nihil habet mors, quod sit horrendum. Der Tod hat nichts, wovor man sich entsetzen müsste.

Der Anlass des Fürchtens erscheint i. L. oft als verneinter Begehrssatz:
timeō, <u>nē</u> ...: ich (wünsche, dass ... nicht,) befürchte (aber), <u>dass</u> ...
timeō, <u>ut</u> ...: ich (wünsche dass ...), befürchte (aber), <u>dass nicht</u> ...

<u>nē</u> ab omnibus dēsererētur, veritus est. Er fürchtete, von allen allein gelassen zu werden.

Labiēnus veritus est, <u>ut</u> hostium impetum sustinēre posset. Labienus fürchtete, dem Ansturm der Feinde nicht standhalten zu können.

▽
<u>verēbar</u> tibi grātiās agere. Ich hatte Scheu, dir meinen Dank auszusprechen.

parentēs <u>verērī</u> die Eltern hochachten

dē rē pūblicā valdē <u>timeō</u>. Ich mache mir große Sorgen um unseren Staat.
△

Furcht und Hoffnung 30

exspectāre, vī, tum
  (spectāre 4)
ausschauen (nach), erwarten

spērāre, vī, tum
hoffen, erwarten

  spēs, speī *f*
Hoffnung, Erwartung

↔ **dēspērāre**, vī, tum
die Hoffnung aufgeben,
  verzweifeln

▶

verērī, veritus sum
sich scheuen, fürchten, verehren

pudor, ōris *m*
Scham, Scheu, Ehrgefühl

metuere, uī
fürchten

metus, ūs *m*
Furcht, Besorgnis

timēre, uī
(sich) fürchten, Angst haben

timor, ōris *m*
Angst

timidus (a, um)
furchtsam, besorgt

pavor, ōris *m*
Angst, Verzagtheit

anxius (a, um)
ängstlich, unruhig

▶

horrēre, uī
von etwas starren, sich entsetzen

formīdō, dinis *f*
Entsetzen
↕

terrēre, uī, itum
jemanden erschrecken

terror, ōris *m*
Schrecken

perterrēre, uī, itum
jemand gewaltig erschrecken,
  einschüchtern

D Reverenz – Horror – Terror
E to expect – to despair – timid – anxious – formidable – terrible
F espérer – timide – pudeur – formidable – peur – terrible

A *Welche Bedeutungsmerkmale und -beziehungen kennzeichnen folgende
Wortgruppen?*
pudor – metus – timor – horror; timor – timēre – timidus; anxius
– audāx; timidus – fortis; terrēre – horrēre; spērāre – dēspērāre

31 *Wort, Sprache, Sprechen*

Die verschiedenen Wörter, die das Sprechen benennen (loquī, dīcere, sermō, ōrātiō *usw.*) *oder Wort und Begriff bezeichnen* (vōx, nōmen *usw.*), *sind in vielen Fällen austauschbar, oft jedoch heben sie einen besonderen Aspekt hervor, auf den es im Kontext ankommt (z. B. die Öffentlichkeit bei* ōrātiō *oder die Verbindlichkeit der Äußerung bei* sententia).

▽

urbem ex rēgis nōmine Rōmam <u>vocāvērunt</u>.	Die Stadt nannten sie nach dem Namen des Königs ‚Rom'.
testēs <u>ēvocāre</u>	Zeugen aufbieten
omnēs rēs certīs <u>vocābulīs</u> <u>nōmināre</u>	alle Dinge mit bestimmten Wörtern bezeichnen

△

B Crassus Graecē sīc loquitur, nūllam ut nōvisse aliam linguam videātur.

Crassus spricht Griechisch so, als ob er keine andere Sprache kennen würde.

B nihil est in dīcendō māius, quam ut faveat ōrātōrī is, quī audiet.

Nichts ist beim öffentlichen Vortrag wichtiger, als dass der Hörer dem Redner ein geneigtes Ohr schenkt.

senātōrēs sententiam rogāre — **die Senatoren abstimmen lassen**

quī tacet, cōnsentīre vidētur. — **Wer nichts sagt, scheint einverstanden zu sein.**

Bei den Verba dīcendī kann das Objekt der Äußerung in verschiedenen Formen erscheinen:

Akk.[1]	reī (crīmina) cōnfessī sunt.	Die Angeklagten haben (ihre Verbrechen) gestanden.
Akk.+ Inf.	ad eōs pervēnit fāma Germānōs Rhēnum trānsīsse.	Ein Gerücht war zu ihnen gedrungen, die Germanen seien über den Rhein gekommen.
Indir. Fragesatz	quōmodo rēs sē habēret, cōnfessus est.	Er hat zugegeben, wie sich die Sache verhielt.
Abh. Begehrssatz	quis tibi dīxit, ut hunc librum scrīberēs?	Wer hat dir gesagt, dass du dieses Buch schreiben sollst?

[1] *bleibt weg, wenn vom Kontext her verständlich*

Wort, Sprache, Sprechen 31

vōx, vōcis *f*	Stimme, Laut, Wort
vocāre, vī, tum	rufen, nennen, bezeichnen
in iūs vocāre	vor Gericht laden
ēvocāre, vī, tum	herausrufen, vorladen
verbum, ī *n*	Wort
nōmen, nōminis *n*	Name, Begriff
nōmināre, vī, tum	nennen, benennen
sermō, ōnis *m*	Gespräch, Sprache
sermō familiāris et cottīdiānus	die alltägliche Umgangssprache
lingua, ae *f* (2)	Zunge, Sprache
▶	
loquī, locūtus sum	sprechen, reden
colloquium, iī *n*	Unterredung, Gespräch
ēloquentia, ae *f*	Beredsamkeit
ōrātor, ōris *m* (ōrāre 56)	Redner
ōrātiō, ōnis *f*	Rede
ōrātiōnem habēre	eine Rede halten
dīcere, dīxī, dictum (33, 78)	sagen, sprechen; behaupten, nennen
dictum, ī *n* (ēdictum 78)	Wort, Ausspruch
sententia, ae *f* (sentīre 4)	Meinung, Ansicht, Sinnspruch
sententiam dīcere	seine Stimme abgeben
▶	
fārī, for, fātus sum	sprechen, verkünden
fābula, ae *f* (71)	Erzählung, Geschichte, Theaterstück
fāma, ae *f*	Gerücht, (guter/schlechter) Ruf
fatērī, fassus sum	gestehen, etw. eingestehen
cōnfitērī, fessus sum	eingestehen
↕	
tacēre, uī, itum	schweigen, etw. verschweigen
tacitus (a, um)	verschwiegen, schweigsam
silentium, iī *n*	Schweigen, Stille

D Vokal – Verbum – Nominativ – Sentenz – Fabel
E voice – noun – language – colloquial – dictionary – sentence – silence
F voix – évoquer – nom – langue – dire – sentence – se taire – silence

32 *Sprachliches Handeln*

Die Gruppe enthält Verben, mit denen bestimmte Sprechhandlungen wie ‚Begrüßen‘, ‚Nachricht übermitteln‘ oder ‚eine Geschichte erzählen‘ bezeichnet werden können. Die Ergänzung, d. h. der Inhalt der Äußerungen, erscheint als Nomen im Akk. oder im Abl. + dē, als Akk. m. Inf. oder als abh. Frage (vgl. 31): nārrāre rem, − dē rē, − rem esse in angustō, − quae acciderint.

videt in turbā Verrem, appellat hominem et ei maximā vōce gratulātur.	Er sieht im Gedränge Verres, ruft den Kerl beim Namen und wünscht ihm mit lauter Stimme Glück.

G   multī cīvēs ad mē salūtātum vēnērunt. (sal.: *Supin. I*)

Viele Bürger waren gekommen, um mich zu begrüßen.

Cicerō cōnsul est dēclārātus.   **Cicero ist zum Konsul ausgerufen worden.**

petō, ut, inter quōs disseritur, conveniat, quid sit id, dē quō disserātur (disputētur).	Ich verlange, dass zwischen Diskussionsteilnehmern Einigkeit darüber herrscht, worüber eigentlich diskutiert werden soll.
aliquid prō certō prōpōnere	etwas als gewiss hinstellen
aliquid animō *(Dat.)* prōpōnere	sich etwas vornehmen
sē omnia, quae imperāsset, factūrōs esse pollicitī sunt.	Sie versprachen, alles zu tun, was er anordnen würde.
sī tē mentīrī dīcis vērumque dīcis, mentīris!	Wenn du behauptest, dass du lügst, tatsächlich aber die Wahrheit sagst, lügst du ja!

(31/32)

„Wort"	vōx	/ nōmen	/ dictum	/ sententia	/ fāma
	(Lautfolge)	*(Benennung)*	*(Äußerung)*	*(Sinnspruch, Stellungnahme)*	*(Gerücht)*
„sprechen"	loquī − dīcere − ōrātiōnem habēre − sententiam dīcere − fārī *(Zunahme an Geformtheit, Öffentlichkeit, Gültigkeit)*				
„nennen"	nōmināre	/ dīcere		/ appellāre	/ vocāre
	(Namen geben)	*(beim Namen nennen, erwähnen)*		*(namentlich ansprechen)*	*(beim Namen rufen)*

Sprachliches Handeln 32

appellāre, vī, tum   anreden, (be-)nennen
(nōmināre 31)

salūtāre, vī, tum (salūs 46)   (be-)grüßen
salvē (salvēte)!   sei(d) gegrüßt!
valē (valēte)! (valēre 46)   leb(t) wohl!

▶

recitāre, vī, tum   vorlesen, vortragen

nārrāre, vī, tum   erzählen, erwähnen

commemorāre, vī, tum   erwähnen, berichten
(memoria 1)

nūntiāre, vī, tum   melden, verkünden

nūntius, iī *m*   Bote, Nachricht

dēferre, ferō, tulī, lātum   hinbringen, melden, berichten

referre, referō, rettulī, relātum bringen, berichten

dēclārāre, vī, tum (clārus 25) verkünden, erklären

▶

explicāre, vī *oder* uī, tum erörtern, erklären

disserere, seruī, sertum   über etwas sprechen, erörtern

expōnere, posuī, positum   auseinander setzen, darlegen

prōpōnere, posuī, positum   vorlegen, vorschlagen, in Aussicht
(pōnere 51)   stellen

prōmittere, mīsī, missum   versprechen, in Aussicht stellen

pollicērī, citus sum   versprechen

mentīrī, tus sum   lügen

↔ **vērum dīcere**   die Wahrheit sagen
(vērus 5, dīcere 31)

D Appell – rezitieren – referieren – relativ – deklarieren – explizieren – Dissertation – de-mentieren
E to appeal – to recite – to announce – to refer – to expose – to propose – to promise
F appeler – saluer – réciter – annoncer – exposer – proposer – promettre – mentir

33 *Weisen der Äußerung*

Verben der sprachlichen Äußerung (verba dīcendī) bezeichnen nicht nur Funktionen (32), sondern auch die Art und Weise, wie Äußerungen getan werden:

> *nachdrücklich:* affirmāre/contendere ←→ negāre
> *bittend, eindringlich:* obsecrāre; supplex
> *angreifend, heftig:* invehī; minae
> *klagend, laut:* querī < clāmāre

B sīc dēcernō, sīc sentiō, sīc affirmō nūllam omnium rērum pūblicārum cōnferendam esse cum eā.

So entscheide ich, das ist meine Ansicht und ich behaupte es mit Nachdruck, dass keine andere Staatsverfassung mit dieser verglichen werden kann.

apud senātōrēs contendit falsa eīs esse dēlāta.

Vor den Senatoren behauptete er, ihnen sei Falsches berichtet worden.

▽

profectō in suōs fīnēs sē recipient.

Sie werden sich bestimmt auf ihr Gebiet zurückziehen.

plānē scrībere

deutlich und klar schreiben

sint sānē nōbilēs
△

es sind allerdings Adlige

vērī esse aliquid nōn negāmus, percipī posse negāmus.

Dass etwas Wahres existiert, geben wir zu, wir streiten nur ab, dass man es erkennen kann.

ubī fuit Sulla? num Rōmae? immō longē āfuit!

Wo war Sulla? Etwa in Rom? Im Gegenteil, er war weit weg!

M ōrātiōne graviter in eum invectus est.

Er hat ihn in seiner Rede scharf angegriffen.

clāmōre undique sublātō

nachdem sich überall Geschrei erhoben hatte

ut āiunt

wie man sagt

ōrāre (56) atque obsecrāre

inständig bitten

A1 contendere *findet sich mit drei unterschiedlichen Bedeutungen in drei Sachgruppen (33-59-62). Wodurch ist die Bedeutung hier im Bsp. 2 bedingt?*

A2 *Welche besondere Gestaltung weisen die Beispiele 1, 6 und 11 auf? (Vgl. u. S. 215/216.)*

Weisen der Äußerung 33

affirmāre, vī, tum (firmus 55)	bekräftigen, behaupten
contendere, tendī, tentum (59, 62)	behaupten
profectō	in der Tat, sicherlich
plānē (plānus 41)	deutlich, völlig
sānē (sānus 46)	gewiss, allerdings
↕	
negāre, vī, tum negat sē meminisse	verneinen, leugnen, verweigern er sagt, er erinnere sich nicht
(nōn) ... immō (vērō)	*(nach Negationen:)* im Gegenteil, vielmehr
▶	
obsecrāre, vī, tum (sacer 72)	beschwören, anflehen
supplex, icis	demütig bittend, flehentlich
↕	
invehī, vectus sum (68)	auf jmdn. losfahren, schimpfen
minae, ārum *f Pl.*	Drohungen
▶	
querī, questus sum	klagen, sich beklagen
clamāre, vī, tum	schreien, (laut) rufen
clāmor, ōris *m*	Geschrei, Lärm
⟷ **silentiō** (31) **praeterīre** (10, 12)	mit Schweigen übergehen, unerwähnt lassen
▶	
Anführung wörtlicher Rede:	
inquam; inquit	sag(t)e ich; sagt(e) er (sie)
dīcit, dīcēbat, dīxit (31)	sagt(e) er (sie)
āit; āiunt	1. sagt(e) er/sie; sag(t)en sie 2. behauptet(e) er/sie; behaup(te)ten sie

D affirmativ − Negation − Querulant − Reklame
E to affirm − (to) quarrel − to claim
F affirmer − nier − querelle

34 *Rollen in Sprechsituationen*

Die Personalendungen des Verbs und die ihnen entsprechenden Pronomina zeigen drei Rollen an, welche jede Sprechsituation strukturieren. In der Grammatik werden sie als „erste, zweite und dritte Person" bezeichnet. Ihnen sind auch die Demonstrativa zugeordnet. Nur ‚ipse' gehört allen drei Bereichen an.

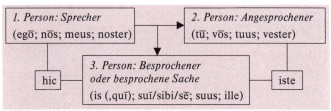

Wenn die Rollen umbesetzt werden, z. B. der Sprecher zur besprochenen Person wird, werden die Pronomina ausgetauscht:

sī nōs ipsī laudāmus, opus nōn est aliōs nōs laudāre.	Wenn wir uns selbst loben, brauchen uns nicht andere zu loben.
↓	↓
sī sē ipsī laudant, opus nōn est aliōs eōs laudāre.	Wenn sie sich selbst loben, brauchen andere sie nicht zu loben.

Das Rollendreieck der sprachlichen Kommunikation ist so grundlegend, dass die Sprache es mit mehreren Signalen gleichzeitig belegt, besonders dann, wenn Gegensätze betont werden sollen:

	bona <u>mea</u> <u>tū</u> possidēs, <u>egō</u> <u>aliēnā</u> misericordiā <u>vīvō</u>.	<u>Meine</u> Güter ha<u>st du</u> in Besitz, während <u>ich</u> vom Mitleid <u>Fremder</u> (von <u>fremdem</u> M.) <u>lebe.</u>
B	quamdiū etiam furor iste tuus nōs ēlūdet?	Wie lange wird dein Wahnsinn noch sein Spiel mit uns treiben?
B	id aetātis es, ut, quid rēbus tuīs conveniat, ipse vidēre possīs.	Du bist so alt, dass du nun selbst zusehen kannst, was sich für deine Angelegenheiten schickt.
G	<u>ea</u> est gēns Rōmāna, <u>quae</u> victa quiēscere nesciat.	Das römische Volk ist eben <u>so,</u> <u>dass</u> es nach einer Niederlage keine Ruhe geben kann.
G	▽	
	<u>Caesar</u> mīlitēs hortātus est, ut <u>sē</u> sequerentur.	Caesar forderte die Soldaten auf, ihm zu folgen.
	<u>iūstitia</u> per <u>sēsē</u> colenda est.	Die Gerechtigkeit muss um ihrer selbst willen hochgehalten werden .
	△	

Rollen in Sprechsituationen 34

egō,
  meī, mihi, mē, mēcum

ich

equidem

ich (für meine Person)

nōs,
  nostrī, nōbīs, nōs, nōbīscum

wir

meus (a, um)

mein

noster (tra, trum)

unser

hic (haec, hoc)

dieser hier (diese, dieses)

▶

tū,
  tuī, tibi, tē, tēcum

du

vōs,
  vestrī, vōbīs, vōs, vōbīscum

ihr

tuus (a, um)

dein

vester (tra, trum)

euer

iste (ista, istud)

dieser da (diese, dieses)

▶

is (ea, id),
  eius, eī...

er (sie, es); dieser (diese, dieses)

ille (illa, illud),
  illīus, illī...
  illud Catōnis

der (die, das) dort (↔ hic),
  jener
der berühmte Ausspruch Catos...

ipse (ipsa, ipsum),
  ipsīus, ipsī...

er (sie, es) selbst

suī, sibi, sē *reflexiv*

seiner, sich

suus (a, um)   *nur für das*
reflexive Verhältnis! Ausdruck
der Zugehörigkeit sonst:
  amīcus eius
  amīcus eōrum (eārum)

sein, ihr (seine, sein)

sein (ihr) Freund
ihr Freund

quī (quae, quod) (26)

der (die, das); welcher (welche,
  welches); wer (was)

is, quī

derjenige, welcher

D Egoismus − Paternoster   **F** nous − notre − tu − vous − votre − cet
(ecce-iste) − le, la (ille, illa) − il, elle (ille, illa) − son, sa − se

35 *Unbestimmtheit. Negation*

Es gibt Wörter, die dem Sprecher dazu dienen, den Redegegenstand unbestimmt zu lassen bzw. nur allgemeine Urteile über ihn abzugeben (Indefinita), ihn zu verallgemeinern (generalisierende) oder ihn zu verneinen (Negationen). So wird es möglich, am Gespräch über alle möglichen Dinge teilzunehmen, ohne dass man sich im Einzelnen jeweils auskennen oder festlegen muss.

▽

num <u>quis</u> adsit, interrogō.	Ich frage, ob da jemand ist.
sine <u>aliquō</u> timōre	ohne irgendwelche Angst
negō ante mortem <u>quem-quam</u> beātum esse praedicandum.	Ich behaupte, dass niemand vor seinem Tode glücklich genannt werden kann.
sine <u>ūllā</u> dubitātiōne	ohne jedes Bedenken
nōn sine <u>aliquā</u> dubitātiōne	nicht ohne einiges Bedenken
homō incrēdibilī <u>quādam</u> māgnitūdine ingeniī	ein Mensch von geradezu unglaublich hoher Begabung

△

	optimus quisque	**gerade die Besten**
G	quō quisque est iūnior, eō est audācior.	Je jünger jemand ist, desto waghalsiger ist er.
B	ūnusquisque opīniōnēs fingēbat.	Jeder Einzelne stellte seine Vermutungen an.
G	cuivīs facile fuit intellēctū. *(*int.: *Sup. II)*	Das war wirklich für jeden leicht zu verstehen.
B	quemcumque rogāveris, idem respondēbit.	Jeder, den du fragst, wird dir die gleiche Antwort geben.

▽

eōdem <u>ferē</u> tempore	ungefähr zur gleichen Zeit
pōns <u>paene</u> refectus erat.	Die Brücke war fast schon wieder fertig.
erant numerō <u>circiter</u> mīlle.	Es waren um die tausend an Zahl.

△

A *Eine Übersicht über die Pronomina von* (34) *und* (35) *lässt sich durch Eintragung in das folgende Schema gewinnen:*

Personal-Pron.	Possessiv-Pron.	Demonstr.-Pron.	Relativ-Pron.	Indefinit-Pron.	Generalisierung

Unbestimmtheit. Negation 35

aliquis, aliquid *(Subst.)*   irgendwer, irgendwas
nach sī, nisī, nē, num:
quis, quid (26)   (irgend)wer, (irgend)was

in verneinten Sätzen und rhetorischen Fragen:
quisquam, quicquam *(Subst.)* (überhaupt) jemand, (–) etwas
▶

aliquī (aliqua(e), aliquod) *(Adj.)* irgendein (-eine, -ein)

in verneinten Sätzen und rhetorischen Fragen:
ūllus (a, um) *(Adj.)*   (überhaupt) ein (eine, ein)
   Gen. ūllīus, *Dat.* ūllī
   (nūllus 15)

Wenn die Person oder Sache anonym bleiben soll:
quīdam (quaedam, quoddam) ein bestimmter, (etwas)
Pl. quīdam, quaedam   einige, gewisse
▶

quisque (quaeque, quidque   jeder (jede, jedes)
   oder quodque) *(vgl.* omnis 15)
ūnusquisque (-quaeque,   jeder einzelne
   -quidque *oder* -quodque)
   (ūnus 15)

quīvīs (quaevīs, quodvīs)   jeder beliebige
   (velle 27)

Verallgemeinerndes Relativpronomen:
quīcumque (quaecumque,
   quodcumque)
und **quisquis** (quidquid)   wer auch immer; jeder, der
   quōquō modō rēs sē habet   es sei, wie es wolle
▶

fermē *oder* **ferē**   fast, etwa, ungefähr

paene (*vgl.* prope 7)   beinahe, fast

circiter (circā 10)   ungefähr
▶

nōn   nicht
   nōn nesciō   ich weiß ganz genau

haud   nicht
   haud difficile   kinderleicht

Weitere Negationen: nē 22,27; nēmō 15; nōndum, nōniam 13; neque 19; nihil 15; *dazu die Verneinungspräfixe* dis-, in- *und* ne(g)- *(s. u. S. 211).*

36/37 *Wasser/Feuer*

Das Wasser, das er zum Leben benötigt, entnimmt der Mensch Flüssen und Seen. Die Verben „schöpfen" und „gießen" fassen alles zusammen, was er mit dem Wasser tun kann; sie werden oft übertragen verwendet. Dasselbe gilt für die Wörter des Sinnbezirks „Feuer".

▽

in mare <u>fundere</u> aquās	Wasser ins Meer gießen, *d. h. Überflüssiges tun*
hostēs <u>fundere</u>	die Feinde aus dem Feld schlagen
eōdem fonte <u>haurīre</u>	aus derselben Quelle schöpfen
ex librīs <u>haurīre</u> praecepta vītae	Büchern Lehren für das Leben entnehmen

△

secundō flūmine, adversō flūmine	**flussabwärts, flussaufwärts**
M sē cīvīlibus flūctibus *(Dat.)* committere	sich den Stürmen des politischen Lebens aussetzen
B Rhodanus nōnnūllīs locīs vadō trānsitur.	Die Rhone kann man an einigen Stellen durch eine Furt überqueren.
ōstium Tiberis	**Tibermündung**

▽

<u>īgnis</u> interitūrus est, nisī alitur.	Wenn es nicht genährt wird, wird das Feuer erlöschen.
aquae multitūdine <u>flammae</u> vīs opprimitur.	Durch die Menge des Löschwassers wird das (offene) Feuer erstickt.

△

M incendor cottīdiē magis dēsīderiō studiōrum.	Ich werde täglich mehr von Sehnsucht nach meinen Studien erfasst.
incendium exstinguere	**einen Brand löschen**
M imperium exstinguere	**die Herrschaft beseitigen**

A1 *Welche lateinische Wortfolge bezeichnet den Weg eines Stroms von der Quelle bis zur Mündung?*

A2 *Übersetze die Wendungen:* iuventūtem ad facinora incendere – odia cīvium in tyrannum ārdent – vīcōs, oppida, frūmentum combūrere – amor eum ūrit – in flammam ipsam venīre

Wasser 36

aqua, ae *f* (3)	Wasser
liquidus (a, um)	flüssig, klar
haurīre, hausī, haustum	schöpfen, trinken
↔ **fundere**, fūdī, fūsum	(aus-)gießen, zerstreuen
effundere, fūdī, fūsum	ausgießen, verschütten
▶	
fōns, fontis *m*	Quelle; Ursprung
flūmen, minis *n*	Fluss, Strom
flūctus, ūs *m* (*vgl.* aestus 40)	Fließen, Flut
fluere, flūxī	fließen, strömen
amnis, is *m*	Strom, Fluss
rapidus (a, um) (rapere 52)	reißend schnell
▶	
lacus, ūs *m*	See, Teich
rīpa, ae *f*	Ufer
vadum, ī *n* (invādere 64)	Furt, Untiefe
ōstium, iī *n* (ōs 2)	Mündung; Eingang

Feuer 37

īgnis, is *m*	Feuer, Brand
flamma, ae *f*	Flamme, Feuer, Glut
ārdēre, ārsī, ārsūrum	brennen
ūrere, ussī, ustum	versengen, verbrennen
accendere, cendī, cēnsum	anzünden, anfeuern
incendere, cendī, cēnsum	in Brand stecken, entflammen
incendium, iī *n*	Brand, Feuer
↔ **exstinguere**, stīnxī, stīnctum	auslöschen, vertilgen

D Aquarium – Fusion – Fontäne – Fluktuation – rapide – waten – Urne
E liquid – fountain – fluent – rapid – lake – ardent – to extinguish
F eau – liquide – rapide – lac – rive – l'incendie – éteindre

38 *Licht, Farbe, Geschmack*

Auch bei den Wörtern für Licht, Farbe und Geschmack liegt metaphorische Verwendung nahe (man denke an den Symbolwert schwarzer und weißer Kleidung).

M rēs occultās in lūcem prōferre — verborgene Dinge ans Licht bringen

▽

lūmina āmittere — das Augenlicht verlieren

nōndum legere poterāmus; nam et lūmina dīmīserāmus nec satis lūcēbat. — Wir konnten noch nicht lesen; denn wir hatten keine Lampen mitgenommen, und es war noch nicht hell genug.

△

colōrem dūcere — eine Farbe annehmen, sich färben

M color Latīnus — lateinische Ausdrucksweise

▽

alba et ātra discernere nōn posse — Weiß und Schwarz nicht unterscheiden können

nigrae nūbēs — dunkle Wolken

equus candidus — Schimmel

toga candida — *(geweißte) Toga der Bewerber um eine Magistratur (Regierungsamt)*

△

B ▽

flōrēs variī — bunte Blumen

variīs dictīs sententiīs — nachdem die unterschiedlichen Meinungen vorgetragen waren

△

acerba verba — **bittere Worte**

melle dulcius — **süßer als Honig**

ō nōmen dulce lībertātis! — **Freiheit, welch schönes Wort!**

Licht, Farbe, Geschmack 38

lūx, lūcis *f* (11) Licht, Helligkeit
   prīmā lūce bei Tagesanbruch

lūmen, minis *n* (*vgl.* lūna 39) Licht, Leuchte

lūcēre, lūxī (*vgl.* illūstris 25) leuchten
▶

color, ōris *m* Farbe

āter (tra, trum) schwarz, düster
   diēs āter Unglückstag

niger (gra, grum) schwarz, von dunkler Farbe

↔ **candidus** (a, um) strahlend, schneeweiß

varius (a, um) bunt, mannigfaltig
▶

acerbus (a, um) herb, bitter; rücksichtslos

↔ **dulcis** (e), is süß, lieblich

D koloriert − Neger − Variation
E colour − various
F luire − lumière − couleur − noir − candide − doux − varier

39 *Himmel, Wetter*

Die erste Teilgruppe betrifft die Himmelserscheinungen, die zweite Luft-
bewegung, die dritte Niederschläge und Temperatur. Sie werden zusam-
mengehalten durch den Begriff caelum, *der alle drei umfasst.*

▽

iam corpore vix sustineō gravitātem huius caelī.	Das ungünstige Klima hier halte ich kaum noch aus.
caelestium ōrdinem contemplārī	die Ordnung der Sterne betrachten
nocturna caelī fōrma undique sīderibus ōrnāta	die Schönheit des mit Sternen übersäten Nachthimmels

△

āēr et īgnis et aqua et terra prīma sunt.	Luft, Feuer, Wasser und Erde sind die Urelemente.
tempestās vehemēns	**ein heftiger Sturm**
diēs placidus	**ein heiterer Tag**
G uxōrem placidam reddere	die Frau besänftigen
lūna incurrit in umbram terrae.	Der Mond tritt in den Erdschatten ein.
B in caelō nūbēs, imbrēs ventīque cōguntur.	In der Atmosphäre ballen sich Wolken, Regen und Winde zusammen.
montēs hieme altissimā nive iter impediunt.	Im Gebirge behindert während des Winters tiefer (hoher) Schnee das Vorwärtskommen.
B ad frīgora atque aestūs vītandōs aedificāre	so bauen, dass man gegen Kälte und Hitze gleichermaßen geschützt ist

▽ (*vgl.* spīritus 3)

semper āēr spīritū aliquō movētur, frequentius tamen aurās quam ventōs habet.	Stets ist die Luft in einer gewissen Bewegung, doch handelt es sich öfter um leichte Brisen als um heftige Winde.
M aura populāris	die (unbeständige) Volksgunst
lēnī ventō nāvigāre	bei leichtem Wind segeln
spīritus frīgidus	kalter Luftzug

△

Himmel, Wetter 39

caelum, ī *n*	Himmel; Wetter, Klima
caelestis (e), is (72)	himmlisch, am Himmel
caelestia, ium *n Pl.*	Himmelskörper, Sterne
sīdus, eris *n*	Gestirn, Sternbild
sōl, sōlis *m*	Sonne
lūna, ae *f*	Mond
ūniversum, ī *n* (17)	Weltall
▶	
āēr, āeris *m*	Luft
aura, ae *f* (spīritus 3)	Luft, Hauch; Gunst
ventus, ī *m*	Wind
tempestās, tātis *f* (11)	Wetter; Unwetter, Sturm
vehemēns, entis (vehere 68)	heftig
↕	
lēnis (e), is (tranquillus 40)	lind, mild
placidus (a, um) (quiētus 80)	sanft, friedlich
▶	
umbra, ae *f*	Schatten
nūbēs, is *f*	Wolke
imber, bris *m*	Regen
nix, nivis *f*	Schnee
frīgus, oris *n*	Kälte, Frost
frīgidus (a, um)	kalt, starr
↔ **aestus**, ūs *m* (40)	Hitze, Glut

D Celesta – Aura – Ventil – vehement
E air – tempest – frigid
F ciel – soleil – lune – air – neige – vent – froid – frigidaire

40 *Meer, Seefahrt*

*In dieser Sachgruppe sind zwei Sinnbezirke vereinigt, von denen der eine
dem Bereich der* Natur, *der andere dem der* Kultur *zugehört.*

	tranquillō nāvigāre	**bei ruhiger See reisen**
B	aestūs maritimī ortū aut obitū lūnae commoventur.	Die Gezeiten des Meeres werden durch Auf- und Untergang des Mondes in Bewegung gesetzt.
M	undae comitiōrum	die unruhig wogende Menge bei der Volksversammlung
	ōra maritima	**Küstenlandschaft**
	secundum lītus castra facere	das Lager unmittelbar am Strand aufschlagen
B	▽ sinus maritimus	Meeresbucht
	in sinū amīcī △	im Herzen des Freundes
↘	urbe portus ipse cingitur et continētur.	Der eigentliche Hafen ist von der Stadt umgeben und eingefasst. *(Syrakus)*
B	breviōres sunt in īnsulā Britanniā quam in continentī noctēs.	Auf der Insel Britannien sind die Nächte kürzer als auf dem Festland.
	classis centum nāvium	**eine Flotte von 100 Schiffen**
	vēla in altum dare	**aufs hohe Meer hinaussegeln**

A1 *Beschrifte eine Landkarte mit den passenden lateinischen Wörtern.*

A2 *Die Grundvorstellung von* aestus *ist ‚brodeln, kochen' (*aestuāre*). Wie
kann man sich die übertragene Bedeutung von* aestus *hier erklären?*

Meer, Seefahrt 40

mare, maris *n*
  mare nostrum

Meer
d. i. das Mittelmeer

maritimus (a, um)

am Meer gelegen; See-, Küsten-

tranquillus (a, um)
  mare tranquillum

ruhig, still
Meeresstille

↔ **aestus**, ūs *m* (39)

Flut, Brandung

unda, ae *f*

Welle, Woge

ōra, ae *f* (ōs 2, ōstium 36)

Küste

lītus, oris *n*

Küste, Strand

sinus, ūs *m*

Bucht; Bausch (der Toga), Busen

continēre, uī, tentum
  (continuus 12, tenēre 70)
(terra) continēns, entis *f*

festhalten, umfassen

Festland

↔ **īnsula**, ae *f*

Insel

▶

nāvis, is *f*

Schiff

nāvigāre, vī, tum

segeln, (zur See) fahren

nauta, ae *m*

Seemann, Matrose

classis, is *f* (78)

Abteilung; Flotte

ratis, is *f*

Floß, Schiff

rēmus, ī *m*

Ruder

vēlum, ī *n*

Segel, Tuch

D/E/F Marine/marine − maritim(e) − Kontinent/continent − Container − Klasse/class(e)

D Lido − Sinus − Navigation - Riemen

E tranquilizer − navy

F mer − onde − sein − nautique − voile

41 Erde, Landschaft, Bodenschätze

Die Wörter dieser Gruppe betreffen unterschiedliche Aspekte des Begriffs ‚Erde‘, dann Landschaftsformen samt zwei typischen Weisen der Fortbewegung darin, Eigenschaften des Bodens und schließlich die Schätze, die der Mensch in der Erde sucht.

	terrā marīque pūgnāre	**zu Wasser und zu Lande kämpfen**
B	aedēs Tellūris	der Tempel der Göttin Erde
	humī iacēre (humī: *Lokativ*)	**am Boden liegen**
	urbem solō *(Dat.)* **aequāre**	**die Stadt dem Erdboden gleichmachen**
	(in) tōtō orbe terrārum	**überall auf der Welt**
	patria mea tōtus hic mundus est.	Diese ganze Welt ist mein Vaterland.
B	lēx vetat ex agrō cultō ūllam partem sūmī sepulcrō *(Dat.)*.	Ein Gesetz verbietet, irgendein Stück bebauten Landes als Grabstätte zu nehmen.
	ager Sabīnus	Sabinerland
B	cōpiās ex locīs superiōribus in campum dūcere	die Truppen aus dem höher liegenden Gelände in die Ebene führen
	summum iugum montis	**der Kamm des Gebirges**
	dē monte in vallem dēscendere	**vom Berg ins Tal hinabsteigen**
B	oppidum praeruptissimīs saxīs erat mūnītum.	Die Stadt war durch abschüssige Felsen geschützt.
	nōs aeris, argentī, aurī vēnās īmō in monte conditās invenimus.	Wir Menschen finden Adern von Erz, Silber und Gold, auch wenn sie im Berginnern verborgen sind.
	lītus molle atque apertum	sanft ansteigender und offener Strand

A *In welchen Bedeutungsmerkmalen unterscheiden sich die lateinischen Bezeichnungen für ‚Erde‘?*

D Terrarium – Humus – Camping – Arena – planieren – solide – Dur, Moll

E orbit – camp – mount – valley

F terre – monde – champ – mont – descendre – val – fer – dur

Erde, Landschaft, Bodenschätze 41

terra, ae *f*	Erde, Land
tellūs, ūris *f*	Erde, Mutter Erde
humus, ī *f*	Erdboden, Erde
solum, ī *n*	Boden, Erdboden
orbis, is *m* orbis terrārum	Kreis Erdkreis, Welt
mundus, ī *m* (*vgl.* ūniversum 39) ▶	Welt, Weltall
ager, agrī *m* (67)	Acker, Feld; Gebiet
campus, ī *m*	freier Platz, Feld
plānus (a, um)	flach, eben; deutlich
⟷ **arduus** (a, um)	steil; schwierig
asper (era, erum)	rau, uneben
collis, is *m*	Hügel
mōns, montis *m*	Berg
iugum, ī *n* (iungere 19) (83)	Joch, Bergrücken
ascendere, scendī, scēnsum	hinaufsteigen
⟷ **dēscendere**, scendī, scēnsum	herabsteigen
vallis, is *f* ▶	Tal
solidus (a, um)	fest, dauerhaft
dūrus (a, um)	hart, beschwerlich
mollis (e), is ▶	weich, mild
palūs, ūdis *f*	Sumpf
(h)arēna, ae *f*	Sand
saxum, ī n (*vgl.* lapis 51)	Fels, Stein
aes, aeris *n* (69)	Erz
ferrum, ī *n* (84)	Eisen
argentum, ī *n*	Silber
aurum, ī *n*	Gold

42 *Tier- und Pflanzenwelt*

Übertragener Wortgebrauch wird dadurch nicht ausgeschlossen, dass Herkunftsbereich und Anwendungsbereich weit auseinander liegen (große ‚Bildspanne'): z. B. dīcendō flōruit („Er zeichnete sich durch seine Redekunst aus") *oder* rērum et sententiārum silva („eine Fülle von Themen und Gedanken"). *Bisweilen verwenden L. und D. unterschiedliche Bilder desselben Bereichs in gleichem Sinne:* sunt ingeniīs nostrīs sēmina innāta virtūtum: („In unseren angeborenen Fähigkeiten sind die Wurzeln sittlichen Verhaltens angelegt").

▽

ad bēstiās mittere	zum Kampf mit Raubtieren *(im Zirkus)* verurteilen
multa genera ferārum nāscuntur.	Es gibt viele Arten von Wild.

△

piscibus atque avium ōvīs *(Abl.)* vīvunt.	Sie leben von Fischen und Vogeleiern.
cavē canem!	**Vorsicht vor dem (bissigen) Hund!**
terra vestīta flōribus et herbīs	die mit Blumen und Gräsern bedeckte Erde
M flōrente senātū	zu der Zeit, als der Senat Ansehen genoss
M frūctus ōtiī	der Ertrag der Mußestunden
vītae commodīs *(Abl.)* **fruī**	**die Annehmlichkeiten des Lebens genießen**
M carpe diem quam minimum crēdula posterō!	Koste den Tag aus, und traue so wenig wie möglich dem folgenden (crēdula: *Wer ist angesprochen?*)

A *Die Wörter der dritten Untergruppe begegnen in vielen mittellateinischen Frühlingsliedern, z. B.:*
> flōret silva nōbilis flōribus et foliīs . . . *(Carmina Burana 149)*

oder:
> flōret tellūs flōribus variīs colōribus . . . *(ebendort 148)*

oder:
> mūtātīs temporibus
>   tellūs parit flōrēs,
> prō dīversīs flōribus
>   variat colōrēs . . . *(ebendort 139)*

Tier- und Pflanzenwelt 42

animal, ālis *n* (anima 3)	Lebewesen
bēstia, ae *f*	(wildes) Tier
ferus (a, um)	wild, ungezähmt
fera, ae *f*	wildes Tier
ferōx, ōcis	wild, trotzig
▶	
avis, is *f* (auspicium 72)	Vogel
piscis, is *m*	Fisch
canis, is *m f*	Hund
equus, ī *m*	Pferd
leō, ōnis *m*	Löwe
lupus, ī *m*	Wolf
▶	
arbor, oris *f*	Baum
silva, ae *f*	Wald
folium, iī *n*	Blatt
herba, ae *f*	Kraut, Gras
sēmen, minis *n*	Same, Ursprung
flōs, flōris *m*	Blume, Blüte
flōrēre, uī	blühen
▶	
frūctus, ūs *m*	Frucht; Ertrag, Nutzen
frūmentum, ī *n*	Getreide
fruī, fruor (fruitūrus)	genießen, sich erfreuen
carpere, carpsī, carptum	pflücken, abreißen

D animalisch − Bestie − florieren − Folie − Seminar − Exzerpt

E animal − beast − arbor − foliage − semen − flower − to flourish − fruit − ferocious − lion

F animal − bête − fleur − feuille − fruit − féroce − lion − l'oiseau − poisson − chien − loup − arbre

43 *Zustandsformen*

Eine Reihe von Verben sind durch das Bedeutungsmerkmal ‚Zustände oder Bewegungen allgemeiner Art‘ gekennzeichnet. Diese lassen sich sowohl abstrakten Gegenständen wie konkreten Dingen, sowohl Tieren wie Menschen zuschreiben. Dabei bezeichnen die stammgleichen Verben der ē-/ā-Konjugation Zustand *oder* Ergebnis, *die der konsonantischen den* Vorgang *(z. B.* pendere → pendēre*).*

	domī sedēre	untätig sein
	sub monte cōnsistere (cōn- sīdere)	am Fuß des Berges Halt machen (lagern)
M	pars urbis surgit in arcem.	Ein Teil der Stadt zieht sich zur Burg hinauf.
	▽	
M	<u>status</u> reī pūblicae	der Zustand des Staates
	<u>cōnstāmus</u> ex animō et corpore.	Wir bestehen aus Körper und Geist.
	in sententiā <u>cōnstāre</u>	bei seiner Meinung bleiben
	△	
	▽	
	pauper ubīque <u>iacet.</u>	Wer arm ist, liegt überall am Boden.
	<u>iacta</u> sunt fundāmenta.	Die Grundlagen sind gelegt.
	hostēs dē mūrō <u>dēicere</u>	die Feinde von der Mauer stürzen
	mūrōs <u>dēicere</u>	die Mauern einreißen
	<u>iactāta</u> est tempestāte nāvis.	Das Schiff wurde vom Sturm hin und her geworfen.
	△	
B	in palūde haerēre	im Sumpf stecken bleiben
	▽	
	sapiēns nōn <u>pendet</u> ex futūrīs.	Der Weise schaut nicht ängstlich in dic Zukunft.
	hominem ex virtūte <u>pendere</u>	den Menschen nach seinem sittlichen Wert beurteilen
	△	
M	lābentem et prope cadentem rem pūblicam sustinēre operae pretium est.	Es ist der Mühe wert, den wankenden, fast schon verfallenden Staat wieder aufzurichten.

A *Welche anderen stammverwandten Verben (auch Komposita) lassen sich wie* pendere *und* pendēre *verschiedenen Konjugationen zuordnen?*

Zustandsformen 43

sedēre, sēdī, sessum — sitzen

sēdēs, is *f* (67) — Sitz; Wohnsitz

cōnsīdere, sēdī, sessum — sich niederlassen

↔ **surgere**, surrēxī, surrēctum — aufstehen, sich erheben

stāre, stetī, stātūrum — stehen

status, ūs *m* — Zustand, Lage

cōnsistere, stitī — sich aufstellen, Halt machen

cōnstāre, stitī (69) — feststehen, bestehen aus
  cōnstat alterum vīcisse — Es ist bekannt (steht fest), dass der andere gesiegt hat.

▶

iacēre, uī — liegen

iacere, iō, iēcī, iactum — werfen

dēicere, iō, iēcī, iectum — umwerfen, niederwerfen

iactāre, vī, tum — schleudern
  sē iactāre — sich in die Brust werfen, prahlen

▶

haerēre, haesī, haesum — stecken bleiben, hängen

pendēre, pependī — (herab-)hängen, schweben

pendere, pependī, pēnsum — aufhängen, abwiegen, bezahlen

lābī, lāpsus sum — gleiten, fallen

cadere, cecidī, cāsurus — fallen

cāsus, ūs *m* — Fall, Zufall

D Sessel – Status, Staat – Pendel – labil – Pensum *(eig. das Zugewogene, d.h. der Rohstoff, den ein Arbeiter in einer bestimmten Zeit verarbeiten musste)*

E state – to stay – to consist – to depend – case

F siège – état – jeter – pendre – cas

44 *Arten materieller Einwirkung*

Eine weitere Gruppe von Verben stimmt in einem Bedeutungsmerkmal überein, das alle möglichen Einwirkungen betrifft, die von Menschen, aber auch von anderen Lebewesen oder Naturkräften auf physische Substanz ausgeübt werden können. Auch hier gibt es mancherlei Bedeutungsübertragung.

B ▽

arcum <u>tendere</u>	den Bogen spannen
dubitō, an Athēnās <u>tendam.</u>	Ich weiß nicht, ob ich nach Athen fahren soll.
ē Graecō in Latīnum <u>vertere</u>	aus dem Griechischen ins Lateinische übersetzen
omnia <u>vertuntur.</u>	Alles verändert sich.
equī humum pedibus <u>pellunt.</u>	Die Pferde stampfen die Erde mit ihren Hufen.
in exilium <u>pulsus</u> est.	Er ist verbannt worden.
pectus eius tēlīs <u>fīgitur.</u>	Er wird von Geschossen durchbohrt.
lēx in Capitōliō <u>fīxa</u> est.	Der Wortlaut des Gesetzes ist auf dem Kapitol angeschlagen worden.

△

cursum flectere	**die Richtung ändern**
M volventibus annīs	im Lauf der Jahre
M haec cīvitās Rhēnum tangit.	Dieser Volksstamm grenzt an den Rhein.
terra ingentī mōtū concutitur.	Die Erde wird durch ein gewaltiges Beben erschüttert.
foedus <u>frangere</u>	den Vertrag brechen
vincula <u>rumpere</u>	die Fesseln sprengen
G **locus plēnus hominum, amīcīs** *(Abl.)* **vacuus**	**ein Platz voller Menschen, doch ohne Freunde**
vacāre culpā *(Abl.)*	**frei sein von Schuld**
M falsō atque inānī metū	aus falscher und gegenstandsloser Furcht

A *Bestimme die unterschiedlichen Bedeutungsaspekte:* vertere / volvere – concutere / percutere – frangere / rumpere – vacuus / inānis.

Arten materieller Einwirkung 44

tendere, tetendī, tentum   spannen, strecken, streben

flectere, flexī, flexum   beugen, biegen
  animōs flectere   umstimmen

vertere, vertī, versum   wenden, drehen

volvere, volvī, volūtum   wälzen, rollen
▶

tangere, tetigī, tāctum
und **attingere**, tigī, tāctum   berühren

concutere, iō, cussī, cussum   schütteln, erschüttern

percutere, iō, cussī, cussum   erschüttern, durchbohren

pellere, pepulī, pulsum   treiben, stoßen, schlagen

fīgere, fīxī, fīxum   1. befestigen, anheften
                    2. durchbohren

▶

caedere, cecīdī, caesum   fällen, niederhauen

caedēs, is *f* (81)   Mord, Blutbad

secāre, uī, sectum   (ab-)schneiden

frangere, frēgī, frāctum   etw. zerbrechen

rumpere, rūpī, ruptum   etw. zerbrechen, zerreißen
▶

complēre, vī, tum   anfüllen

plēnus (a, um)   voll

↔ **vacuus** (a, um)   leer, frei von

   vacāre   leer sein, frei sein von

inānis (e), is   leer, wertlos

D Tendenz − flexibel − Reflex − Version − Volumen − Re-volver − Tangente − Impuls − Puls − Pro-peller − fixieren − Zäsur − sezieren − Fraktur − Fragment − ab-rupt − komplett − Plenum − Vakuum − vakant

E flexible − reflex − version − volume − percussion − to fix − complete − vacancy

F tendre − fléchir − vers − fixer − rompre − plein − complet, éte − vacances

45 *Werden und Vergehen*

Weil auch der Mensch in das Naturgeschehen von Werden und Vergehen einbezogen ist, finden die Bezeichnungen für seine Lebensabschnitte in dieser Gruppe ihren Platz (s. Forts. nächste Seite).

	quod numquam orītur, nē occidit quidem umquam.	Was niemals entstanden ist, geht auch nie zugrunde.
B	orīginem ab Aenēā trahere	seine Herkunft von Aeneas ableiten
M	ad dīcendum nātus est.	Er ist der geborene Redner.
	vīgintī annōs nātus	**zwanzig Jahre alt**
	rērum nātūra	**das Wesen der Dinge**
	contrōversia inter nōs exstitit.	Es kam zum Streit zwischen uns.
M	ex avāritiā omnia scelera gignuntur.	Aus der Habsucht entstehen alle Verbrechen.
	▽	
	verba nova <u>parere</u>	neue Worte finden
	fīlium ex eō <u>peperit</u>.	Sie bekam einen Sohn von ihm.
	△	
M	flūmen ex nivibus crēscit.	Infolge der Schneeschmelze steigt der Fluss an.
	illī erant senēs adulēscente mē.	Jene waren alte Männer, als ich jung war.
M	mātūrus imperiō *(Dat.)*	reif zur Übernahme einer führenden Stellung
	vīrēs mē dēficiunt.	**Die Kräfte verlassen mich.**
	homō est nātus quasi mortālis deus.	Der Mensch ist gleichsam als ein sterblicher Gott geboren.
B	tēlō trāiectus concidit.	Von einem Geschoss durchbohrt, brach er zusammen.

A *Mit welchen Wörtern kann man lateinisch Werden und Vergehen des Menschen bezeichnen? Welche Wortsippen sind daran beteiligt?*

Werden und Vergehen 45

orīrī, ortus sum	entstehen, abstammen
(sōl) oriēns	Osten, Orient
nōbilī genere ortus	von vornehmer Abkunft
orīgō, ginis *f*	Ursprung
nāscī, nātus sum (66)	geboren werden, entstehen
nātus, ūs *m (nur Abl.)*	Geburt, Lebensalter
māior (minor) nātū	älter (jünger)
nātūra, ae *f*	Natur, Wesen
exsistere, stitī	hervortreten, entstehen
(cōnsistere 43)	
gignere, genuī, genitum	erzeugen, gebären, hervorbringen
(genus 66)	
parere, iō, peperī, partum (50) ▶	hervorbringen, gebären
crēscere, crēvī, crētum	wachsen
adolēscere, lēvī, adultum	heranwachsen
adulēscēns, entis *m*	jung; *Subst.* junger Mann
adulēscentia, ae *f*	Jugend
mātūrus (a, um)	reif; zeitig, früh
dēficere, iō, fēcī, fectum (79) (facere 47) ▶	abnehmen, schwinden, mangeln
morī, ior, mortuus sum; moritūrus	sterben
mors, mortis *f*	Tod
mortālis (e), is	sterblich
perīre, eō, iī, itum (10)	zugrunde gehen
interīre, eō, iī, itum (10)	untergehen
occidere, cidī, cāsum	untergehen
(sōl) occidēns	Westen, Okzident
concidere, cidī (cadere 43) ▶	zusammenfallen

D original — Re-naissance — Existenz — Genitalien — Matura — Defizit — Defekt — infantil — Junior — Senior

E nature — to exist — to increase — mature — virgin — tender

F naître — nature — exister — croître — mûr — mourir — mort — enfant — vierge — jeunesse

45 (Forts.) *Werden und Vergehen*

tuus puer mihi litterās abs tē reddidit.	Dein Sklave hat mir einen Brief von dir gebracht.
fīlius adhūc puer	als der Sohn noch nicht erwachsen war

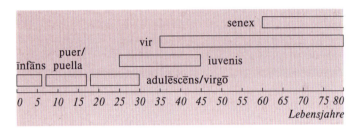

46 *Gesundheit und Krankheit*

Ein ‚Gesundheitswesen' im modernen Sinne gab es in Rom nicht. Im Heer kennt man seit Augustus reguläre Militärärzte, die jedoch nur den Rang eines einfachen ‚mīlēs' hatten. Der Zivilbevölkerung boten sich Fremde, meist Griechen, als Ärzte an. Viele reiche Leute hielten sich einen gebildeten Sklaven als Arzt.

▽
dā operam, ut valeās!	Sieh zu, dass du gesund bleibst!
iūs valeat necesse est.	Das Recht muss in Geltung bleiben.
ex morbō nōndum satis validus	nach seiner Krankheit noch nicht wiederhergestellt
bonā valētūdine esse	gesund sein

△
patriae salūtem salūtī patris antepōnere	das Wohl des Vaterlandes höher stellen als das Wohlergehen des Vaters
salūte dēspērāre	**an der Rettung verzweifeln**
līberī salvī atque incolumēs rediērunt.	Die Kinder kamen wohlbehalten zurück.
pestem ā rē pūblicā dēpellere	den Untergang des Staates verhindern
vulneribus cōnfectus	**tödlich verwundet**

Werden und Vergehen (Forts.) 45

īnfāns, antis (fārī 31)	lallend; *Subst.* kleines Kind
puer, puerī *m* (*vgl.* servus 65) ā puerō (puerīs)	Kind, Knabe; Diener von Kindheit an
puella, ae *f*	Mädchen
virgō, ginis *f* (66)	Mädchen, junge Frau
tener (era, erum) ▶	zart, weich, jugendlich
iuvenis, is *m*	jung; *Subst.* junger Mann
iuventūs, tūtis *f*	Jugend
vir, virī *m* (66)	Mann
senex, senis *m f*	alt; *Subst.* Greis, Greisin
senectūs, tūtis *f*	das Alter

Gesundheit und Krankheit 46

valēre, uī, itūrus (75)	gesund sein, stark sein
validus (a, um)	gesund, stark
valētūdō, dinis *f*	Gesundheit(szustand)
salūs, ūtis *f* (salūtāre 32)	Wohlergehen, Heil, Rettung
salvus (a, um)	wohlbehalten, unverletzt
incolumis (e), is (calamitās 50)	unverletzt, unversehrt
sānus (a, um) ↕	gesund; bei Verstand
īnsānus (a, um)	wahnsinnig, irrsinnig
furor, ōris *m*	Raserei, Wut
aeger (gra, grum) (aegrē ferre 29)	krank; bekümmert
morbus, ī *m* (mors 45)	Krankheit
pestis, is *f* ▶	Seuche, Unheil
vulnus, neris *n*	Wunde
vulnerāre, vī, tum	verwunden
medicus, ī *m*	Arzt
venēnum, ī *n*	Zaubertrank, Gift

D Invalide − morbid   **E** safe − furious   **F** valoir − sauf

47 *Allgemeine Aspekte des Handelns*

Unter den Verben dieser Gruppe betont das Lexemfeld agere *den Aspekt der Tätigkeit, die Wortsippe* facere *den Aspekt der Ausführung.*

▽

nōlī agere temere!	Handle nicht unbedacht!
id populus ēgit, ut rem suam reciperet.	Das Volk hat sich darum bemüht, seine Macht wiederzugewinnen.
cum plēbe dē condiciōnibus agere	mit dem Volk über die Bedingungen verhandeln
rem pūblicam sēditiōnibus *(Abl.)* agitāre	das Gemeinwesen durch Aufstände in Unruhe versetzen
in diciōnem (potestātem) redigere	unterwerfen
virtūs sōla efficit vītam beātam.	Nur die Tugend macht ein Leben glücklich.
facultās dīcendī	Talent im Reden
facultās itineris faciendī	Wegerecht, Reiseerlaubnis
difficile dictū (factū) *(Sup. II)*	schwer zu sagen (zu tun)

△

M laetitiā victōriae ēlātī	aus Siegesfreude in Hochstimmung
cīvibus lībertātem reddere	?
mare tūtum reddere	das Meer sicher machen
lūdōs committere / cōnficere	Spiele veranstalten
caedem committere	einen Mord begehen
cōnsulibus urbem tuendam committere	den Konsuln den Schutz der Stadt anvertrauen

medicum adhibēre, diligentiam – ?

> „hervorbringen": creāre / gignere (45) / parere (45) / efferre / efficere / ēdere
>
> „in einen Zustand versetzen": redigere / reddere
>
> „vollenden": peragere / perficere / cōnficere / exigere

D/E/F exakt / exact(ly) / exact, e – Effekt / effect / effet

D agieren – agitieren – Redaktion – redigieren – Faktum – effizient – Konfektion – perfekt – kreativ – Elativ – Kommission – traktieren

E action – to act – fact – factory – difficulty – perfect – to create – to render – to treat   **F** agir – faire – facile – difficulté – rendre – traiter

Allgemeine Aspekte des Handelns 47

agere, ēgī, āctum — treiben, betreiben, handeln; verhandeln

agitāre, vī, tum — eifrig betreiben, erwägen

exigere, ēgī, āctum (56) — vollenden

peragere, ēgī, āctum — durchführen, vollenden

redigere, ēgī, āctum (79) — zurücktreiben, in einen Zustand versetzen

▶

facere, iō, fēcī, factum — tun, machen, herstellen

factum, ī *n* — Handlung, Tat, Tatsache

facinus, oris *n* (81) — Handlung, Untat

efficere, iō, fēcī, fectum — hervorbringen, bewirken

cōnficere, iō, fēcī, fectum — fertig machen, vollenden
itinere cōnfectus — von der Reise erschöpft

perficere, iō, fēcī, fectum — ausführen, vollenden

facilis (e), is — leicht (zu tun)
facultās, tātis *f* — Möglichkeit, Fähigkeit

↕

difficilis (e), is — schwierig
difficultās, tātis *f* — Schwierigkeit

▶

creāre, vī, tum (78) — hervorbringen, erschaffen
(*vgl.* parere, gignere 45)

efferre, ferō, extulī, ēlātum — hervorbringen, emporheben

ēdere, ēdidī, ēditum (dare 52) — herausgeben, vollbringen

reddere, didī, ditum (dare 52) — 1. zurückgeben
2. machen zu

committere, mīsī, missum — 1. zustande bringen, veranstalten
(*vgl.* commendāre 56) — 2. anvertrauen

tractāre, vī, tum — sich (mit etw.) beschäftigen
(trahere 68)

adhibēre, uī, itum — hinzuziehen, anwenden
(habēre 70)

exercēre, uī — üben, ausüben

48 Absicht, Plan, Entschluss

Die Wörter dieser Gruppe bezeichnen Initiativen zum Handeln.

Mögliche Ergänzungen und durch sie bestimmte Bedeutungen[1]:	
iter in Hispāniam <u>intendit.</u>	Er plant eine Spanienreise.
sē in castra recipere <u>cōgitāvit.</u>	Er hatte vor, sich ins Lager zurück- zuziehen.
<u>cōgitābat,</u> ut exercitum incolumem redūceret.	Er gedachte das Heer ohne Ver- luste zurückzuführen.
quemadmodum victōriā ūte- rentur, <u>cōgitābant.</u>	Sie überlegten, wie sie den Sieg nutzen könnten.
dē nātūrā deōrum <u>cōgitāre</u>	über das Wesen der Götter nach- denken
proficīscī <u>meditātur.</u>	Er gedenkt abzureisen.

ōrāculum cōnsulere; cum amīcīs dē commūnibus rēbus — ?

crūdēliter in lēgātōs cōnsul- tum est.	Mit den Gesandten wurde grausam verfahren.
G urbis oppūgnandae cōnsilium (= c. urbem oppūgnandī)	Plan zum Sturm auf die Stadt
cōnsilium habēre	**beratschlagen**
cōnsilium capere	**einen Entschluss fassen**
vir māgnī cōnsiliī	**ein Mann von grosser Einsicht**
▽	
nōn <u>dubitō,</u> quīn mundus ratiōne effectus sit.	Ich zweifle nicht daran, dass die Welt nach einem Plan geschaffen ist.
poscere pecūniam nōn <u>dubitat.</u>	Er fordert ohne Bedenken Geld.
nūllī erat <u>dubium,</u> quid ille fēcisset.	Jedem war klar, was dieser Mann getan hatte.
△	
B statuī, quid esset faciendum.	Ich gab Anordnungen, was zu tun sei.
B patribus *(Dat.)* placuit ōrātō- rem ad plēbem mittī.	Die Senatoren beschlossen, einen Sprecher zur Plebs zu schicken.
→ *Forts. nächste Doppelseite*	

---

[1] *Zu den Gliedsätzen, mit denen die Absicht eines übergeordneten Subjekts wieder- gegeben wird, vgl. (22). Zu den Gliedsätzen, die von Verben des* Versuchens *oder* Zweifelns *abhängig sind, vgl. (26).*

Absicht, Plan, Entschluss 48

intendere, tendī, tentum
(tendere 44)
anspannen, richten auf, beabsichtigen

cōgitāre, vī, tum (agitāre 47)
denken, beabsichtigen

meditārī, tus sum
nachdenken, sich vorbereiten

parāre, vī, tum (comparāre 50)
(vor-)bereiten, (sich) verschaffen

cōnsulere, luī, ltum (58)
(cōnsul 78)
1. um Rat fragen, beratschlagen
2. beschließen

cōnsilium, iī *n*
1. Rat, Plan   2. Beratung
3. Beschluss

▶

cōnārī, tus sum
versuchen

temptāre, vī, tum
betasten, versuchen

audēre, ausus sum
wagen

audāx, ācis, *Adv.* audācter
kühn, frech

audācia, ae *f*
Kühnheit, Frechheit
⬍

dubitāre, vī, tum
1. zweifeln   2. zögern

dubius (a, um)
zweifelhaft, bedenklich

cūnctārī, tus sum
zögern, säumen

fortāsse (fors 72)
vielleicht
▶

dēcernere, crēvī, crētum
(dēcrētum 78)
entscheiden, beschließen

statuere, uī, tūtum
und **cōnstituere**, uī, tūtum
1. aufstellen
2. festsetzen, beschließen

īnstituere, uī, tūtum
1. einrichten   2. beginnen
3. unterrichten

īnstitūtum, ī *n*
1. Einrichtung   2. Vorhaben

placet, uit (29)
es gefällt, man beschließt

vidētur, vīsum est (4)
es scheint richtig, man beschließt

prōmptus (a, um)
bereit, entschlossen

D Intention − parat − meditieren − Dezernat − Statuten − prompt

E to intend − to consult − counsel − doubt − audacious − to tempt − constitution

F conseil − douter − oser − audacieux − tenter − décerner − constitution − s'il vous plaît − promt

49 *Anfangen und Aufhören*

Die hier zusammengestellten Wörter betreffen den Handlungsverlauf.
Eine begonnene Handlung kann unterbrochen werden. Danach kann man
sie fortsetzen oder aufgeben. Als Ergänzung steht oft der Infinitiv:

▽

rēs in senātū agī <u>coepta est.</u> — Man hat begonnen, die Sache im
Senat zu verhandeln.

dē eā rē disputāre <u>ingrediar.</u> — Ich will mich in eine Diskussion
hierüber einlassen.

librum scrībere <u>adorior.</u> — Ich schicke mich an, ein Buch zu
△ schreiben.

prīncipiō vēris (= vēre ineunte) ? prīncipia iūris ?

silentiō *(Abl.)* **praetermittere** — **unerwähnt lassen** (*vgl.* praeterīre 33)

paucōs diēs Rōmae morārī — **sich einige Tage in Rom aufhalten**

B rem in aliud tempus differre — die Angelegenheit auf einen anderen Zeitpunkt verschieben

G ▽

iter coeptum <u>pergere</u> — die begonnene Reise fortsetzen

cum populō agere <u>pergere</u> — die Verhandlung mit dem Volk fortsetzen

<u>pergam</u> atque īnsequar — Ich will (fortfahren und) durchaus der
longius. — Sache weiter nachgehen.
△

fugientēs īnsequī — **Flüchtende verfolgen**

dē negōtiō dēsistere — **von einer Unternehmung ablassen**

cōnsilium omittere — **einen Plan aufgeben**

dēpōnere arma, − errōrem — ?

B veterem mōrem retinēre — die alte Lebensweise beibehalten

---

48 Forts.:

īnstitūta māiōrum — die Bräuche der Vorfahren

oppidum oppūgnāre <u>īnstituit.</u> — Er begann mit dem Sturm auf die
Stadt.

bene <u>īnstituis</u> adulēscentēs. — Du unterrichtest die jungen Leute
gut.

Anfangen und Aufhören 49

incipere, iō, coepī, inceptum — anfangen

prīncipium, iī *n* — Anfang, Grundlage
(prīmus 14, capere 52)

inīre, eō, iī, itum (9) — hineingehen, beginnen
magistrātum inīre — ein Amt antreten

initium, iī *n* (9) — Eingang, Anfang

ingredī, ior, gressus sum — betreten, sich einlassen auf
(aggredī 64)

adorīrī, ortus sum (62) — herangehen, unternehmen
(orīrī 45)

▶

intermittere, mīsī, missum — unterbrechen

praetermittere, mīsī, missum — vorbeigehen lassen, übergehen

morārī, tus sum — (sich) aufhalten

mora, ae *f* — Aufschub, Verzögerung

differre, ferō, distulī, dīlātum — aufschieben

↕

pergere, perrēxī, perrēctum — fortsetzen, weitermachen
(regere 57)

prōgredī, ior, gressus sum — weitergehen, Fortschritte machen

īnsequī, secūtus sum — unmittelbar folgen, verfolgen

▶

dēsinere, siī, situm (sinere 60) — ablassen, aufhören

dēsistere, stitī (cōnsistere 43) — ablassen, aufhören

dēpōnere, posuī, positum — niederlegen, aufgeben
(pōnere 51)

omittere, mīsī, missum — loslassen, aufgeben

↔ **retinēre**, uī, tentum — festhalten, behalten

D Initiative – Prinzip – intermittierend – Moratorium – dilatorisch – progressiv – deponieren

E to progress – to desist – to retain – to depose

F demeurer (dē-morārī) – progrès – désister – retentir – déposer

50 *Erfolg und Misserfolg*

Neben dem Handlungsmotiv (48) und dem Handlungsverlauf (49) ist der Handlungserfolg *von Interesse, d. h. die Frage, ob der Handelnde sein Ziel erreicht oder ob seine Bemühungen umsonst* (frūstrā) *waren.*

B maximam laudem sibi peperit.

Er hat sich größten Ruhm erworben.

convīvium comparāre, frūmentum —, auctōritātem sibi — ?

▽

summōs honōrēs ā senātū <u>adeptus</u> est.

Er erlangte vom Senat die höchsten Auszeichnungen.

vehementem accūsātōrem <u>nactī</u> sumus.

Da sind wir aber an einen temperamentvollen Ankläger geraten.

<u>impetrāvit</u>, quae vellet, ā patre.

Er hat von seinem Vater bekommen, was er wollte.

ut salvī essēmus, <u>assecūtī</u> sumus.

Wir haben erreicht, dass wir unverletzt geblieben sind.

△

rēs adversae (6)
↔ rēs secundae

Unglück ↔ Glück[1]

▽

<u>peccāre</u> in scrībendō

beim Schreiben Fehler machen

in dēligendō genere vītae <u>errāvit.</u>

Er hat sich bei der Berufswahl geirrt.

△

tempus perdere, — āmittere

Zeit verlieren

B exercitum Caesar duārum cohortium damnō redūcit.

Caesar bringt das Heer zurück mit Verlust von zwei Kohorten.

B reminīscātur veteris incommodī populī Rōmānī.

Er soll sich an die alte Niederlage des römischen Volkes erinnern.

clādem accipere

eine Niederlage erleiden

lēgātī frūstrā discessērunt.

Die Unterhändler trennten sich unverrichteter Dinge.

A *Wie unterscheiden sich die Wörter in den folgenden Reihen?*
(a) contingere / cōnsequī / assequī / impetrāre / nancīscī / adipīscī
(b) perdere / āmittere / errāre / peccāre
(c) clādēs / calamitās / incommodum / damnum / dētrīmentum

---

[1] *Vgl.* secundō, adversō flumine (36) *und* ventī spīrant secundī (3).

Erfolg und Misserfolg 50

parere, iō, peperī, partum (45) gewinnen, erwerben

comparāre, vī, tum (parāre 48) vorbereiten; beschaffen, erwerben

adipīscī, adeptus sum erringen, (durch Anstrengung) erlangen

nancīscī, na(n)ctus sum bekommen, (durch Zufall) erlangen

impetrāre, vī, tum durchsetzen, (durch Bitten) erlangen

assequi, secūtus sum (sequī 61) einholen, erreichen

cōnsequī, secūtus sum (23) (unmittelbar) folgen, erreichen

secundus (a, um) (16) günstig, glücklich

contingere, tigī, tāctum (tangere 44) berühren; zuteil werden

contigit eī, ut patriam līberāret. Ihm gelang die Befreiung seiner Heimat.

contentus (a, um) zufrieden
▶

peccāre, vī, tum einen Fehler machen, schuldig werden

errāre, vī, tum (sich) irren, sich täuschen

error, ōris *m* Irrtum, Irrfahrt

āmittere, mīsī, missum (wegschicken:) aufgeben; verlieren

perdere, didī, ditum zugrunde richten; verlieren
▶

lucrum, ī *n* Gewinn, Vorteil

↕

damnum, ī *n* Verlust, Schaden

dētrīmentum, ī *n* Einbuße, Schaden

incommodum, ī *n* (commodus 25) Nachteil, Niederlage

clādēs, is *f* (83) Schaden, Niederlage

calamitās, tātis *f* Schaden, Unglück

frūstrā vergeblich, umsonst

D Adept – Konsequenz – Kontakt – Kontingent – lukrativ – frustrierend
E content – error – damage   **F** content – perdre – dommage

51 *Bauen, Herstellen, Gestalten*

Zwischen die allgemeinen Aspekte des Handelns (47 bis 50) und seine besonderen Gesichtspunkte (52 bis 64) treten in dieser Gruppe Wörter, die mit Herstellen, Bauen, Anfertigen zu tun haben. Auch hier ist auf übertragenen Gebrauch zu achten.

nāvēs aedificandās ōrnandāsque cūrāvit.
Er ließ Schiffe bauen und ausrüsten.

M suae quisque fortūnae faber.
Jeder ist seines Glückes Schmied.

fundāmenta reī pūblicae
Grundlagen des Staates

M māteriam reī nōn īgnōrāre
den eigentlichen Gegenstand genau kennen

aciem īnstruere, domum omnibus rēbus − ?

B bene īnstrūctus vēnit ad causās.
Gut unterrichtet kam er zu den Gerichtsverhandlungen.

ab urbe conditā
seit Gründung der Stadt (Rom)

castellum in monte pōnere, spem salūtis in virtūte − ?
▽

contrōversiam compōnere
einen Streit beilegen

commentārium cōnsulātūs compōnere
einen Bericht über die Amtszeit als Konsul abfassen
△
▽

urbem māgnīs operibus mūnīre / − ōrnāre
die Stadt mit starken Mauern befestigen / − durch Prachtbauten verschönern

simulācrum singulārī opere fuit.
Das Bild war von einzigartiger künstlerischer Qualität.

lēgibus condendīs *(Dat.)* operam dare
sich beim Ausarbeiten der Gesetze Mühe geben
△

simulacra fingere, fābulās −, causās − ?

M vultum fingere
sich verstellen

A1 *Unterscheide die Weise der Herstellung in den folgenden Beispielen:*
librum compōnere − domum aedificāre − nāvēs ōrnāre - mūrōs īnstruere − scālās (Leitern) ad moenia ērigere − potestātem per arma condere − pōcula (Trinkgefäße) dē humō fingere!

A2 *Was bedeutet das gemeinsame Suffix bei* ōrnāmentum, īnstrūmentum, fundāmentum *und* dētrīmentum? *Vgl. u. S. 213!*

Bauen, Herstellen, Gestalten 51

aedificāre, vī, tum
(aedēs 72, facere 47)

bauen

aedificium, iī *n*

Gebäude

faber, brī *m*

Handwerker, Arbeiter

mūrus, ī *m*

Mauer

fundāmentum, ī *n*

Grund, Grundlage

māteria, ae *f*

Bauholz; Grundstoff, Ursache

lapis, pidis *m* (*vgl.* saxum 41)

Stein

līgnum, ī *n*
▶

Holz

struere, strūxī, strūctum

schichten, bauen

īnstruere, strūxī, strūctum
(*vgl.* īnstituere 48)

1. aufstellen, ausrüsten
2. unterrichten

īnstrūmentum, ī *n*

Gerät, Werkzeug

condere, didī, ditum (63)

erbauen, gründen

ērigere, ērēxī, ērēctum
(regere 57)

aufrichten, errichten

pōnere, posuī, positum

stellen, setzen, legen (in, auf...)

compōnere, posuī, positum

1. ordnen, schlichten
2. abfassen

▶

ōrnāre, vī, tum (71)

ausrüsten, schmücken

ōrnāmentum, ī *n* (71)

Ausrüstung, Schmuck

opus, operis *n*

Mauerwerk; Werk, Arbeit

opera, ae *f*

Arbeit, Mühe

fingere, fīnxī, fictum

1. gestalten, bilden
2. sich (etw.) ausdenken

figūra, ae *f*

Gebilde, Gestalt

D/E/F Instruktion / instruction / i. − Instrument / instr. / i. − Position / pos. / pos. − Figur / figure / f.

D Struktur − instruieren − Ornament − Erektion − komponieren − fingieren − Operation − fabrizieren − Material − lapidar − fundamental

E to erect − to compose − operator − fiction − matter

F édifice − ériger − composition − fiction − oeuvre − matière

52 *Geben und Nehmen*

Viele Verben des Handelns lassen sich gut als Gegensatzpaare lernen.
Daher sind sie auch in weiteren Gruppen (53, 58, 63, 64) so angeordnet.
▽

cōnsulibus senātus rem pūblicam dēfendendam <u>dedit</u>.

Der Senat betraute die Konsuln mit
der Verteidigung des Staates.

id nē nōbīs crīminī <u>dētur</u>!

Das soll man uns nicht zum Vor-
wurf machen!

pater domum ei dōnō <u>dedit</u>.

Der Vater machte ihm ein Haus
zum Geschenk.

deus hominēs ratiōne
<u>dōnāvit</u>.
△

Gott hat die Menschen mit Vernunft ausgestattet.

G incolam sibi dūcem cēpērunt.

Sie nahmen sich einen einheimi-
schen Führer.

▽

spatium <u>sūmāmus</u> ad cōgi-
tandum!

Nehmen wir uns Zeit zum Nachdenken!

ōtium <u>cōnsūmere</u> in librō
legendō

seine Freizeit auf die Lektüre eines
Buches verwenden

in hāc rē <u>sūmptuī</u> nē parcās!
△

In dieser Sache soll man keine
Kosten scheuen!

beneficia praebēre, — praestāre ?

sociōs salvōs praestāre

**den Bundesgenossen Sicherheit ga-
rantieren**

amīcō fidem praestāre

dem Freund sein Wort halten

fortem sē praebēre

sich als tapfer erweisen

B sē perīculō *(Dat.)* offerre

sich einer Gefahr aussetzen

M quō libīdō tē rapuit?

Wozu hast du dich durch deine Gier
hinreißen lassen?

ēripiunt aliīs *(Dat.)*, quod
aliīs largiantur.

Sie nehmen es den einen weg, um
es anderen zu schenken.

B frūctū labōris mē prīvāvistī.

Du hast mich um den Ertrag meiner
Mühe gebracht.

clāmōrem tollere, lēgem — , cīvēs dē mediō — ?

A *Welche Ergänzungen zeigt das Textbeispiel zu* prīvāre? *Welche Bedeutung*
hat der Ablativ? — Zu prīvātus *vgl. 76.*

Geben und Nehmen 52

dare, dō, dedī, datum	geben
dōnāre, vī, tum	schenken
dōnum, ī *n*	Geschenk
↕	
capere, iō, cēpī, captum	nehmen, fassen, fangen
dēprehendere, hendī, hēnsum	ergreifen, ertappen
sūmere, sūmpsī, sūmptum	nehmen, an sich nehmen
cōnsūmere, sūmpsī, sūmptum	verwenden, verbrauchen
sūmptus, ūs *m*	Aufwand, Kosten
▶	
largīrī, largītus sum	schenken, reichlich gewähren
largus (a, um)	freigebig
offerre, offerō, obtulī, oblātum	anbieten
praebēre, uī, itum	zeigen, gewähren
praestāre, stitī (21)	erweisen
beneficium, iī *n* (bene 24, facere 47)	Wohltat
praemium, iī *n*	Vorteil, Belohnung
↕	
rapere, iō, rapuī, raptum	raffen, rauben
ēripere, iō, ripuī, reptum	entreißen
rapīna, ae *f*	Raub, Räuberei
prīvāre, vī, tum	berauben, befreien
tollere, tollō, sustulī, sublātum	emporheben, aufheben, beseitigen
removēre, mōvī, mōtum	entfernen, wegschaffen
▶	

D Datum − kapieren − Konsum − Minute − Ablativ − Offerte − Prämie
E date − large − (to) offer − benefit − premium − to remove
F date − augmenter − diminuer − restituer − large − priver

52 (Forts.) *Geben und Nehmen*

mūrōs restituere, cīvibus *(Dat.)* sua — ?

hostibus *(Dat.)* **agrum adimere**	**den Feinden ihr Land wegnehmen**
nūntium afferre	**eine Nachricht bringen**
statuās ā sociīs auferre	**den Bundesgenossen Statuen rauben**

B dum minuere labōrem volō, augeō.

Während ich die Anstrengung vermindern will, mache ich sie nur größer!

> dōnāre / largīrī ↔ sūmere / / capere
> dare / offerre / afferre ↔ prīvāre / auferre / rapere / ēripere
> praebēre / praestāre / restituere ↔ tollere / removēre / adimere
> augēre ↔ minuere

53 *Unterstützen und Behindern*

Das unterstützende Handeln wird nach den Aspekten Nützen (prōdesse), *Helfen* (adesse) *und Bewahren* (tuērī) *differenziert, sein Gegenteil nach Schaden* (nocēre) *und Hindern* (impedīre) *unterschieden.*

quod nocet, docet. | **Durch Schaden wird man klug.**

B fidēs bona fraudī et dolō contrāria est.

Treu und Glauben sind das Gegenteil von Betrug und Arglist.

Als Ergänzung des Prädikats findet sich oft ein Dativ der Person:

id mihi ūsuī esse potest.	Das kann mir von Nutzen sein.
inimīcō nocēre	dem Gegner schaden
fatīgātīs succēdere	an die Stelle der Erschöpften treten
equitēs eīs subsidiō mīsit.	Er schickte ihnen Reiter zu Hilfe.

Andere Verben haben den Akkusativ der Person bei sich:

hominēs dēcipere	Menschen irreleiten
nōn mē ille fallit, sed ipse fallitur.	Mich täuscht er nicht, sondern sich selbst macht er etwas vor.
multum eōs adiuvābat, quod flūmen vadō trānsīrī poterat.	Ihnen half der Umstand sehr, dass man den Fluss auf einer Furt überqueren konnte.

Geben und Nehmen (Forts.) 52

restituere, tuī, tūtum
(statuere 48)

wiederherstellen, zurückerstatten

↔ **adimere**, ēmī, emptum
(emere 69)

an sich nehmen, wegnehmen, rauben

afferre, afferō, attulī, allātum

herbeibringen, melden

↔ **auferre**, auferō, abstulī, ablātum

wegbringen, rauben

augēre, auxī, auctum

vermehren, vergrößern

↔ **minuere**, uī, minūtum
(minus 18)

vermindern

Unterstützen und Behindern 53

prōdesse, prōsum, prōfuī

nützen, nützlich sein

ūsuī esse (60)
↕

von Nutzen sein

nocēre, uī, itum

schaden

corrumpere, rūpī, ruptum

verderben, bestechen

dēcipere, iō, cēpī, ceptum

täuschen

fallere, fefellī (dēceptum)

täuschen (falsus 5)

fraus, fraudis *f*

Betrug, Schaden

dolus, ī *m*
▶

List, Täuschung

adesse, sum, fuī (9)

beistehen, helfen

↔ **dēesse**, sum, fuī (9)

fehlen, im Stich lassen

iuvāre, iūvī, iūtum (28)

unterstützen

adiuvāre, iūvī, iūtum
Forts. →

unterstützen, helfen

53 (Forts.) *Unterstützen und Behindern*

oppidum praesidiō *(Abl.)* **tuērī**   **die Stadt durch eine Besatzung schützen**

victīs *(Dat.)* **parcere? pecūniae** *(Dat.)* **parcere ?**

cīvēs incolumēs cōnservāre   dafür sorgen, dass <u>den Bürgern</u> nichts geschieht

<u>aliquem</u> ab inceptō āvertere   <u>jemanden</u> von seinem Vorhaben abbringen

B   tempestās nāvēs in portū cohibēbat.   Ein Sturm hielt die Schiffe im Hafen fest *(und hinderte sie an der Ausfahrt).*

Nach den Ausdrücken des Hinderns kann der abhängige Gliedsatz statt durch nē auch durch quōminus *(„dass") eingeleitet werden:*

prohibuit (impedīvit) eōs, nē id facerent.   Er hinderte sie daran, das zu tun.

quid obstat, quōminus sīs beātus?   Was hindert dich, glücklich zu sein?

Bedeutung der Präfixe:

<u>ad</u>esse / <u>adiu</u>vāre ⟷ <u>dē</u>esse / <u>dē</u>serere
<u>succē</u>dere / <u>sub</u>venīre /
<u>succ</u>urrere / <u>sub</u>sidiō mittere ⟷ <u>oppō</u>nere / <u>obi</u>cere / <u>obs</u>tāre

Unterstützen und Behindern (Forts.) 53

subvenīre, vēnī, ventum	zu Hilfe kommen
succurrere, currī, cursum	zu Hilfe eilen
succēdere, cessī, cessum	nachfolgen, nachrücken
subsidium, iī *n* (83)	Hilfsmannschaft, Hilfe
(*vgl.* ops 69; auxilium 83)	

⇕

dēserere, uī, tum	im Stich lassen

▶

tuērī, tueor	beachten, beschützen
tūtus (a, um); *Adv.* tūtō	geschützt, sicher
servāre, vī, tum	behüten, bewahren, retten
cōnservāre, vī, tum	bewahren, erhalten
parcere, pepercī	schonen, sparen
(*vgl.* temperāre 58)	

▶

obicere, iō, iēcī, iectum	entgegenwerfen, entgegnen
oppōnere, posuī, positum	entgegenstellen, einwenden
obstāre, stitī (stāre 43)	entgegenstehen, hindern

▶

āvertere, vertī, versum	abwenden, vertreiben
prohibēre, uī, itum	fern halten, hindern
cohibēre, uī, itum	festhalten, hindern
arcēre, uī (arx 67)	abwehren, abhalten
coercēre, uī, itum	zusammenhalten, zügeln
impedīre, vī, tum	hindern, verhindern
impedīmentum, ī *n* (84)	Hindernis; *Pl.* Gepäck
impedīmentō (*Dat.*) esse	hinderlich sein

D Korruption − Subvention − sukzessiv − Subsidien − konservieren −
Opposition − Objekt − Aversion

E to fail − fraud − to succeed − success − desert − prohibition − to
deceive

F déception − décevoir − désert − empêcher

54 *Gewalt, Zerstörung, Töten*

In dieser Gruppe wird der Sinnbezirk des schädlichen Handelns (nocēre 53) *fortgesetzt, und zwar in drei Stufen wachsender Intensität.*

B quid est, quod contrā vim sine vī fierī possit?

Was kann man gewaltlos gegen Gewalt ausrichten?

inopiā premī

von Armut bedrängt werden

B armīs oppressa tyrannum cīvitās pertulit.

Nur unter dem Druck der Waffen ertrug die Stadt den Gewaltherrscher.

B arborēs frīgore laesae sunt.

Die Bäume haben Frostschaden erlitten.

hospitem violāre fās nōn putant.

Einem Gast etwas anzutun halten sie für Frevel.

B vīs populī multō saevior quam tribūnicia potestās.

Die Gewalttätigkeit des Volkes ist viel schlimmer als die Amtsgewalt der Volkstribunen.

facinus atrōx

ein scheußliches Verbrechen

in terrōrem conversus

in Panik versetzt

vāstō atque apertō marī

auf dem unabsehbar weiten, offenen Meer

portus ā pīrātīs dīreptus est.

Der Hafen wurde von Seeräubern geplündert.

lēx lāta est, nē quis magistrātus cīvem Rōmānum necāret nēve verberāret.

Es wurde ein Gesetz eingebracht, dass kein Beamter einen römischen Bürger töten oder auspeitschen lassen dürfe.

B occīdisse patrem Sex. Rōscius arguitur.

Sextus Roscius wird des Vatermords beschuldigt.

A *Welche Aspekte der Zerstörung werden durch die Verben* vāstāre / dēlēre / ēvertere / dīripere *jeweils hervorgehoben?*

Gewalt, Zerstörung, Töten 54

vīs (vim, vī) *f* (2, 75)	Gewalt
vim afferre (52)	Gewalt anwenden, − antun
violāre, vī, tum	verletzen
premere, pressī, pressum	drücken, drängen
opprimere, pressī, pressum	überfallen, bedrängen, unterdrücken
verberāre, vī, tum	schlagen
laedere, laesī, laesum	verletzen, beschädigen
vexāre, vī, tum	quälen
crūdēlis (e), is	grausam
saevus (a, um)	wütend, grimmig
atrōx, ōcis (*vgl.* ferōx 42)	schrecklich, wild
ruīna, ae *f* (ruere 59)	Einsturz; *Plural* Trümmer
dēlēre, vī, tum	zerstören, vernichten
convertere, vertī, versum	umwenden, in Unordnung bringen
ēvertere, vertī, versum	umstürzen, zerstören
dīripere, iō, ripuī, reptum (rapere 52)	plündern, zerstören
vāstāre, vī, tum	verwüsten
vāstus (a, um)	öde, wüst, ungeheuer weit
nex, necis *f* (*vgl.* mors 54)	Mord, Tod
necāre, vī, tum	töten, hinrichten
perniciēs, ēī *f* (*vgl.* clādēs 50)	Verderben, Untergang
interficere, iō, fēcī, fectum	niedermachen, töten
occīdere, cīdī, cīsum (caedere 44)	niederhauen, töten

D/E/F Presse / press / presse

D lädieren − Konversion − Ruin − Ruinen

E to press − cruel − atrocious − waste − to convert − ruin − violence

F oppresser − cruel − atroce − vaste − pernicieux − convertir − violence

55 *Beeinflussen*

Ob es sich nur um psychische Einflussnahme handelt oder ob auch physi-
sche Mittel dabei eine Rolle spielen, entscheidet sich am Kontext, in dem
die Wörter auftreten. Die mittlere Teilgruppe betrifft sprachliches Han-
deln. Doch kann dieses auch bei den Verben der ersten und dritten Teil-
gruppe gemeint sein, ohne dass davon ausdrücklich die Rede ist.

laudis cupiditās eum ad virtūtem excitābat.	Ruhmsucht trieb ihn zur Tapferkeit an.
proeliō *(Abl.)* **lacessere**	**zum Kampf reizen**
hīs rēbus *(Abl.)* **commōtus**	**unter dem Eindruck dieser Vorgänge**
rēs māgnī mōmentī	**eine Sache von erheblicher Bedeutung**
parva mōmenta in spem metumque animum impellunt.	(Schon) kleine Anlässe versetzen den Menschen in Hoffnung und Angst.

G ▽

eum dē amīcitiā <u>monēre</u>	ihn an die Freundschaft erinnern .
patrī <u>persuāsit</u> fīlium revertisse.	Er überzeugte den Vater davon, dass sein Sohn zurückgekehrt sei.
dux cīvēs <u>monuit</u> eōs intrā moenia tūtōs esse.	Der Anführer macht die Bürger darauf aufmerksam, dass sie innerhalb der Mauern sicher seien.
populō <u>persuāsit</u>, ut nāvēs aedificārentur.	Er überredete das Volk zum Flottenbau.
pater nōs <u>admonet</u>, ut cautiōrēs sīmus.	Der Vater mahnt uns, vorsichtiger zu sein.
pater nōs <u>monet</u>, nē sēcūrī sīmus.	Der Vater warnt uns davor, allzu sorglos zu sein.
ipsa nātūra nōs <u>admonet</u>, quam parvīs rēbus egeat.	Die Natur selbst erinnert uns daran, wie klein die Dinge sind, die sie benötigt.

△

cōnfirmāre pācem, — animum spē, — rem exemplīs?

īnferre bellum, — manūs, — iniūriam?

inicere vincula, — timōrem, — tumultum?

A   *Vgl. die Beispiele: Welcher Bedeutungsunterschied ergibt sich bei* monēre
und persuādēre *aus der unterschiedlichen Füllung der Ergänzung?*

Beeinflussen 55

incitāre, vī, tum (*vgl.* addūcere 56)	antreiben, reizen
excitāre, vī, tum	aufregen, anregen
sollicitāre, vī, tum	heftig erregen, beunruhigen
concitāre, vī, tum	antreiben, aufregen
lacessere, sīvī, sītum	reizen
movēre, mōvī, mōtum *oder* **commovēre**, *oder* **permovēre**	bewegen, veranlassen
mōtus, ūs *m*	Bewegung
mōmentum, ī *n*	1. Beweggrund 2. Einfluss, Bedeutung
mōmentō (temporis)	im Augenblick
▶	
suādēre, suāsī, suāsum	raten, empfehlen
persuādēre, suāsī, suāsum mihi persuāsī *oder* mihi persuāsum est	überreden, überzeugen ich bin überzeugt
hortārī, tus sum	ermahnen, auffordern
cohortārī, tus sum	ermahnen, aufmuntern
monēre, uī, itum	erinnern, ermahnen, warnen
admonēre, uī, itum	mahnen, erinnern
monumentum, ī *n*	Denkmal
cōnfirmāre, vī, tum	stärken, bekräftigen
firmus (a, um) (*vgl.* tūtus 53)	stark, sicher, zuverlässig
↔ **īnfirmus** (a, um)	schwach
cōnsōlārī, tus sum	trösten
▶	
īnferre, īnferō, intulī, illātum	hineintragen, (einem etw.) zufügen
inicere, iō, iēcī, iectum	hineinwerfen, einflößen, verursachen

D Moment – Motivation – E-motion – monieren – Monument – Konfirmation – de-solat – Injektion

E to excite – to persuade – to move – to confirm – firm – injection

F persuader – mouvoir – infirmier, -ère – consoler

56 *Bitten, Fordern, Veranlassen*

*Auch diese Verben gehören noch zum Sinnbezirk ‚Beeinflussen': Bitte,
Forderung, Auftrag wollen den Partner – ähnlich wie Rat und Ermahnung
(55) – zu einem bestimmten Handeln veranlassen. Als Ergänzungen
erwartet man in der Regel eine Person, an die sich die Bitte richtet (Akk.)
bzw. von der man etwas begehrt (Abl. sep.), und einen Gegenstand, auf
den die Bitte zielt (Akk.). Diese Inhaltsergänzung erscheint häufig auch
als abhängiger Begehrssatz (Intentionalsatz: ut / nē m. Konj.):*

▽

Mīlēsiōs nāvem <u>poposcit</u>.	Er forderte von den Milesiern ein Schiff.
id tē <u>ōrō</u>: …	Darum bitte ich dich: …
vōs <u>ōrō</u> atque <u>obsecrō</u>, adhibeātis dīligentiam.	Ich bitte euch inständig, Sorgfalt walten zu lassen.
<u>rogat</u> eōs atque <u>ōrat</u>, nē oppūgnent fīlium suum.	Er bittet flehentlich, sie sollten doch seinen Sohn in Ruhe lassen.
ā Caesare pācem petere	**Caesar um Frieden bitten**
<u>petō</u> ā tē, ut mihi īgnōscās.	Ich bitte dich um Verzeihung.
mīlitēs, ut parcerent hostī, nōn poterant <u>addūcī</u>.	Die Soldaten konnten nicht dazu gebracht werden, den Feind zu schonen.
△	
iūs suum repetere	sein Recht verlangen
vetera cōnsilia repetere	alte Pläne wieder aufnehmen
mercēdem exigere	Lohn fordern
B aliquem ad voluntātem suam perdūcere	jemanden für seine eigenen Absichten einspannen
B Caesar eīs frūmentum imposuit.	Caesar erlegte ihnen die Lieferung von Getreide auf.
B tōtum mē tuō amōrī fideīque commendō.	Ich überlasse mich ganz deiner Zuneigung und deinem Schutz.

A1 *Stelle Verben mit der Bedeutung „fragen" (26) und solche mit der Bedeutung „bitten" zusammen! Welches Verb umfasst beide Bedeutungen?*

Bitten, Fordern, Veranlassen 56

precārī, tus sum	beten, bitten
precēs, precum *f Pl.*	Bitten
ōrāre, vī, tum (ōrātiō 31)	bitten, beten
rogāre, vī, tum sententiam rogāre	bitten, fragen abstimmen lassen
petere, tīvī, tītum (27)	sich an jmdn. wenden, bitten
repetere, tīvī, tītum ▶	zurückverlangen, wiederholen
poscere, poposcī	fordern
postulāre, vī, tum	fordern
exigere, ēgī, āctum (47) ▶	einfordern
addūcere, dūxī, ductum	heranführen, veranlassen
indūcere, dūxī, ductum in animum indūcere	einführen, verleiten zu sich vornehmen
perdūcere, dūxī, ductum (*vgl.* movēre 55)	zu etw. bewegen, veranlassen
impellere, pulī, pulsum	anstoßen, antreiben
impōnere, posuī, positum	einsetzen, auferlegen
mandāre, vī, tum (manus 2, dare 52)	übergeben, auftragen
commendāre, vī, tum (*vgl.* committere 47)	anvertrauen, empfehlen

D Petition − repetieren − Postulat − induktiv − imponieren − Impuls −
Mandat − Kommando

E to repeat − to induce − to commend

F répéter − exiger − imposer − demander − commander

57 *Führen, Anordnen, Ordnen*

In dieser dritten Gruppe zum Sinnbezirk ‚Beeinflussen' geht es im Unterschied zu (55) und (56) um den Einfluss, den jemand aufgrund von Macht oder Herrschaft auf andere ausübt.

▽

fossam pedum vīgintī dūcere, exercitum ad flūmen — ?

aliō eum cupiditās, aliō dūcit prūdentia.	Seine Wünsche ziehen ihn hierhin, seine Klugheit dorthin.
captīvōs ad sē prōdūcī iubet.	Er lässt sich die Gefangenen vorführen.
Caesare duce	unter Caesars Führung

△

nāvibus *(Dat.)* **Qu. Atrium praefēcit** ⟷ **nāvibus Qu. Atrius praeerat ?**

G ▽

lēgātus mīlitēs castra mūnīre iussit.	Der Legat befahl den Soldaten, das Lager zu befestigen.
mīlitēs castra mūnīre iussī sunt.	Die Soldaten erhielten den Befehl, das Lager zu befestigen.
lēgātus castra mūnīrī iussit.	Der Legat ließ das Lager befestigen.
lēge populus Rōmānus iussit, ut Sullae voluntās populō esset prō lēge.	Das römische Volk ordnete durch Gesetz an, dass Sullas Wille für das Volk Gesetzeskraft habe.
iniussū senātūs	ohne (gegen) ausdrückliche Anordnung des Senats

△

praeceptīs *(Dat.)* **patris pārēre** (= praecepta patris observāre)	**Vorschriften des Vaters befolgen**
classem regere imperiō	die Flotte befehligen
ad lītora cursum dīrigere	auf den Strand zuhalten
vigiliās per urbem dispōnere	Wachen in der Stadt verteilen

B

Capuā eum litterīs Rōmam arcessīvit.	Er ließ ihn durch eine Depesche von Capua nach Rom kommen.
pīla mittere	(die P. werfen:) **den Kampf eröffnen**
capite dēmissō	**mit gesenkten Haupt**

B

nāvēs secundō flūmine dēmittere	die Schiffe flussabwärts fahren lassen

lēgātōs domum dīmittere, oppūgnātiōnem urbis — ?

Führen, Anordnen, Ordnen 57

dūcere, dūxī, ductum (24)
diem ex diē dūcere

1. ziehen 2. führen
von Tag zu Tag hinauszögern

prōdūcere, dūxī, ductum

vorführen, vorwärts führen

dux, ducis *m*

Führer

praeficere, fēcī, fectum
(*vgl.* praepōnere 21)

an die Spitze stellen, mit der
Führung beauftragen

⟷ **praeesse**, sum, fuī (10)

an der Spitze stehen, befehligen

iubēre, iussī, iussum
(*vgl.* imperāre ⟷ vetāre 75)

befehlen, anordnen

iussū *Adv.*

auf Befehl

⟷ **pārēre**, uī
▶

gehorchen

regere, rēxī, rēctum (rēx 75)

lenken, leiten

dīrigere, rēxī, rēctum

hinlenken, bestimmen

corrigere, rēxī, rēctum

berichtigen

praecipere, iō, cēpī, ceptum

vorschreiben, lehren

praeceptum, ī *n*

Vorschrift, Lehre

⟷ **observāre**, vī, tum

beobachten, beachten

dispōnere, posuī, positum
(*vgl.* distribuere 17)
▶

verteilen, ordnen

arcessere, sīvī, sītum

herbeirufen, holen

⟷ **mittere**, mīsī, missum

schicken, gehen lassen

praemittere, mīsī,
missum (10)

vorausschicken

dēmittere, mīsī, missum

hinabschicken, sinken lassen

dīmittere, mīsī, missum

entsenden, entlassen, aufgeben

Bedeutung der Präfixe:
praeficere, praepōnere, praecipere, praemittere
dīrigere, dispōnere, dīmittere

D Präfekt — parieren — regieren — Dirigent — korrigieren — Korrektur —
disponieren — Mission — Prämisse — demissionieren
E duke — right — to correct — to observe — to dispose
F duc — préfet — paraître — corriger — observer — disposer — mettre

58 *Vertrauen und Vorsicht*

Hier geht es darum, wie der Handelnde sich zu dem Risiko (perīculum)
*stellt, das mit jedem Handeln verbunden ist. Haltungen wie Vertrauen
oder Argwohn, Vorsorge oder Unbekümmertheit kommen da in Frage. Die
Bedeutungsvarianten einiger Verben lassen sich an der unterschiedlichen
Zahl und Art der Ergänzungen ablesen:*

B ▽

Caesarī salūtem suam crēdidērunt.	Sie vertrauen Caesar ihr Schicksal an.
sibi facultātem fortūnam obtulisse crēdidērunt.	Sie glaubten, das Schicksal habe ihnen eine Chance geboten.
celeritāte nāvium cōnfīsī	im Vertrauen auf die Schnelligkeit der Schiffe
hostēs iam sē recēpisse cōnfīdēbant.	Sie verließen sich darauf, dass die Feinde schon abgezogen seien.

△

G ▽

tempestātem prōvidēre	einen Sturm voraussehen
prōspicere, quid futūrum sit	voraussehen, was kommt
līberīs suīs *(Dat.)* prōspicere	für seine Kinder sorgen
cīvium vītae *(Dat.)* cōnsulere atque prōvidēre	Vorsorge für das Leben der Bürger treffen
prōvidendum est, nē quid ille nōbīs nocēre possit.	Wir müssen uns vorsehen, dass der uns nicht schaden kann.
ut urbis satis esset praesidiī, cōnsuluit.	Er sorgte dafür, dass die Stadt genug Schutz erhielt.

△

dē imprōvīsō (ex inopīnātō) aggredī	**überraschend angreifen**
opīniōne celerius	**über Erwarten schnell**
cavē canem!	**Vorsicht, (bissiger) Hund!**

▽

negōtia aliēna curāre	sich um fremde Angelegenheiten kümmern
nihil cūrāvit nisī ut cīvēs salvī līberīque sint.	Er hat sich ausschließlich darum gekümmert, dass es den Bürgern gut geht und sie frei sind.
nāvēs aedificandās cūrāvit.	Er ließ Schiffe bauen.

△

linguae *(Dat.)* temperāre, rem pūblicam — ?

Vertrauen und Vorsicht 58

crēdere, didī, ditum	glauben, anvertrauen
incrēdibilis (e), is	unglaublich
cōnfīdere, fīsus sum (fidēs 77)	vertrauen
↔ **suspicārī**, tus sum	beargwöhnen, vermuten
suspīciō, ōnis *f*	Verdacht
▶	
cōnsulere, luī, ltum (48)	sorgen für
prōspicere, iō, spexī, spectum	vorhersehen, vorsorgen
respicere, iō, spexī, spectum	zurückschauen, berücksichtigen
prōvidēre, vīdī, vīsum	vorhersehen, sorgen für
↔ **imprōvīsus** (a, um)	unvorhergesehen, unvermutet
inopīnātus (a, um)	unerwartet, unvermutet
opīniō, ōnis *f*	Erwartung, Meinung
▶	
cavēre, cāvī, cautum	sich hüten, Vorsorge treffen
cautus (a, um)	vorsichtig
↔ **temere** *Adv.*	planlos, blindlings
sēcūrus (a, um) (cura)	sorglos, sicher
cūrāre, vī, tum	sorgen, besorgen, pflegen
cūra, ae *f*	Sorge, Pflege
temperāre, vī, tum	1. mäßigen, schonen
(*vgl.* parcere 53)	2. ordnen
▶	
perīculum, ī *n* (5)	Gefahr
imminēre, uī (minae 33)	hereinragen über, drohen
īnstāre, stitī (stāre 43)	eindringen auf, bevorstehen
urgēre, ursī	drängen, bedrängen
urgente iam vesperō	gegen Abend
discrīmen, minis *n*	Entscheidung, Gefahr
(discernere 20)	
anceps, cipitis (caput 2)	zweideutig, unentschieden

D Kredit – Prospekt – respektieren – provisorisch – improvisieren – Kaution – kurieren – Kur – temperieren – diskriminieren

E incredible – to confide – suspicion – respect – to provide – cautious – sure, secure – opinion

F croire – incroyable – confier – suspicion – prévoir – sûr – opinion

59 *Anstrengung und Ausdauer*

Ein wichtiges Merkmal menschlichen Handelns besteht darin, mit welchem persönlichen Einsatz es erfolgt. Dabei ist sowohl von Bedeutung, wie intensiv dieser Einsatz ist, wie auch die Frage, wie lange ihn der Handelnde durchzuhalten vermag.

▽

cīvitās Athēniēnsium mē excēpit.	Die Stadt Athen hat mich als Bürger aufgenommen.
labōrēs excipere (suscipere)	Anstrengungen auf sich nehmen
in eius laudibus excipiunt īrācundiam.	Wenn sie ihn loben, nehmen sie seinen Jähzorn dabei aus.
urbem tuendam suscipere	den Schutz der Stadt übernehmen

△

invidiam hominum sustinēre	**die Missgunst der Menschen ertragen**
ab aliēnīs manūs abstinēre	**die Finger von fremdem Eigentum lassen**

perfertur ad mē Caesarem Rubicōnem trānsīsse.	Man berichtet mir, Caesar habe den Rubikon überschritten.
quae nē fierent, labōrāvit / nīsus est / contendit.	Er tat alles, um es nicht dazu kommen zu lassen.
ex capite labōrāre	Kopfschmerzen haben
vīnum ad sē īnferrī nōn patiēbantur.	Sie duldeten keinen Weinimport in ihr Land.
eius (in) vītā nītēbātur salūs cīvitātis.	Von seinem Leben hing das Heil des Staates ab.
Rōmam revertī contendit.	**Er beeilte sich, nach Rom zurückzukehren.**
ad Genavam contendit.	**Er eilte in die Gegend von Genf.**

▽

eōdem locō manēre	an der gleichen Stelle ausharren
mors sua quemque manet.	Jeden erwartet sein eigener Tod.

△

Bedeutungsmerkmale:

Bereitschaft: excipere / suscipere / subīre (9)

Belastbarkeit: tolerāre / sustinēre / perferre

Geduld im Ertragen: labōrāre (labor) / patī (patientia)

Anstrengung: nītī / / contendere / / properāre / currere / ruere

Ausdauer: dūrāre / manēre / permanēre / remanēre

Anstrengung und Ausdauer 59

excipere, iō, cēpī, ceptum	1. aufnehmen, auf sich nehmen 2. eine Ausnahme machen
suscipere, iō, cēpī, ceptum (*vgl.* subīre 9)	übernehmen, unternehmen
sustinēre, uī	aushalten, ertragen
↔ **abstinēre**, uī, tentum	fern halten, sich enthalten
perferre, ferō, tulī, lātum	überbringen; ertragen, aushalten
tolerāre, vī ▶	ertragen, erdulden
labōrāre, vī, tum	sich anstrengen, leiden
labor, ōris *m*	Arbeit, Anstrengung, Not
patī, patior, passus sum	zulassen, dulden, leiden
patientia, ae *f*	Ausdauer, Geduld
fatīgāre, vī, tum	müde machen, ermüden
fessus (a, um) ▶	ermüdet, erschöpft
nītī, nīsus (*oder* nīxus) sum	sich stützen auf, sich anstrengen
contendere, tendī, tentum (33, 62)	sich anstrengen, eilen
properāre, vī, tum	eilen, sich beeilen
currere, cucurrī, cursum	laufen, eilen
cursus, ūs *m* (78)	Lauf, Kurs
ruere, ruī, rutum (ruīna 54)	fortstürzen, rennen
celer (eris, ere), eris	schnell
celeritās, tātis *f*	Schnelligkeit
↔ **tardus** (a, um) ▶	langsam, träge
manēre, mānsī, mānsūrum	1. bleiben 2. warten auf
permanēre, mānsī, mānsūrum	verbleiben, fortdauern
remanēre, mānsī	zurückbleiben, ausharren
dūrāre, vī	dauern, ausdauern, aushalten

D abstinent – Toleranz – Laboratorium – Patient – passiv – Kurier – re-tardieren – permanent

E to except – labour – to remain – current – course

F soutenir – durer – fatiguer – maison (,Bleibe') – courir – tard

60 *Ereignisse. Vorgaben des Handelns*

Während die Wörter in (58) und (59) die inneren Voraussetzungen betreffen, die der Mensch in das Handeln einbringt, geht es hier um die äußeren Vorgaben für das Handeln. Oft wird zunächst nur signalisiert, dass eine solche Vorgabe da ist; worin sie besteht, wird dann in einem untergeordneten Satz, einem Explikativsatz (vgl. explicāre 32)*, entfaltet. Solche erläuternden Sätze können durch* quod, cum, ut *oder* quīn *eingeleitet sein.*

bene accidit, <u>quod</u> ad mē venīs.	Es trifft sich gut, <u>dass</u> du zu mir kommst.
<u>accidit, ut</u> esset lūna plēna.	Zufällig war Vollmond.
<u>fit, ut</u> spernant discipulī magistrōs.	Es kommt vor, <u>dass</u> Schüler ihre Lehrer ablehnen.
ita <u>factum est, ut</u> ille <u>nōn</u> esset beātus.	So kam es, <u>dass</u> dieser Mann <u>nicht</u> glücklich war.
bene <u>facitis, cum</u> venītis!	Da tut ihr recht, <u>dass</u> ihr kommt!
haud <u>procul āfuit, quīn</u> violārētur.	Es fehlte nicht viel, <u>dass</u> er verletzt worden wäre.
est <u>mōs</u> hominum, <u>ut</u> nōlint eundem plūribus rēbus excellere.	Die Menschen haben die Eigenart, <u>dass</u> sie nicht mögen, wenn jemand in mehreren Dingen hervorragt.
apud Gallōs <u>mōs erat</u> reum ex vinculīs causam dīcere.	Bei den Galliern war es üblich, <u>dass</u> der Angeklagte gefesselt vor Gericht stand.

Entsprechend bei inneren Voraussetzungen:

<u>metus erat, nē</u> cingerentur.	Man befürchtete, <u>dass</u> es zu einer Einkesselung komme.
explicāvī sententiam meam <u>eō cōnsiliō</u>, tuum iūdicium <u>ut</u> cōgnōscerem.	Ich habe meine Meinung <u>in der Absicht</u> dargelegt, <u>dass</u> ich deine Ansicht erfahre.
<u>cum</u> quiēscunt, probant.	<u>Indem</u> sie schweigen, stimmen sie zu.

A *Welches Satzglied vertreten die Explikativsätze in den obigen Beispielen?*

Ereignisse. Vorgaben des Handelns 60

accidere, accidī (cadere 43) — sich ereignen, geschehen

incidere, incidī — in etw. geraten, sich ereignen

occāsiō, ōnis *f* (cāsus 43) — Gelegenheit

ēvenīre, vēnī, ventum — ablaufen, sich ereignen

ēventus, ūs *m* — Ereignis, Erfolg

fierī, fīō, factus sum (facere 47) — werden, geschehen, gemacht werden

▶

convenit (61) — es schickt sich
inter nōs convenit — wir kommen überein

decet, uit — es gehört sich

decus, oris *n* — Anstand, Ehre

mōs est (73) — es ist Sitte, es ist Brauch

cōnsuētūdō, dinis *f* — Gewohnheit, Umgang

cōnsuēscere, suēvī, suētum — sich gewöhnen; *Perf.* gewohnt sein

solēre, solitus sum — gewohnt sein, pflegen

ūtī, ūsus sum — gebrauchen, umgehen mit; benützen
tē magistrō ūtor — ich habe dich zum Lehrer

ūsus, ūs *m* (53) — Gebrauch, Umgang, Nutzen

▶

60 (Forts.) *Vorgaben des Handelns*

B id mihi fēlīciter ēvēnit.　Da habe ich aber Glück gehabt.

B haec vestis tē *(Akk.)* decet.　Dieses Kleid steht dir (gut).

　　ōrātōrem īrāscī minimē decet.　Der Redner darf auf keinen Fall wütend werden.

quō cōnsuē(ve)rat intervallō　**im gewohnten Abstand**

B adesse nōbīs in hīs rēbus solet.　Er hilft uns gewöhnlich in diesen Dingen.

Atticō *(Abl.)* **familiāriter ūtī**　mit Attikus engen Umgang pflegen

G vōbīs *(Dat.)* nōn licet neglegentibus *(Dat.)* esse.　Ihr dürft nicht nachlässig sein.

B nōlī sinere haec omnia perīre!　Lass das nicht alles verkommen!

B nōn tibi permīsī, ut facerēs, quod vellēs.　Ich habe dir nicht erlaubt zu tun, was du möchtest.

interpretēs (ad colloquium) admittere　**Dolmetscher (zur Unterredung) hinzuziehen**

cōnsulibus *(Dat.)* intercēdere, lēgī —, prō reō — ?

nōbīs *(Dat.)* **opus est pāce.**　**Wir brauchen Frieden.**

▽
nunc loquī dēbēs.　Du musst jetzt reden.

pecūniam ei nōn dēbeō.　Ich schulde ihm kein Geld.
△

A *Ordne die zahlreichen Ausdrücke für Handlungsvorgaben unter den folgenden Oberbegriffen an:*

Notwendigkeit - - - Spielraum - - - - - - Norm - - - - - - - Ereignis
　　　　　　　(Erlaubnis)　　　　　↗ ↖
　　　　　　　　　　　(Gewohnheit) (Übereinkunft)

Vorgaben des Handelns (Forts.) 60

licet, uit   es ist erlaubt, es steht frei

licentia, ae *f* (74)   Freiheit, Willkür

sinere, sīvī, situm (*vgl.* patī 59)   lassen, zulassen

permittere, mīsī, missum   überlassen, erlauben
  (*vgl.* concēdere 22)

admittere, mīsī, missum   zulassen, hinzuziehen
  (*vgl.* arcessere 57)

↔ **intercēdere**, cessī, cessum   dazwischentreten, Einspruch
                                        erheben
▶
necesse est   es ist notwendig, es ist unaus-
                                        weichlich

necessitās, tātis *f*   Notwendigkeit, Notlage

oportet, uit   es ist nötig, es gehört sich

opus est (51, 70)   es ist nötig, es ist zweckmäßig

dēbēre, uī, itum   sollen, müssen, schulden

D/E/F Moral, moralisch / morals, moral / moral, morale, moral(e)

D eventuell – Usus – Konvention – dezent – dekorativ – Lizenz – permissiv – Debet (↔ Habet)

E accident – incident – occasion – decent – custom – licence – use, usual – permit – admit – necessity – debt, duty

F accident – occasion – user – permettre – nécessité – devoir

---

zu Gruppe 61:

D Konvention – Konvent – Konkurrenz – Konkurs – konziliant – Konsens/Dissens – Dispersion(sfarben) – Kollekte – Konferenz – Sequenz – Relikt – Interesse – Kommune

E convenient – to consent – to dissent – to collect – conference – prosecution – (to) interest – common

F convenir – concours – conduire – suivre – suite – sans

61 *Gemeinsamkeit beim Handeln*

Wer handelt, ist selten allein. Er muss mit anderen gemeinsam handeln.
Dazu bedarf es der Zusammenkunft, der Übereinstimmung, der Gefolg-
schaft. Für die entsprechenden Komposita ist die Vorsilbe con- *kennzeich-*
nend (abgeschwächt aus der Präposition cum; *sie kann in anderem*
Zusammenhang auch der Verstärkung dienen, z.B. cōnficere 47).

eō convenīre, in forum —, ad conventūs agendōs — ?

amīcum convenīre	**sich mit dem Freund treffen**
fit hominum concursus in forum.	**Es kommt zu einem Menschenauf-lauf auf dem Forum.**

B   sibi eōs conciliāre, quī audiunt.
      sich die Zuhörer geneigt machen

▽

Gallī cum Germānīs dē eā rē <u>cōnsentiunt</u>.	Die Gallier stimmen in diesem Punkt mit den Germanen über-ein.
prīncipiīs *(Dat.)* <u>cōnsentiunt</u> exitūs.	Den Anfängen entsprechen die Ergebnisse.
illud <u>assentior</u> Cicerōnī.	In diesem Punkt pflichte ich C. bei.
nihil ā tuā opīniōne <u>dissentiō</u>.	Ich weiche überhaupt nicht von dei-ner Auffassung ab.

△

cōpiās in ūnum locum cōgere, nāvēs in portum vehī — ?

sē in lēgātī fidem cōnferre	**sich in des Legaten Schutz begeben**
exemplum amīcōrum sequī	**dem Beispiel von Freunden folgen**
partēs Caesaris sequī	**sich auf die Seite Caesars schlagen**

fīliō *(Dat.)* agrōs relinquere, sēdēs suās — ?

G

māgnī meā (parentum) inter-est ūnā nōs esse.	Es ist für mich (für die Eltern) sehr wichtig, dass wir zusammen sind.
rem commūniter cum collēgā gerere	**das Unternehmen gemeinsam mit dem Amtskollegen durchführen**
sine ūllā suspīciōne	**ohne jeden Verdacht**

A1   *Wie unterscheiden sich die Ergänzungen bei* convenīre, cōnsentīre *und* interesse *der Form nach von ihren deutschen Entsprechungen?*

A2   *Welche Bedeutungen des Ablativs werden durch die Präpositionen* cum *und* sine *verdeutlicht? Vgl. auch die Tabelle auf S. 217.*

D/E/F: *s. unter (60)*

Gemeinsamkeit beim Handeln 61

convenīre, vēnī, ventum — zusammenkommen, sich einigen

conventus, ūs *m*
und **coetus**, ūs *m* (īre 9) — Zusammenkunft, Versammlung

concurrere, currī, cursum — zusammenlaufen

concursus, ūs *m* — Auflauf, Zusammenstoß
▶

conciliāre, vī, tum
(concilium 78) — geneigt machen, für sich gewinnen

cōnsentīre, sēnsī, sēnsum — übereinstimmen, einer Meinung sein

cōnsēnsus, ūs *m*
(*vgl.* concordia 76) — Übereinstimmung

assentīrī, sēnsus sum — zustimmen

⟷ **dissentīre**, sēnsī, sēnsum — nicht übereinstimmen, verschiedener Meinung sein
▶

colligere, lēgī, lēctum (23) — sammeln

cōgere, coēgī, coāctum
(agere 47) — zusammentreiben, sammeln, zwingen

condūcere, dūxī, ductum (69) — zusammenführen

cōnferre, ferō, tulī, collātum
(21) — zusammentragen, zusammenbringen

⟷ **dispergere**, persī, persum
(*vgl.* fundere 37) — zerstreuen, ausbreiten
▶

comitārī, tus sum (iter 68) — begleiten

comes, comitis *m* — Begleiter, Gefährte

sequī, secūtus sum — folgen, sich anschließen

prōsequī, secūtus sum — begleiten

subsequī, secūtus sum — nachfolgen, nachahmen

⟷ **relinquere**, līquī, lictum — zurücklassen, verlassen

reliquus (a, um) — übrig
▶

interesse, sum, fuī (10, 20) — teilnehmen

ūnā *Adv.* (cum) — zusammen (mit), zugleich

commūnis (e), is — gemeinsam, allgemein

cum *Präp. + Abl.* — mit, zusammen mit

⟷ **sine** *Präp. + Abl.* — ohne

62 *Angriff und Verteidigung*

Wenn die Gemeinsamkeit (61) nicht gelingt, kommt es beim Handeln zur Auseinandersetzung mit den anderen, zu Angriff, Verteidigung und Widerstand. Es gibt Gewinner und Verlierer.

Mögliche Ergänzungen und weitere Angaben:

cursū cum aequālibus <u>certāre</u>, proeliō −, verbīs −, inter sē − aequō locō <u>dīmicāre</u>, ex equō −, prō salūte patriae − armīs <u>cōnflīgere</u>, contrā Latīnōs −, dē prīncipātū −, marī − parvā manū contrā hostēs frequentēs <u>contendere</u>, virtūte magis quam dolō −

▽

circumspiciendum est, nē quid <u>offendās</u>.	Man muss sich umschauen, damit man nicht irgendwo anstößt.
nē hāc rē eius animum <u>offendam</u>, vereor.	Ich fürchte, ihn damit zu beleidigen.

△

occurrere eōrum cōnsiliīs *(Dat.)*, − perīculō, − ōrātiōnī ?

perīculum dēpellere, inimīcum locō − ?

B
Appius restitit, nē sibi statua pōnerētur.	Appius wehrte sich dagegen, dass man ihm ein Denkmal errichtete.

▽

sōlis māgnitūdine terra <u>superātur</u>.	Die Erde wird durch die Größe der Sonne übertroffen.
Gallōs bellō <u>superāre</u>	die Gallier im Krieg besiegen
captae urbī <u>superāre</u>	die Einnahme der Stadt überleben

△

B
eōrum furōrī cessī.	Ihrer Wut musste ich nachgeben.

▽

inimīcum prō iniūriīs acceptīs <u>ulcīscī</u>	sich am Gegner für erlittenes Unrecht rächen
hominēs iniūriās iniūriīs <u>ulcīscuntur</u>.	Die Menschen vergelten Unrecht mit Unrecht.
patrem <u>ulcīscī</u>	für den Vater Rache nehmen

△

A *Stelle die in dieser Gruppe besonders einschlägigen Präfixe zusammen!*

D/E/F Konflikt / conflict / conflit

D Kontroverse − Offensive − Defensive − resistent

E to contend − to defend, defence − offence − to occur − to resist

F defendre, defense − céder − résister, résistance

Angriff und Verteidigung 62

certāre, vī, tum (*vgl.* pūgnāre 83)	kämpfen, wetteifern
certāmen, minis *n*	Kampf, Wettstreit
dīmicāre, vī, tum	kämpfen, fechten
cōnflīgere, flīxī, flīctum	zusammengeraten, kämpfen
contendere, tendī, tentum (33, 59)	kämpfen
contentiō, ōnis *f*	Anspannung, Streit
contrōversia, ae *f* (contrā 6, vertere 44; *vgl.* discordia 76)	Meinungsverschiedenheit, Streit

▶

adorīrī, ortus sum (49) (*vgl.* aggredī 64)	angreifen
occurrere, currī, cursum	entgegentreten, begegnen
offendere, fendī, fēnsum	anstoßen, beleidigen

⇕

dēfendere, fendī, fēnsum (82)	abwehren, verteidigen
dēpellere, pulī, pulsum	wegtreiben, vertreiben
resistere, stitī (cōnsistere 43)	widerstehen

▶

superāre, vī, tum (*vgl.* vincere 83)	überragen, überwinden, überleben
↔ **cēdere**, cessī, cessum (64)	gehen, weichen, nachgeben
ulcīscī, ultus sum	sich rächen

Bedeutungsnuancen:

certāre: *zur (sicheren) Entscheidung bringen* (certus 5)
– cum cīvibus dē virtūte: *Wettstreit;* iūre, verbīs: *vor Gericht;*
 vī et armīs: *mit Gewalt*

dīmicāre: *mit der Klinge entscheiden*
– cum adversāriō; adversus hostēs; āciē prō salūte

cōnflīgere: *(zusammenschlagen) zusammenstoßen (Beispiele links)*

contendere: *(zusammenspannen, sich mit jem. messen) wetteifern*

pūgnāre (83): *mit der Faust* (pūgnus, ī *m*) *kämpfen*

63 Öffnen – Schließen, Zeigen - Verbergen

Eine Alternative zur offenen Auseinandersetzung ist das heimliche Handeln, d. h. Verstecken und Verbergen, das auf der anderen Seite enthüllendes Handeln, also Aufdecken und Offenlegen, nötig macht.

aperīre portam, – coniūrātiōnem, – quid agātur...?

G campus patet mīlia passuum tria *(Akk.)*. — Die Ebene öffnet sich auf eine Strecke von drei Meilen *(4,5 km)*.

sē nāvem cōnscendere velle ostendit. — Er gibt zu erkennen, dass er aufs Schiff will.

erranti viam mōnstrāre — **einem Irrenden den (rechten) Weg weisen**

bellum indīcere — **Krieg erklären**

sīgnō datō — **auf ein Zeichen hin**

sīgna īnferre — **angreifen**

ūnō verbō rēs duās sīgnificāre — mit einem Wort zwei Dinge bezeichnen

cupiditātem tegere et cēlāre — seine Begierde verheimlichen

condere frūctūs, – sē in silvīs ?
tegere patriam armīs, – tēlum veste ?

quidquid latet, appārēbit. — Alles Verborgene wird an den Tag kommen.

B sī nūdus es, dā iugulum, sīn tēctus, resiste! — Wenn du unbewaffnet bist, halte deine Kehle hin, wenn aber bewaffnet, dann leiste Widerstand!

clam an palam sententiam ferre — geheim oder offen abstimmen

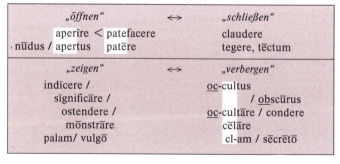

A Welche sprachlichen Sachverhalte bildet das Schaubild ab?

Öffnen – Schließen – Zeigen, Verbergen 63

aperīre, aperuī, apertum	öffnen, aufdecken
apertus (a, um)	offen, offenkundig
patefacere, iō, fēcī, factum; *Pass.* patefierī	öffnen, enthüllen
patēre, uī	offen stehen, sich erstrecken
ostendere, tendī	zeigen, in Aussicht stellen
mōnstrāre, vī, tum	zeigen
indīcere, dīxī, dictum	ansagen, ankündigen
indicium, iī *n*	Anzeige, Kennzeichen
sīgnificāre, vī, tum	bezeichnen, bedeuten
sīgnum, ī *n* (84)	Zeichen, Feldzeichen, Merkmal
↕	
cēlāre, vī, tum	verbergen, verheimlichen
occultāre, vī, tum	verbergen, verstecken
occultus (a, um)	verborgen, geheim
obscūrus (a, um) (↔ clārus 25)	dunkel, unklar
condere, didī, ditum (51)	verwahren, bergen
claudere, clausī, clausum	abschließen, einschließen
tegere, tēxī, tēctum	(be-)decken, schützen
tēctum, ī *n* (*vgl.* domus 65)	Dach, Haus
latēre, uī	verborgen sein
↔ **appārēre**, uī	offenkundig sein, erscheinen
▶	
nūdus (a, um)	unverhüllt, nackt, bloß
vulgō *Adv.* (vulgus 76)	vor aller Welt, allgemein
palam	öffentlich, vor aller Augen
↕	
clam	heimlich
sēcrētō *Adv.*	ohne Zeugen, unter vier Augen

D Patent – ostentativ – Muster – Indizien – signifikant – Hehler – Okkultismus – obskur – Klausel – latent – Sekretär

E ostentation – to signify, sign – to conceal – to indicate – (to) close – to appear – secret

F ouvert – montrer – indication – signifier – toit – nu – apparaître

64 *Kommen und Gehen*

Eine letzte Gruppe von Verben des Handelns betrifft den Ortswechsel. Sie sind im Zusammenhang mit (9) und (10) zu sehen, wo andere Verben des Kommens und Gehens dazu dienen, die Bedeutung der Präpositionen zu verdeutlichen. Sie haben meist Lokalergänzungen bei sich, die auf die Fragen „wohin?" (Richtungsakkusativ) und „woher?" (Separativ) antworten:

illinc −, Carthāgine −, ex Siciliā −, hūc −, Rōmam −, in urbem venīre ?

ex Asiā Rōmam proficīscī, (ē) nāve in terram ēgredī ?

māgnus timor omnium animīs *(Dat.)* incesserat.	Große Angst hatte alle ergriffen.
ad portās urbis incēdere	an die Tore der Stadt heranrücken
M arma cēdant togae *(Dat.)*!	Der Krieg mache dem Frieden Platz!
vītā excēdere	**sterben**
ab sententiā recēdere	**seine Meinung aufgeben**
B aggrediāmur, quod suscēpimus!	Gehen wir an unser Vorhaben heran!
ex itinere domum −, ad idem argūmentum revertī ?	
B ▽	
suōs ex agrīs in montēs dēdūcere	die eigenen Leute vom Lande ins Gebirge (in Sicherheit) bringen
veterānōs in colōniam dēdūcere	altgediente Soldaten ansiedeln
colōniam dēdūcere in...	in... eine Kolonie gründen
△	

Zusammenwirken von Verbbedeutung und Präfixbedeutung:

accēdere (9)	incēdere	excēdere	recēdere	discēdere	dēcēdere (9)
adīre (9)	inīre (9)	exīre (9)	redīre (10)		
advenīre	invenīre (26)	ēvenīre (60)			
aggredī	ingredī (49)	ēgredī			
	invādere	ēvādere			
addūcere (56)	indūcere (56)	ēdūcere	redūcere		dēdūcere

A *Welche Verben aus den beiden Zeilen passen als Gegensätze zusammen?*

(a) venīre − proficīscī − convenīre − incēdere − aggredī − invādere − intrāre

(b) ēgredī − ēvādere − exīre − discēdere − cēdere − recēdere − revertī

Kommen und Gehen 64

venīre, vēnī, ventum	kommen
advenīre, vēnī, ventum	ankommen
adventus, ūs *m*	Ankunft
pervenīre, vēnī, ventum (10)	(ans Ziel) gelangen, hinkommen
intrāre, vī, tum	eintreten, betreten
incēdere, cessī, cessum	heranrücken; jemanden über-
$\updownarrow$	kommen
cēdere, cessī, cessum (62)	gehen, weichen
discēdere, cessī, cessum	auseinander gehen, weggehen
excēdere, cessī, cessum	hinausgehen, sich entfernen
recēdere, cessī, cessum	zurückweichen, sich zurückziehen
▶	
invādere, vāsī, vāsum	eindringen, angreifen
↔ **ēvādere**, vāsī, vāsum	hinausgehen, entkommen
aggredī, ior, gressus sum	herangehen, angreifen
(*vgl.* adorīrī 62)	
↔ **ēgredī**, ior, gressus sum	hinausgehen, verlassen
proficīscī, fectus sum (68)	aufbrechen, marschieren, reisen
↔ **revertī**; *Perf.* revertisse	zurückkehren
admovēre, mōvī, mōtum	heranbringen, hinzuziehen
(movēre 55)	
↔ **dēdūcere**, dūxī, ductum	wegführen, hinführen
ēdūcere, dūxī, ductum	herausführen

D Advent – Exzess – Rezession – Invasion – aggressiv – Deduktion
E to enter – to invade
F venir – entrer – céder

65 Haus und Familie

Die Hausgemeinschaft (familia) *der besser gestellten Römer bestand aus Freien und Sklaven.* Das Familienoberhaupt (pater familiās) *übte die über das Leben im Hause bestimmende Gewalt aus* (patria potestās). *Dieser Begriff ist bis zur Reform des Bürgerlichen Gesetzbuchs am 1.1.1980 als „elterliche Gewalt" auch für unser Familienrecht bedeutsam gewesen (BGB § 1626); er ist nun durch den Terminus „elterliche Sorgen" ersetzt worden. Um mündig zu werden, musste der Sohn – etwa im Alter von 35 Jahren, in dem man auch die passive Wahlfähigkeit für den ‚cursus honōrum'* (78) erlangte – aus der Gewalt* (manus) *des Hausvaters entlassen werden. Dieser Vorgang hieß* ēmancipatiō.
Sklaven konnten vom Hausvater durch den Rechtsakt der Freilassung, die manūmissiō, *zum römischen Bürger* (cīvis Rōmānus) *gemacht werden. Doch behielt der Freigelassene* (lībertus) *gegenüber dem Freigeborgen* (ingenuus) *eine untergeordnete soziale Position und blieb dem früheren Herrn* (patrōnus 77), *dessen Namen er auch trug, in mannigfacher Weise verpflichtet.*

B iūre cīvīlī, quī est mātre
    līberā, līber est.

Nach römischem Recht ist derjenige frei, der von einer freien Mutter geboren ist.

mōs ā posterīs nōn retentus

eine Sitte, die von späteren Generationen nicht beibehalten wurde

patrum māiōrumque memoriā

zur Zeit unserer Vorfahren

amīcī necessāriīque

Freunde und Verwandte

A   *Auf einem Grabstein aus Neuburg an der Donau (2./3. Jh., heute in Mannheim) hat ein pater familiās seine ganze Familie verewigt. Die Inschrift lautet mit den notwendigen Ergänzungen:*
        D(īs) M(ānibus) Tib(eriō) Cassiō Cōnstantīnō iūniōrī
        miserrimō quī vīxit annōs III m(ēnsēs) IIII d(iēs) XXII fēcit
        Tib(erius) Cl(audius) Cōnstantīnus pater fīliō dulcissi-
        mō... Cassiae Vērae mātrī eius et Claudi(ī) Iānuāriō
        Victōrī et Mārcellīnō lībertīs fidēlissimīs vīvīs fēcit item
        Fidēlī quondam et Gāiō et Modestō suīs rarissimīs (sc.
        servīs) Perpetua(e) sēcūritāt(ī)

  dīs mānibus: den Totengöttern - perpetuae sēcūritātī: zur ewigen Ruhe — *Welche verschiedenen Personen werden in den Dativreihen angesprochen? Welche davon sind damals noch am Leben? Wie heißen die Freigelassenen, wie die Sklaven? Zur römischen Namengebung vgl. (66)!*

Haus und Familie 65

familia, ae *f*	Hausgemeinschaft, Familie
familiāris (e), is	vertraut, bekannt; *Subst.* Freund des Hauses
(rēs familiāris 69)	
domus, ūs *f* (*vgl.* tēctum 63)	Haus
dominus, ī *m*	Herr, Hausherr
domina, ae *f*	Herrin
↕	
servus, ī *m* (serva, ae *f*)	Sklave, Knecht (Sklavin, Magd)
servīre, vī, tum	Sklave sein, dienen
servitūs, tūtis *f*	Sklaverei, Knechtschaft
▶	
līberī, ōrum *m Pl.*	Kinder (*die freigeborenen Mitglieder der „familia‘*)
līber (era, erum)	frei
līberāre, vī, tum	befreien, freilassen
lībertās, tātis *f*	Freiheit
lībertus, ī *m*	Freigelassener
▶	
patrēs, um *m Pl.* (66)	Vorfahren
māiōrēs, um *m Pl.* (māior 15)	Vorfahren, Ahnen
↔ **posterī**, ōrum *m Pl.* (14)	Nachkommen, Nachwelt
prōlēs, is *f*	Nachkomme, Nachkommenschaft
▶	
necessārius (a, um) (necesse est 60)	notwendig; nahe stehend, verwandt
propinquus (a, um) (6)	nahe, benachbart, verwandt; *Subst.* Verwandter

D Dom – Dame – familiär – Minister – liberal – Proletarier
E family – servant – service – servitude – to liberate – liberty
F madame – famille – serf – servitude – libre – libérer – liberté

66 *Geschlecht und Verwandtschaft*

*Der adlige Römer der republikanischen Zeit führte drei Namen, z. B.
Gāius Iūlius Caesar. Dabei diente der* Vorname (praenōmen) *der Unterscheidung der Individuen innerhalb der Familie, doch gab es kaum zwanzig verschiedene Vornamen (z. b. Mārcus, Pūblius, Titus). Oft wurden die
Kinder nach ihrem Platz in der Geschwisterreihe benannt, z. B. Quīntus,
Sextus oder Postumus (d. h. der nach Testamentserrichtung des pater
familiās Geborene). Wichtigstes Namensglied war das* nōmen gentīle
(≈ Familienname); *die Frauen trugen nur dieses als Rufnamen (Iūlia).
Der* Beiname (cōgnōmen) *diente als erbliches Kennzeichen der einzelnen
Zweige* (familiae) *des Geschlechts* (gēns). *Die offizielle Bezeichnung
eines römischen Bürgers bestand aus fünf Teilen, weil noch der Vatersname zugefügt wurde:* G(āius) Iūlius G(āī) f(īlius) Caesar. *In den Tribuslisten, einer Art Personenstandsregister (vgl. zu 70), kamen noch der
Name des Großvaters (avus) und der Name des Bezirks (tribus, ūs f)
hinzu:* M(ārcus) Tullius M(ārcī) f(īlius) M(ārcī) n(epōs) (tribū) Cor(-nēliā) Cicerō. *− Zu den Verwandtschaftsbeziehungen vgl. o. S. 7.*

B ▽

patrēs māiōrum gentium	die Senatoren aus den alten patrizischen Geschlechtern
Suēbōrum gēns	der Volksstamm der Sueben
omnēs eius gentis nātiōnēs	alle Stämme dieses Volkes
amplissimō genere nātus	aus einer sehr bedeutenden Familie stammend
varia genera bēstiārum △	verschiedene Arten wilder Tiere
cum mulier virō *(Dat.)* in manum convenit, omnia, quae mulieris fuērunt, virī fiunt.	Wenn eine Frau (mit) einem Mann verheiratet wird, bekommt der Mann das Verfügungsrecht über ihren gesamten Besitz.
nōn licet uxōrēs eōdem iūre sint, quō virī.	Es geht nicht, dass die Ehefrauen die gleiche Rechtsstellung haben wie die Männer.

„Ehe"	„Frau"	„Mann"
	fēmina *(weibl. Wesen)*	(⟷ mās, māris), vir
cōnūbium	mulier ⟷ virgō	vir ⟷ puer
(Vermählung Braut)	*(Jungfräulichkeit)*	*(Erwachsensein)*
mātrimōnium	uxor	marītus *(seltener)*
(Mutterschaft)	*(Personenstand)*	*(Personenstand)*
coniugium	coniūnx	coniūnx
(ehel. Gemeinschaft)	*(Personenstand)*	*(Personenstand)*

Geschlecht und Verwandtschaft 66

gēns, gentis *f* (79)	Geschlecht (Sippe), Stamm, Volk
genus, generis *n* (gignere 45)	Geschlecht, Art
▶	
vir, virī *m* (45) — **fēmina**, ae *f*	Mann — Frau
mulier, eris *f*	Frau
⟷ **virgō**, ginis *f* (45)	Jungfrau
marītus, ī *m* — **uxor**, ōris *f*	Ehemann — Ehefrau
coniū(n)x, coniugis *m f*	Gatte, Gattin
coniugium, iī *n* (coniungere 19)	Ehe
nūbere, nūpsī, nūptum Cornēlia Semprōniō *(Dat.)* nūbit.	heiraten (Eine) Cornelia heiratet (einen) Sempronius.
cōnūbium, iī *n*	Vermählung, Ehebund
mātrimōnium, iī *n* Semprōnius Cornēliam in mātrimōnium dūcit (uxōrem dūcit).	Ehe (Ein) Sempronius heiratet (eine) Cornelia.
▶	
parentēs, um *m Pl.* (parere 45)	Eltern
pater, tris *m* — **māter**, tris *f*	Vater — Mutter
nātus, ī *m* — **nāta**, ae *f* (nāscī 45)	Sohn — Tochter
fīlius, iī *m* — **fīlia**, ae *f*	Sohn — Tochter
frāter, tris *m* — **soror**, ōris *f*	Bruder — Schwester
avus, ī *m*	Großvater
nepōs, pōtis *m*	Enkel; Neffe

D generell — Femininum — Filiale

E to marry — matrimony — parents — nephew

F genre — femme — mari — père — mère — parents — fils, fille — frère — soeur — neveu

67 Stadt, Land, Landwirtschaft

Die Bewohner von Latium waren ursprünglich ein Volk von Bauern, lebten jedoch überwiegend in Städten. Diese waren mit Mauern und Türmen befestigt und konnten nur durch wenige Tore betreten werden, die abends geschlossen wurden. Mit der Ausdehnung der römischen Herrschaft entstanden aus vielen Truppenlagern Städte; sie zeigen noch heute den rechteckigen Grundriss eines solchen Lagers (castra 84).
Kennzeichnend für die Lebensweise des Land besitzenden Adels war der wechselnde Aufenthalt im römischen Stadthaus (domus) *und auf einem Landgut* (vīlla).

urbem incolere, hōs agrōs —, trāns Rhēnum — ?

B	homō sine spē, sine sēde	ein Mensch ohne Perspektive, ohne festen Wohnsitz
	sermō urbānus	**gebildete Redeweise**
	Rōma caput rērum	**Rom, die Hauptstadt der Welt**
B	Segesta est oppidum pervetus in Siciliā.	Segesta ist eine uralte (befestigte) Stadt auf Sizilien.
	arcem mūnīre	eine Burg bauen
	viārum mūnītiō	Straßenbau
B	▽	
	rūra <u>colere</u> / rūrī *(Loc.)* vīvere	Felder bewirtschaften, auf dem Lande leben
	amīcitiam <u>colere</u>	Freundschaft pflegen
	<u>cultūra</u> agrī	Ackerbau
	<u>cultūra</u> animī	(Pflege des Geistes:) Bildung
	vestītus <u>cultus</u>que corporis	Kleidung und Körperpflege
	quae vīs potuit hominēs ā ferā agrestīque vītā ad hunc hūmānum <u>cultum</u> cīvīlemque dēdūcere? *(Cicero)*	Welche Kraft hat es fertig gebracht, die Menschen von ihrer wilden und rohen Lebensweise zu ihrer jetzigen menschlichen und bürgerlichen Bildung zu führen?
	in hōs agrōs <u>colōniās</u> dēdūcere	in diesem Gebiet Siedlungen anlegen
	△	
B	senātōrēs ā vīllā in cūriam arcessere	die Senatoren von ihrem Landhaus zur Senatssitzung holen
A	*Durch welche Merkmale unterscheiden sich die Synonyme* oppidum, urbs *und* caput?	

Stadt, Land, Landwirtschaft 67

incolere, coluī, cultum (colere)	siedeln, bewohnen
sēdēs, is *f* (43)	Sitz, Wohnsitz
urbs, urbis *f*	Stadt, (die Stadt:) Rom
urbānus (a, um)	städtisch, fein, gebildet
caput, capitis *n* (2)	Hauptstadt
oppidum, ī *n*	Stadt, Festung
▶	
arx, arcis *f* (arcēre 53)	(Schutzwehr,) Burg
moenia, ium *n Pl.*	Stadtmauer
mūnīre, vī, tum	bauen, befestigen
mūnītiō, ōnis *f*	Festungsanlage, Befestigung
turris, is *f*	Turm
porta, ae *f*	Tor, Pforte
▶	
ager, agrī *m* (41)	Acker, Feld, Gebiet
rūs, rūris *n*	Land, Landgut, Feld
rūsticus (a, um)	ländlich, bäurisch; *Subst.* Bauer
colere, uī, cultum (72)	1. bewirtschaften 2. pflegen
cultus, ūs *m* (72)	Pflege, Lebensweise, Erziehung
cultūra, ae *f*	1. Anbau 2. Pflege
colōnus, ī *m*	Siedler, Bauer
colōnia, ae *f*	Siedlung, Niederlassung
▶	
vīlla, ae *f*	Landhaus, Landgut
vīcus, ī *m*	Gehöft, Dorf, Stadtviertel
vīcīnus (a, um) (*vgl.* propinquus 6)	benachbart; *Subst.* Nachbar
pecus, oris *n*	Vieh
grex, gregis *m*	Herde, Schar
pāstor, ōris *m*	Hirte

D/E/F s. unter 68

68 *Transport und Verkehr*

Im Verlauf der römischen Eroberungen wurde das wachsende Imperium durch ein Netz von gepflasterten Straßen (via sträta; sternere: 83) erschlossen. Es gab bald eine Straßenmeisterei (beneficiāriī), Straßen-karten (itinerārium), Meilensteine (lapis mīliārius) und Herbergen. Die durchschnittliche Tagesleistung mit dem Reisewagen (raeda) betrug etwa 30 Meilen (45 km), im Gebirge weniger. 40 bis 45 Meilen (60–67,5 km) gal-ten schon als sehr große Tagesstrecke. Zur Seefahrt vgl. (40)!

B ▽

nūntium <u>ferre</u>	eine Nachricht überbringen
lēgem <u>ferre</u>	ein Gesetz einbringen
frīgus <u>ferre</u>	Kälte ertragen
nāvis tempestāte Naxum <u>ferēbātur</u>.	Das Schiff wurde vom Sturm nach Naxos verschlagen.

△
▽

cōpiās in Galliam <u>trānsferre</u>	Truppen nach Gallien verlegen
exercitum flūmen <u>trāicere</u>	das Heer über den Fluss setzen
legiōnēs Alpēs <u>trādūcere</u>	Legionen über die Alpen führen
fābulam ex Graecō in Latī-num <u>trānsferre</u>	das Stück aus dem Griechischen ins Lateinische übersetzen
pīlō <u>trāiectus</u>	von einem P. durchbohrt
animōs ā laetitiā ad metum <u>trādūcere</u>	die Freude der Leute in Angst ver-wandeln

△

B omnis generis onera nāvis vehit.   Das Schiff befördert Lasten jeder Art.

equō (currū) in oppidum vehī   **in die Stadt reiten (fahren)**

iter facere   **eine Reise machen, verreisen**

G **quam māximīs (potest) itineribus**   **in möglichst großen Tagesstrecken**

B ex urbe per Latium ad mare proficīscī ?

viā Appiā proficīscī   auf der Via Appia reisen

M **unde pecūnia profecta est?**   **Wo kommt das Geld her?**

ē portū (ancorās) solvere   **(aus dem Hafen) auslaufen**

in portum (nāve) invehī   **(in den Hafen) einlaufen**

A1 *Bedeutungsunterschiede?* iter / via, ferre / portāre, vehere – vehī

A2 *Welche lat. Wörter können ‚transportieren‘, welche ‚reisen‘ bedeuten?*

Transport und Verkehr 68

ferre, ferō, tulī, lātum (71)	tragen, bringen; ertragen
trānsferre, ferō, tulī, lātum	hinüberbringen, übertragen
trāicere, iō, iēcī, iectum	hinüberbringen; durchstoßen
trādūcere, dūxī, ductum	hinüberführen, hinbringen
portāre, vī, tum	tragen, bringen

▶

trahere, trāxī, tractum	ziehen, schleppen
abstrahere, trāxī, tractum	wegschleppen, fortreißen
vehere, vēxī, vectum	ziehen, bringen, (etw.) fahren
vehī, vectus sum	fahren, befördert werden
invehī, vectus sum	hinfahren
proficīscī, fectus sum (64)	abreisen, reisen

▶

currus, ūs *m*	Wagen
rota, ae *f*	Rad
iter, itineris *n* (īre 9)	Weg, Reise; Tagesstrecke
via, viae *f*	Weg, Straße
līmes, līmitis *m* (*vgl.* fīnis 20)	Grenze, Grenzwall, Grenzweg
pōns, pontis *m*	Brücke
portus, ūs *m* (porta 67)	Hafen

D Transfer — importieren — exportieren — transportieren — Traktor —
abstrakt — Vehikel — rotieren — limitieren — Ponton
E to bear — to transfer — to translate — train — vehicle — limit — port
F trajet — traduire — porter — train — itineraire — roue — voie — pont

---

zu Gruppe 67
D Urbanisierung — Munition — Agrarier — rustikal — kultivieren — Pastor
E seat — urban — tower — capital — acre — village
F urbain — munir — tour — porte — voisin — ville — pasteur

69 *Handel und Vermögen*

Sowohl die Adligen wie ein großer Teil der Plebejer trieben Landbau (vgl. 67). Der Fernhandel wurde von einer reicheren Schicht der Plebs betrieben, die aufgrund ihres Vermögens zum Ritterstand (ōrdō equester 77) zählte.

▽
importantur nōn sōlum mercēs, sed etiam mōrēs.

Es werden nicht nur Waren einge-
führt, sondern auch Sitten.

haec inīqua mercēs perīculī
est.

Das ist ein ungerechter Lohn bei dem
Risiko.

△
sāl māgnō pretiō *(Abl.)* vēn-
ībat.

Salz wurde teuer verkauft.

Beim Vergleich mit Genitiv:
minōris (plūris) emere

billiger (teurer) kaufen

B ▽
rēs inter sē <u>mūtāre</u>

Tauschhandel treiben

tempora <u>mūtantur</u> et nōs
<u>mūtāmur</u> in illīs.

Die Zeiten ändern sich, und wir
ändern uns mit ihnen.

amīcō pecūniam <u>mūtuam</u>
dare

dem Freund ein Darlehen gewäh-
ren

△
fatīgātīs in vicem integrī
succēdunt.

An die Stelle der erschöpften treten
immer wieder ausgeruhte (Soldaten).

pecūniās crēditās solvere

Schulden bezahlen

aliquem cūrā solvere

jemanden von einer Sorge befreien

opem ferre patriae *(Dat.)*

seiner Vaterstadt Hilfe bringen

honōrēs quam opēs cōnsequī
māluit.

Er wollte lieber Ruhm und Ehre als
Reichtum erwerben.

B māteriae emendae cōpia mihi
est.

Ich habe die Möglichkeit, Bauholz
zu kaufen.

M cōpia verbōrum

Wortschatz

homō haud māgnā cum rē

ein Mann mit wenig Vermögen

Handel und Vermögen 69

merx, mercis *f*	Ware
mercātor, ōris *m*	Kaufmann
commercium, iī *n*	Handel, Verkehr
mercēs, cēdis *f*	Lohn, Sold
emere, ēmī, ēmptum	nehmen, kaufen
↔ **vēndere**, didī, ditum; *Pass.* **vēnīre**, eō, iī (īre 9) ▶	verkaufen
condūcere, dūxī, ductum (61)	anwerben, mieten
mūtāre, vī, tum	tauschen, wechseln, ändern
mūtuus (a, um); *Adv.* mūtuō	wechselseitig, geliehen
in vicem	im Wechsel
cōnstāre, stitī (43) māgnō (parvō: *Abl.*) cōnstāre	kosten teuer (billig) sein
pretium, iī *n* operae pretium est	Preis, Wert, Lohn es ist der Mühe wert
solvere, vī, solūtum	lösen, befreien, bezahlen
pecūnia, ae *f* (pecus 67)	Geld, Vermögen
aes, aeris *n* (41)	Erz, Kupfer, Geld
aes aliēnum (76) ▶	Schulden
bona, ōrum *n Pl.* (bonus 24)	Hab und Gut, Vermögen
rēs, reī *f*	Gegenstand, Sache, Angelegenheit
rēs familiāris (65)	Hauswesen, Vermögen
ops, opis *f*	Kraft, Stärke, Hilfe
opēs, opum *f Pl.* (75)	Mittel, Reichtum, Macht
cōpia, ae *f* **cōpiōsus** (a, um)	Vorrat, Fülle, Möglichkeit reichlich, wortreich
↔ **inopia**, ae *f*	Mangel, Not

D kommerziell — preziös — solvent — real

E price — merchant — commerce — mutual — to solve

F prix — marchand — merci — vendre — coûter — mutuel

70 *Haben und Nichthaben*

Die Höhe des Vermögens entschied über die Stellung des Einzelnen in der Gesellschaft. Beim cēnsus, *der Vermögensschätzung und Aufstellung der Bürgerlisten durch die Zensoren (78), wurde alle fünf Jahre die männliche Bevölkerung, die das römische Bürgerrecht (*cīvitās 76*) besaß, in fünf Vermögensklassen eingeteilt (Richtwerte waren je 100.000, 75.000, 50.000, 25.000 und 11.000 Währungseinheiten). Auf dieser Einteilung beruhte nicht nur der Wehrdienst der Bürger, sondern auch das Gewicht ihrer Stimme in den Volksversammlungen (*comitia 78*), also ihr politischer Einfluss. Für Frauen war ein solcher Einfluss nicht vorgesehen.*

B ▽

dīvitiās <u>habēre</u>	Reichtum besitzen
cēnsum <u>habēre</u>	Vermögensschätzung vornehmen
initiō Rōmam rēgēs <u>habuēre</u>.	Anfangs beherrschten Könige Rom.

△

B ▽

diū sē castrīs <u>tenēre</u>	sich lange im Lager behaupten
prōpositum <u>tenēre</u>	seinem Vorsatz treu bleiben
īnsulam <u>tenēre</u>	eine Insel in Besitz haben

△

carēre culpā	**frei von Schuld sein**

B plūra dē hāc rē mē dīcere opus nōn est. / Mehr brauche ich darüber nicht zu sagen.

G ex pauperrimō dīves factus est. / Er war ganz arm und ist reich geworden.

omnium bonōrum expers / ein Habenichts

A *Welche Bedeutungsbeziehungen sind im Schaubild zu erkennen?*

„Vermögen, Reichtum"	rēs familiāris / dīvitiae / bona / opēs / fortūnae 72 dīvites / beātus / cōpiōsus			
„besitzen"	possidēre / habēre / tenēre esse + *Gen. o. Dat.*			
↕	↕	↕		↕
„Mangel, Armut"	carēre + *Abl. sep.* / pauper / expers / miser 29	egēre + *Abl. sep.* egestās		opus est + *Abl. instr.* inopia

Haben und Nichthaben 70

habēre, uī, itum (24) — haben, halten

possidēre, sēdī, sessum — besitzen
(sedēre 43)

esse, sum, fuī (9) — (sein), gehören
patrī meō vīlla est. — Mein Vater besitzt ein Landhaus.
haec domus meī est patris. — Dieses Haus gehört meinem Vater.

sapientis (sapientiae) est — Es gehört zu einem Weisen (ist
nōn īrāscī. — ein Zeichen von Weisheit), nicht in Zorn zu geraten.

tenēre, uī — halten, besitzen
↑
↓

egēre, uī — bedürfen, nötig haben
auxiliō *(Abl.)* egēre — Hilfe benötigen

egestās, ātis *f* — Mangel, Armut

carēre, uī — nicht haben, entbehren, frei sein von
amīcīs *(Abl.)* carēre — keine Freunde haben

opus est (60) — man hat nötig, man braucht
mihi pecūniā opus est — ich brauche Geld

beātus (a, um) — glücklich, reich

dīves, vitis — reich

dīvitiae, ārum *f Pl.* — Reichtum

↔ **pauper**, peris — arm, nicht begütert

particeps, cipis — beteiligt, teilnehmend
(pars 17, capere 52)
animal ratiōnis particeps — vernunftbegabtes Lebewesen (Mensch)

↔ **expers**, pertis (pars 17) — ohne Anteil, frei von
animal ratiōnis expers — Lebewesen ohne Vernunft (Tier)

D Possessivpronomen − partizipieren

E to have − to possess − poor − participant

F avoir − posséder − tenir − pauvre − rien (rem)

71 *Kunst, Literatur, Unterricht*

*Eine autonome (auf sich gestellte) Kunst im modernen Sinne kennt die
Antike nicht. Kunst war Handwerk, das nach den Regeln der Tradition
Auftragsarbeit leistete.*

▽

ars dīcendī (pictūrae, mūsica)	Redekunst (Malerei, Musik)
malae artēs	schlimme Methoden
simulācrum singulārī opere artificiōque perfectum △	ein mit einzigartiger Kunstfertig- keit vollendetes Götterbild
nihil est facilius quam statum imitārī alicuius aut mōtum.	Nichts ist leichter, als Haltung und Bewegung von jemandem nach- zuahmen.
tabula picta	**Gemälde**
duodecim tabulae	**das Zwölftafelgesetz** *(ältestes römi- sches Gesetzbuch 450 v. Chr.)*
virtūtem ōrātiōne ōrnāre	die Leistung mit einer Rede feiern
erat historia ōlim nihil aliud nisī annālium cōnfectiō.	Geschichtsschreibung war ur- sprünglich nichts anderes als die Führung von Jahrbüchern.

B ▽

Homērus caecus fuisse trādi- tur (fertur).	Homer soll blind gewesen sein.
Africānum et Laelium doctōs fuisse trāditum est.	Scipio Africanus und Laelius sollen gebildete Menschen gewesen sein.
aliquid memoriae *(Dat.)* trādere	sich etwas merken; etw. überliefern
quiētī sē trādere △	sich der Ruhe widmen
eam persōnam ā rē pūblicā mihi impositam sustinuī.	Ich habe diese Rolle im Auftrag des Staates übernommen.
fābulam agere	ein Stück spielen
alicui exemplō esse	jemandem als Beispiel dienen

Kunst, Literatur, Unterricht 71

ars, artis *f*	Kunst, Fertigkeit, Eigenschaft
artificium, iī *n* (facere 47)	Kunstwerk
imitārī, tus sum	nachahmen
imāgō, ginis *f*	Bild, Abbild
simulācrum, ī *n* (simulāre 21)	Bildnis, Götterbild
fingere, fīnxī, fictum (51)	formen, bilden
statua, ae *f* (stāre 43)	Standbild, Statue
pingere, pīnxī, pictum	malen
tabula, ae *f*	Tafel, Gemälde, Verzeichnis
ōrnāre, vī, tum (51)	ausstatten, schmücken
ōrnāmentum, ī *n* (51)	Ausrüstung, Schmuck

▶

littera, ae *f*	Buchstabe
Plural **litterae**, ārum *f*	Brief, Wissenschaft(en), Literatur
epistula, ae *f (griech.)*	Brief
liber, brī *m*	Buch
īnscrībere, scrīpsī, scrīptum	darauf schreiben, betiteln
auctor, ōris *m* (augēre 52, auctōritās 75)	Urheber, Verfasser, Schriftsteller
poēta, ae *m (griech.)*	Dichter
philosophia, ae *f (griech.)*	Philosophie
historia, ae *f (griech.)*	Forschung, Geschichtsschreibung
annālēs, ium *m Pl.* (annus 11)	Jahrbücher, Geschichtswerk
trādere, didī, ditum	übergeben, überliefern
fertur, feruntur; ferunt (ferre 68)	es wird überliefert; man berichtet
exemplum, ī *n*	Beispiel, Vorbild
fābula, ae *f* (31)	Erzählung, Geschichte, Theaterstück
persōna, ae *f (etrusk.)*	Maske, Rolle, Person
carmen, minis *n*	Zauberspruch, Lied, Gedicht
canere, cecinī	singen, (ein Instrument) spielen
cantāre, vī, tum	singen

▶

71 (Forts.) *Kunst, Literatur, Unterricht*

linguam Graecam docēmur.	**Man bringt uns Griechisch bei.**
linguam Graecam discimus.	**Wir lernen Griechisch.**
iūris cīvīlis disciplīnā	Rechtswissenschaft
in iūre cīvīlī bene ērudītus	als Jurist gut ausgebildet

imāginēs maiōrum *sind aus Wachsmasken bestehende Familienporträts, welche die Verstorbenen vorstellten. Sie wurden im Atrium des Hauses patrizischer Sippen aufbewahrt. Bei Begräbnissen hoch gestellter Personen wurden sie von Leuten getragen, die in ähnlichem Kostüm und mit den Abzeichen, die der Würde des Abgebildeten entsprachen, vor der Bahre einherschritten. Das Recht, solche Bilder mitzuführen* (iūs imāginum), *war auf diejenigen Familien beschränkt, deren Angehörige wenigstens bis zum Ädil (78) aufgestiegen waren.*

A *Bedeutungsverträglichkeit der Wörter: Verbinde Wörter aus den drei Spalten zu sinnvollen Sätzen!*

Handelndes Subjekt	Handlung, Tätigkeit	Gegenstand, Bezugsperson
auctor	scrībere	liber
poēta	nārrāre	litterae
vātēs 72	canere	epistula
	trādere	carmen
	/ ferre	fābula
		historia
		annālēs
magister	docēre	disciplīna
	ēducāre	discipulus
	ērudīre	
	praecipere 57	praeceptum 57
	īnstituere 48	

Kunst, Literatur, Unterricht (Forts.) 71

lūdus, ī *m* (80)	Spiel, Schule
magister, strī *m* (magis 18)	Lehrer, Meister[1]
docēre, uī, doctum	lehren, unterrichten
doctus (a, um)	gelehrt, gebildet
↕	
discipulus, ī *m*	Schüler
discere, didicī (5)	lernen
disciplīna, ae *f*	Unterricht, Zucht, Fachwissenschaft
legere, lēgī, lēctum	sammeln, lesen
scrībere, scrīpsī, scrīptum	schreiben
ēducāre, vī, tum	erziehen
ērudīre, vī, tum	unterrichten, bilden

liber →
*(Papyrusrolle,
6-10 m lang,
25-30 cm breit)*

← cōdex
*(gefaltet und
gebunden)*

D/E/F Artist / artist / artiste − imitieren / imitate / imiter − Literatur / literature / littérature − Autor / author / auteur − Poet / poet / poète − Akzent / accent / accent − Tradition / tradition / tradition

D imaginär − Tabelle − Ornament − Epistel − Annalen − exemplarisch − Dozent, Doktor − Disziplin − Lektion − Skriptum

E art − artificial − image − statue − to paint − picture − letter − history, story − example − fable − person − charm − master − lesson − to educate

F art − image − simulacre − peindre − lettre − livre − histoire − exemple − fable − personne − charme − chanter, chanson − maître − leçon − lire − écrire − érudit

---
[1] vgl. minister, trī *m*: Diener, Helfer

72 Religion, Gottesdienst, Brauchtum

Die römische Religion kennt keinen ‚Glauben' wie die monotheistischen Weltreligionen, d. h. kein Bekenntnis zu einem Stifter und seiner Lehre. Man nennt nur zwei Merkmale, metus, *also Furcht vor den Göttern, und* caeremōnia deōrum, *d. h. Opferdienst für die Götter. So sagt Cicero:*

omnis populī Rōmānī religiō in sacra et in auspicia dīvīsa est.	Die ganze Religion des römischen Volkes ist in Opferdienst und Vogelschau eingeteilt.

Den Göttern wurden Gaben dargebracht; bei wichtigen Entscheidungen suchte man ihren Willen zu erkunden und sie ggf. zu versöhnen.

deōrum nūminī omnia parent.	Alles gehorcht dem Willen der Götter.
domum ac deōs penātēs dēfendere	Haus und Herdgötter verteidigen
nihil sanctum habēre	**nichts heilig halten**
hospitem violāre nefās est.	**Einem Gast etwas anzutun ist Frevel.**

B ▽

dīs īnferīs <u>sacer</u> estō!	Verflucht soll er sein!
<u>sacer</u> an profānus locus sit, distinguere	unterscheiden, ob es sich um einen geweihten oder einen gewöhnlichen Ort handelt

△

religiō:		
Bezeichnungen des Göttlichen	deus, dea / nūmen; immortālēs / caelestēs / superī	fātum / fors / fortūna / sors
Eigenschaften des Göttlichen	immortālis / dīvus / dīvīnus	
Göttliches Gebot		fās ↔ ne-fās
Äußerungen des Göttlichen	prōdigium / ōmen / auspicium / ōrāculum	fātum
Institutionen des Kultus	templum / aedēs / āra sanctus /⎥ sacer ↔ pro-fānus	fānum⎤ ⎥
Funktionen des Kultus	pontifex /⎥ sacerdōs / vātēs deōs colere /⎥ sacra facere vōtum solvere / auspicia habēre	⎥ cultus
Feier	diēs fēstōs agere / celeb-rāre celeber	⎦

Religion, Gottesdienst, Brauchtum 72

religiō, ōnis *f*	Ehrfurcht, Gewissenhaftigkeit, Götterverehrung
nūmen, minis *n*	Wink, Befehl; göttliche Macht
deus, ī *m (Nom. Pl.* dī) **dea**, ae *f*	Gott, Gottheit Göttin
deōs colere (colere 67) **cultus deōrum** (cultus 67)	(die) Götter verehren Götterdienst
dīvīnus *und* **dīvus** (a, um)	göttlich
immortālis (e), is (mortālis 45) **immortālēs**, ium *m Pl.*	unsterblich die Götter
caelestēs, ium *m Pl.* (caelum 39)	die (himmlischen) Götter
superī, ōrum *m Pl.* (suprā 7)	die Götter (des Himmels)
⟷ **īnferī**, ōrum *m Pl.* (īnfrā 7)	die Götter (der Unterwelt)
penātēs, ium *m Pl.* ▶	Hausgötter; Haus, Heim
sanctus (a, um)	heilig, ehrwürdig
fās *n undekl.*	göttliches Recht, Gebot
⟷ **nefās** *n undekl.*	Unrecht, Frevel
fātum, ī *n* (fārī 31)	Götterspruch, Schicksal
sacer (cra, crum)	geweiht, heilig; verflucht
sacrum, ī *n* sacra facere	Heiligtum, Opfer; *Plural* Gottesdienst Opferdienst vollziehen, opfern
sacerdōs, dōtis *m f*	Priester(in)
āra, ae *f* ▶	Altar

D/E/F Religion / religion / religion
D Diva — Kult — fatal — sakral
E divine — saint — fate — sacred
F dieu — culte — saint — sacré

72 (Forts.) *Religion, Gottesdienst, Brauchtum*

> pontifex *heißt ein Mitglied des obersten römischen Priesterkollegiums, dem die Oberaufsicht über alle religiösen Zeremonien obliegt. Sein Vorsitzender trägt den Titel* pontifex maximus. *Demgegenüber ist* sacerdōs *der Oberbegriff für alle Klassen von männlichen und weiblichen Priesterschaften, für den* pontifex *genauso wie für die Vestalin, welche das heilige Herdfeuer des Staates hütet.*

festōs diēs lūdōrum celeberrimō conventū celebrāre
$\triangledown$

die Spiele zu Ehren der Götter mit zahlreichen Teilnehmern feiern

senātum in <u>aedem</u> Iovis convocāre

den Senat in den Jupitertempel einberufen

Fideī <u>templum</u> pūblicē dēdicāre
$\triangle$

der (heiligen) Eidestreue öffentlich einen Tempel weihen

vōtum facere (– solvere)

ein Gelübde tun (– einlösen)

B imperiō auspiciōque eius

unter seiner Führung und Leitung *(d.h. er musste auch den Willen der Götter nach dem Vogelflug erkunden)*

nōmen est ōmen.

Der Name enthält eine Vorbedeutung.

prōdigiīs dī immortālēs nōbīs futūra praedīcunt.

Durch seltsame Vorzeichen machen uns die unsterblichen Götter die Zukunft kund.

ōrāculum (Delphicum) **cōnsulere**

das Orakel (in Delphi) **befragen**

B sortēs puerī manū miscentur atque dūcuntur.

Die Lose werden von Kinderhand gemischt und gezogen.

iacere tēlum voluntātis est, percutere, quem nōlueris, fortūnae.

Ein Geschoss zu werfen ist Sache des freien Willens, jemanden zu treffen, den man nicht treffen wollte, ist Schicksal.

fēlīcissimē rem gerere

das Unternehmen mit großem Erfolg durchführen

B $\triangledown$

omnēs cīvēs fūnus eius <u>exsecūtī</u> sunt

Alle Bürger haben an seinem Begräbnis teilgenommen.

officia et mūnera rēgis <u>exsequī</u>
$\triangle$

Aufgaben und Pflichten eines Königs wahrnehmen

Religion, Gottesdienst, Brauchtum (Forts.) 72

pontifex, ficis *m*	Priester
celeber (bris, bre)	gefeiert, berühmt, viel besucht
celebrāre, vī, tum	feiern, verherrlichen, zahlreich besuchen
fēstus (a, um)	festlich, feierlich
diēs fēstōs agere	ein (religiöses) Fest feiern
fānum, ī *n*	Heiligtum, Tempel
profānus (a, um) (⟵⟶ sacer)	nicht heilig, ungeweiht
templum, ī *n*	heiliger Bezirk, Tempel
aedēs, is *f*	Tempel; *Plural* Haus
vōtum, ī *n*	Gelübde, Wunsch
▶	
auspicium, iī *n*	Vogelschau, Vorzeichen
(avis 42, (cōn)spicere 4)	
ōmen, ōminis *n*	Vorzeichen, Vorbedeutung
prōdigium, iī *n*	Vorzeichen, Wunder
ōrāculum, ī *n* (ōrāre 56)	Götterspruch, Orakelstätte
vātēs, is *m f*	Weissager(in), Seher(in); Dichter
sors, sortis *f*	Los, Schicksal
fors (Fors) *f*	Zufall (*personifiziert:* die Schick-
forte *Adv.* (fortasse 48)	zufällig [salsgöttin)
fortūna, ae *f* (Fortūna)	Schicksal, Glück; (*personifiziert:* die Schicksalsgöttin)
Plural **fortūnae**, ārum *f*	Güter, Vermögen
fēlīx, īcis	glücklich, glückbringend, erfolgreich
▶	
fūnus, neris *n*	Begräbnis, Verderben
sepelīre, vī, sepultum	bestatten
sepulc(h)rum, ī *n*	Grab, Grabmal
exsequī, secūtus sum	ausführen; (aus der Stadt) hinausgeleiten, zu Grabe tragen

D profan — Pontifikalamt — zelebrieren — Fest — Auspizien — Omen, ominös — Votum, votieren — Exekutive

E feast — to vote — fortunate(ly) — funeral

F célèbre — fête — voeux — fortune — exécution — funérailles

73 *Normen und Werte*

Das Verhalten eines Mannes (vir 45, 66) wurde danach bewertet, inwieweit es dem Ideal der virtūs entsprach. Dieser Begriff bezeichnet in der Zeit der Republik vor allem die Leistungen des Einzelnen für die Gemeinschaft und umfasst eine Reihe spezieller Tugenden wie Tapferkeit, Selbstbeherrschung, Ausdauer usw. Daneben können mit virtūs auch alle möglichen Vorzüge benannt werden, die jemand hat:

animī est virtūs, cuius dē partibus paulō ante dictum est, *corporis* valētūdō, dīgnitās, vīrēs, vēlōcitās, *extrāriae* honōs, pecūnia, adfīnitās, genus, amīcī, patria, potentia...
(Cicero)

Es gibt eine charakterliche Vortrefflichkeit, über deren Bestandteile zuvor gesprochen wurde, ferner körperliche Vorzüge wie Gesundheit, würdevolles Aussehen, Körperkraft, Schnelligkeit, dann äußere Vorteile wie Ehrenamt, Vermögen, einflussreiche Verwandte, Herkunft, Freunde, Heimatstadt, politischer Einfluss ...

virtūs wird einem Mann aufgrund eines bestimmten Handelns zugesprochen, das auf solchen Vorzügen beruht:

virtūs in ūsū suī tōta posita est.
(Cicero)

Die sittliche Vollkommenheit besteht ganz und gar nur in ihrer Betätigung.

Aus der griechischen Kultur wurde das Ideal philosophischer und literarischer Bildung (hūmānitās) übernommen, die sich in einem Handeln ausdrückt, das dem Mitmenschen entgegenkommt (clēmentia u. a.).

Ähnlich umfassend und schwer übersetzbar ist der Begriff der pietās, der die Verpflichtungen betrifft, in denen der Mensch durch seine Bindungen an Götter und Vaterland, Eltern, Kinder, Verwandte und Freunde steht. Die Verpflichtungen gelten wechselseitig (Abb.).

B   meō iūdiciō pietās fundāmentum est omnium virtūtum.

Meiner Meinung nach ist das Pflichtgefühl die Grundlage aller sittlichen Tugenden.

B   ▽
integrī atque incolumēs revertērunt.

Unverletzt und wohlauf kehrten sie zurück.

sē integrōs castōsque servāvērunt.

Sie haben sich anständig und untadlig gehalten.

△

Normen und Werte 73

mōs, mōris *m* (60)	Sitte, Brauch; *Plural* Charakter
mōs maiōrum, mōris maiōrum *oder* **mōs patrius,** mōris patriī	Vätersitte, Herkommen, Tradition
virtūs, ūtis *f*	Tüchtigkeit, Tapferkeit, Tugend
pietās, ātis *f*	Pflichtgefühl
pius (a, um)	gewissenhaft, pflichtgetreu, fromm
⟷ **impius** (a, um) ▶	gottlos, pflichtvergessen
fortitūdō, dinis *f*	Tapferkeit, Mut
fortis (e), is	tapfer, mutig
cōnstantia, ae *f* (cōnstāre 43)	Beständigkeit, Standhaftigkeit
cōnstāns, ntis	standhaft, beständig
integer (gra, grum)	1. unversehrt 2. anständig
innocēns, ntis (nocēre 53)	unschuldig, rechtschaffen
pūrus (a, um)	1. rein 2. ehrlich
continentia, ae *f* (continēre 40)	Selbstbeherrschung, Enthaltsamkeit
parsimōnia, ae *f* (parcere 53)	Sparsamkeit
modestia, ae *f* (modus 17)	Mäßigung, Bescheidenheit
modestus (a, um)	maßvoll, bescheiden
industria, ae *f* ▶	Fleiß, Betriebsamkeit
hūmānitās, ātis *f*	Bildung, Menschlichkeit
hūmānus (a, um) (homō 1)	menschlich, menschenfreundlich, gebildet
clēmentia, ae *f*	Milde, Schonung
līberālitās, ātis *f*	edle Gesinnung, Freigebigkeit
līberālis (e), is (līber 65)	edel, freigebig

D Moral − Virtuosität − Pietät − konstant − Industrie − Integrität − Humanität − liberal

E moral − virtue − piety − modest − constant − industry − entire (integer) − human − liberality

F moeurs − vertu − piété − fort − constant − industrie − entier (integer) − humain − libéralité

74 Negativ bewertetes Verhalten

*Die Bedeutung der Begriffe dieser Gruppe kann genauer erfasst werden,
wenn man sie mit den zugehörigen Wörtern von (73) vergleicht. Noch mehr
solcher Gegenüberstellungen zeigt der Cicero-Text unten.*

B ▽

aedēs propter aliqua <u>vitia</u>
vēndere

das Haus wegen einiger Mängel ver-
kaufen

<u>vitia</u>, quae virtūtem videntur
imitārī

Untugenden, die im Gewand der
Tugend daherkommen

aedēs corruentēs <u>vitium</u>
fēcērunt.

Das Haus hat bei seinem Zusam-
mensturz Schaden verursacht.

△

ad prandium vulgō vocāre
ambitiō an līberālitās est?

Ein öffentliches Essen geben: ist
das nun Ehrgeiz oder Freigebig-
keit?

B Gallī sunt in cōnsiliīs capi-
endīs mōbilēs et novīs
rēbus student. *(Caesar)*

Die Gallier sind in ihren Entschlüs-
sen unberechenbar und wollen
alles verändern.

luxuria est māter avāritiae.

Genusssucht ist die Mutter der Hab-
gier.

dēsidiae *(Dat.)* sē dēdere

sich dem Nichtstun überlassen

B aetās nostra tamquam in portum cōnfūgit nōn inertiae
neque dēsidiae, sed ōtiī
moderātī atque honestī.

Ich habe mich in meinem Alter
gleichsam in einen Hafen bege-
ben, in dem ich nicht etwa meine
Zeit vertue, sondern in geregelter
und ehrenvoller Ruhe lebe.

---

*Cicero stellt in seiner 2. Rede gegen Catilina (§ 25) die Auseinander-
setzung zwischen dem römischen Staat und der Streitmacht Catilinas
als einen <u>Kampf zwischen Tugenden und Lastern</u> dar. In diesem Text
erläutern sich die Gegenbegriffe wechselseitig:*

ex hāc enim parte pudor pūgnat, illinc petulantia (Frechheit); hinc
fidēs, illinc fraudātiō (fraus 53); hinc pietās, illinc scelus (81); hinc
cōnstantia, illinc furor (46); hinc honestās (honestus 77), illinc turpi-
tūdō (turpis 25); hinc continentia, illinc lubīdō (27); dēnique aequi-
tās (81), temperantia (temperāre 58), fortitūdō, prūdentia (1), virtūtēs
omnēs certant cum inīquitāte (inīquus 81), luxuriā, īgnāviā (Feig-
heit), temeritāte (temere 58), cum vitiīs omnibus.

Negativ bewertetes Verhalten 74

vitium, iī *n*	Fehler, Untugend, Schaden
avāritia, ae *f*	Habsucht, Geiz
avārus (a, um)	habsüchtig, geizig
ambitiō, ōnis *f* (īre 9; ambīre	Bewerbung, Ehrgeiz *(pos. u. neg.)* herumgehen, sich bewerben)
arrogantia, ae *f*	Anmaßung
superbia, ae *f*	Hochmut, Stolz
superbus (a, um) (super 9)	hochmütig, stolz

▶

licentia, ae *f* (60)	Freiheit, Zügellosigkeit, Willkür
mōbilis (e), is (movēre 55)	beweglich, unbeständig, wankel- mütig
luxuria, ae *f*	Überfluss, Genusssucht, Verschwendung
dēsidia, ae *f*	Untätigkeit, Trägheit
iners, ertis (ars 71)	ungeschickt, träge

(74)	vitium	↔	virtūs	(73)
	mōbilis	↔	cōnstāns	
	avāritia	↔	līberālitās	
	dēsidia	↔	industria	
	licentia	↔	continentia	

D/E/F Ambition / ambition − arrogant − mobil / mobile / m.

D Lizenz − luxuriös

E vice − avarice − superb − licence − luxury

F vice − avarice − superbe

A *Stelle die in Ciceros Text (links) enthaltenen Gegenbegriffe entsprechend
der Absicht des Autors wie in zwei Schlachtreihen einander gegenüber und
unterstreiche die Wörter der Gruppen (73) und (74).*

75 Formen von Macht und Einfluss

Die Wörter dieser Gruppe lassen sich untergliedern in solche, die Macht allgemein *bezeichnen (*vīs, diciō *usw., dazu* valēre, posse*), andere, die sich um den Begriff der* legalen Herrschaft *herum anordnen lassen, und schließlich jene, welche in ihrer Bedeutung die* informellen Elemente *der Ausübung von Einfluss und Macht hervorheben (*dīgnitās, grātia *u.a.). Einen Sonderfall stellt das Lexemfeld* rēx, rēgnum *usw. dar, da es für den Römer von der Zeit der etruskischen Fremdherrschaft her negativ besetzt war: Livius spricht von „*nōmen rēgium horrēre*" (II, 9, 7), vom „Abscheu gegenüber dem Wort König".*

B vīs et ferrum in forō versātur.　　Auf dem Forum herrscht bewaffnete Gewalt.

sub diciōne populī Rōmānī esse　　**dem römischen Volk untertan sein**

B līberōs et uxōrem suīs opibus dēfendere　　Kinder und Weib mit allen zu Gebote stehenden Mitteln schützen

vir summae potentiae *(Gen.)*　　**ein Mann von größtem politischem Einfluss**

G ▽
Aegyptō *(Abl.)* **potīrī**　　**die Macht über Ägypten erlangen**

rērum potīrī　　**Herr der Lage werden**
△

▽
apud plēbem multum valēre　　großen Einfluss auf das Volk haben

plūs posse　　mehr Einfluss haben

lēx valet.　　Das Gesetz behält die Oberhand.

hoc verbum quid valet?　　Was bedeutet dieses Wort?

armīs et opibus plūrimum posse　　weil man bewaffnete Leute und wirtschaftlichen Macht hat, den meisten Einfluss ausüben
△

facta īnfecta fierī nequeunt.　　**Geschehenes kann man nicht ungeschehen machen.**

B ▽
mortem servitūte potiōrem dūcere　　den Tod für besser halten als die Knechtschaft

nihil est, quod potius faciāmus.　　Es gibt nichts, das wir lieber täten.

cūr huic potissimum scrībis?　　**Warum schreibst du gerade ihm?**
△

Formen von Macht und Einfluss 75

vīs (vim, vī) *f* (2, 54)	Kraft, Macht, Gewalt
Plural **vīrēs**, ium *f*	Kräfte, Streitkräfte
diciō, ōnis *f* (dīcere 31)	Gewalt, Herrschaft
opēs, opum *f Pl.* (69)	Reichtum, Macht(mittel), Einfluss
potentia, ae *f* (posse)	Kraft; politische Macht, Einfluss
potēns, ntis	mächtig, fähig
potīrī, tus sum	erobern
dominātiō, ōnis *f* (dominus 65)	(Gewalt-)Herrschaft
domināri, tus sum	Herr sein, herrschen
tyrannus, ī *m (griech.)*	Gewaltherrscher, Tyrann

▶

valēre, uī (46)	Einfluss haben, Macht haben; wert sein, gelten
quīre, queō, quīvī	können, fähig sein
⟷ **nequīre**, eō, īvī	nicht können, unfähig sein
posse, possum, potuī	können; Einfluss haben, gelten
potior (ius), ōris	vorzüglicher, wichtiger
potius *Adv.* (*vgl.* magis 18)	vielmehr, eher, lieber
potissimum *Adv.* (*vgl.* maximē 18)	hauptsächlich, am liebsten

▶

rēgnum, ī *n* (regere 57)	Königsherrschaft, Königreich
rēgnāre, vī, tum	König sein, herrschen
rēx, rēgis *m*	König
rēgius (a, um)	königlich

▶

D Potentat − potent − dominieren − Valenz

E value − (power) − reign − royal

F valoir − pouvoir − roi − royal

75 (Forts.) *Formen von Macht und Einfluss*

G ▽

omnibus gentibus *(Dat.)*
  imperāre

über alle Stämme herrschen

mīlitibus imperāvit, ut pontem facerent.

Er befahl den Soldaten, eine Brücke zu bauen.

eum in vincula dūcī
  imperāvit.

Er befahl, ihn ins Gefängnis zu werfen.

△

G ▽

dux mīlitēs captīvōs vincīre vetuit.

Der Anführer verbot den Soldaten, die Gefangenen zu fesseln.

mīlitēs captīvōs vincīre vetitī sunt. (*vgl. zu* iubēre 57)

Die Soldaten durften die Gefangenen nicht fesseln.

△

B ▽

prīnceps decima legiō Caesarī grātiās ēgit.

Als Erste sprach die zehnte Legion Caesar ihren Dank aus.

Helvetiī prīncipēs cīvitātis lēgātōs mittunt.

Die H. schicken die Vornehmsten ihres Stammes als Unterhändler.

prīncipātum in cīvitāte obtinēre

die führende Stellung im Gemeinwesen einnehmen

△

B ▽

cōntiōnis habendae potestās

die Vollmacht, eine Volksversammlung einzuberufen

auctōritāte magis quam potestāte suādendī

mehr durch den persönlichen Einfluss als durch die amtliche Vollmacht einen Rat zu erteilen

△

gravitās armōrum, — prōvinciae, — dīcendī ?

honōris grātiā

der Ehre wegen

cōnsilium mihi grātum est.

Der Ratschlag kommt mir gelegen.

animō grātissimō

dankbaren Herzens

A *Welche Substantive bezeichnen*
   (a) die mit einem Amt verbundene Vollmacht (Exekutivgewalt),
   (b) eine selbst geschaffene Machtstellung,
   (c) die auf sozialer Anerkennung oder Verdienst beruhende Vorrangstellung?

Formen von Macht und Einfluss (Forts.) 75

imperium, iī *n*
1. Befehlsgewalt
2. Herrschaft, Herrschaftsgebiet

imperātor, ōris *m*
Befehlshaber, Feldherr

imperāre, vī, tum
(*vgl.* iubēre 57)
befehlen, beherrschen

↔**vetāre**, vetuī, vetitum
verbieten

prīnceps, cipis
(prīmus 16, capere 52)
erster, vornehmster; Fürst, Führer

prīncipātus, ūs *m*
Vorrang, höchste Machtstellung

obtinēre, tinuī, tentum
besetzt halten, in Besitz haben

potestās, tātis *f* (78) (posse)
1. Amtsgewalt, Vollmacht
2. Möglichkeit

▶ potestātem facere
die Möglichkeit bieten

māiestās, tātis *f* (māior 15)
Größe, Hoheit, Würde

auctōritās, tātis *f* (augēre 52)
Einfluss, Ansehen, Macht

dīgnitās, tātis *f* (dīgnus 25)
Würde, Rang; Amt

gravitās, tātis *f* (gravis 17)
Gewicht, Bedeutung, Würde

grātia, ae *f*
1. Beliebtheit, Ansehen, Einfluss
2. Gefälligkeit, Dank

exemplī grātiā
zum Beispiel

grātus (a, um)
1. angenehm, erwünscht
2. dankbar

↔ **invidia**, ae *f* (29)
politische Gegnerschaft,
Unbeliebtheit

D Prinz – Veto – Majestät – Autorität – gravitätisch
E empire – emperor – prince – dignity – grace – grateful – e. g. = for instance
F empire – empereur – prince – dignité – grâce – envie

76 *Staat und Staatsgefährdung*

populus *ist als* „Staatsvolk" *der Personenverband, der eine gemeinsame Regierung, Verfassung und Rechtsordnung hat. So formuliert Cicero das römische Staatsverständnis (de re publica I 39):*

Est rēs pūblica rēs populī, populus autem hominum coetus iūris cōnsēnsū et ūtilitātis commūniōne sociātus.	Der Staat ist die Sache (*eigtl.:* der Besitz) des Volkes, das Volk aber eine Gesellung von Menschen, die auf Rechtsgemeinschaft und gemeinsamen Interessen beruht.

cīvitās *als* „Gemeinde" *kann mit* populus *gleichgesetzt werden, wenn jener Personenverband das* Territorium einer Stadt *bewohnt.*
rēs pūblica *bezeichnet dagegen die* politische Verfassung, *die sich das Volk bzw. die Bürger einer Stadt gegeben haben.*
In den folgenden Wendungen kann man also die bedeutungsähnlichen Wörter nicht *austauschen:*
cīvitātem expūgnāre; populus iubet...; accēdere ad rem pūblicam.

B ▽

in cīvitātem accipī	das (römische) Bürgerrecht erhalten
cīvitās Athēniēnsium △	die Gemeinde von Athen
nihil nunc tam populāre est quam odium populārium.	Nichts ist zur Zeit volkstümlicher als die Abneigung gegen die Volkspartei.
optimātium dominātiō	**Alleinherrschaft der Adelspartei**
ē mediīs Caesaris partibus esse	zum Kern von Caesars Partei gehören
prīvātum ōtium negōtiīs pūblicīs *(Dat.)* praeferre	seine privaten Studien höher schätzen als politische Aufgaben
B proprium quam aliēnum agrum colere praestat.	Es ist besser, eigenes statt fremdes Land zu bewirtschaften.

A1 *Durch welche Bedeutungsmerkmale unterscheiden sich:*
vulgus – populus – gēns (66) – plēbs (77) – nātiō (79)?

A2 *Unser Wort „privat" ist aus der Wendung* imperiō prīvātus *hergeleitet. Was bedeutet es ursprünglich?*

Staat und Staatsgefährdung 76

cīvitās, tātis *f*	Staat, Gemeinde; Bürgerrecht
cīvis, is *m*	Bürger
cīvīlis (e), is	bürgerlich, öffentlich
patria (terra), ae *f*	Vaterland, Heimat(stadt)
patrius (a, um) (pater 66)	väterlich, heimisch
societās, tātis *f* (79)	Gesellschaft, Gemeinschaft
socius (a, um) (79) (sequī 61)	gemeinschaftlich; *Subst.* Gefährte
populus, ī *m*	Volk, Staatsvolk
populāris (e), is	volkstümlich, volksfreundlich
populārēs, ium *m Pl.*	Volkspartei
↔ **optimātēs**, (i)um *m Pl.*	Adelspartei
partēs, ium *f Pl.* (17)	Partei
vulgus, ī *n* ▶	das Volk, die (breite) Masse
rēs pūblica, reī pūblicae *f* (rēs 69)	das Gemeinwesen, der Staat
pūblicus (a, um) *Adv.* **pūblicē**	öffentlich, staatlich öffentlich, auf Staatskosten
↔ **prīvātus** (a, um) *Adv.* **prīvātim** (prīvāre 52)	ohne Amt, persönlich privat, als Privatmann
proprius (a, um)	eigen, eigentümlich
↔ **aliēnus** (a, um) (alius 21) ▶	fremd

D/E/F zivil / civil / civil − sozial / social / social(e) − populär / popular / populaire − Partei / party / parti − Republik / republic / république

D Pöbel − vulgär − Publikum − privat − Soziologie − Tumult

E city − people − faction − public − private − property − society

F cité − citoyen − peuple − public − privé − propre − société − concorde

76 (Forts.) *Staat und Staatsgefährdung*

concordiā parvae rēs crēs-
cunt, discordiā maximae
lābuntur.

Durch Eintracht wird Kleines groß,
durch Zwietracht geht Größtes
zugrunde.

populus paucōrum factiōne
oppressus est.

Das Volk wird von einer oligarchi-
schen Clique unterdrückt.

rēbus novīs *(Dat.)* **studēre**

nach Umsturz streben

tumultus gravior est quam
bellum.

(Innerer) Aufruhr ist schlimmer als
(äußerer) Krieg.

nāvem pīrātīs *(Dat.)* **prōdere**

das Schiff den Seeräubern ausliefern

77 *Ständische Ordnung*

Die erste Teilgruppe enthält Wörter, mit denen die drei ōrdinēs *des römischen Ständestaats bezeichnet werden. Es folgen Begriffe, welche das
Zusammenleben der Menschen in dieser ständischen Ordnung charakterisieren. Schließlich werden einige Ausdrücke angeführt, welche das
Sozialprestige der Führungselite betreffen.*

B   ▽

concordia ōrdinum

Eintracht zwischen den Ständen

mīlitum ōrdinēs perturbāre

die Reihen der Soldaten in Unord-
nung bringen

ōrdinem (cōn)servāre
△

Ordnung bewahren

humilī ac obscūrō locō *(Abl.)*
nātus

**von niederer, unbedeutender Her-
kunft**

---

patrēs cōnscrīptī: *Die Anrede umfasst die ursprünglich dem Senat
angehörenden Patrizier* (patrēs) *und die seit dem 4. Jh. v. Chr. ‚in die
Senatsliste mit eingeschriebenen' Angehörigen plebejischer Familien*
(et cōnscrīptī).

Staat und Staatsgefährdung (Forts.) 76

concordia, ae *f* (cor 2)
(*vgl.* cōnsēnsus 61)

Eintracht, Einigkeit

⟷ **discordia**, ae *f*
(*vgl.* contrōversia 62)

Zwietracht, Uneinigkeit

factiō, ōnis *f* (facere 47)

Parteiung, politische Clique

coniūrātiō, ōnis *f*
(*vgl.* iūs iūrandum 82)

Verschwörung

novae rēs, novārum rērum
f Pl.

Neuerungen, Umsturz

tumultus, ūs *m*

Aufruhr, Unruhe

sēditiō, ōnis *f* (īre 9)

Aufstand, Aufruhr

prōdere, didī, ditum (dare 52)

preisgeben, verraten; überliefern

prōditiō, ōnis *f*

Verrat

Ständische Ordnung 77

ōrdō, dinis *m*
▷

Reihe, Ordnung, Stand

(ōrdō senātōrius,

Senatorenstand)

senātor, ōris *m*

Senator, Mitglied des Senats

senātus, ūs *m* (senex 45)

Senat, Staatsrat

cōnscrībere, scrīpsī,
scrīptum (84)

aufschreiben, einschreiben

patrēs cōnscrīptī (pater 66)

Meine Herren Senatoren *(Anrede)*

patricius (a, um)

adlig; *Subst. Pl.* Patrizier

nōbilitās, ātis *f*

Adel, Berühmtheit

nōbilis (e), is (nōscere 5)
Subst. Pl. **nōbilēs**, ium

edel, berühmt, vornehm
der senatorische Adel

⟷ **humilis** (e), is (humus 41)
▷

niedrig, gering

77 (Forts.) *Ständische Ordnung*

Der Begriff der fidēs *bezieht sich auf Vertragspartner verschiedener Art und meint eine „sittliche Bindung, die das Vertrauen des anderen begründet" (R. Heinze), sowie die daraus erwachsende moralische Verpflichtung. Als gesellschaftliche Norm begründet sie besonders die folgenden Beziehungen:*

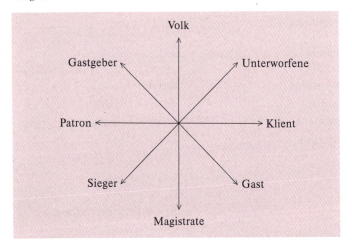

	patrōnum decet clientium fortūnam dēfendere.	Der Schutzherr hat das Vermögen seiner Klienten zu schützen.
B	collēgae *(Gen.)* fidem vānam facere	die politische Glaubwürdigkeit des Amtskollegen untergraben
	officiō *(Abl.)* **fungī, mūnere —, honōribus amplissimīs — ?**	
	officia nōn eadem dispāribus aetātibus *(Dat.)* tribuuntur.	Den verschiedenen Altersgruppen kommen keineswegs dieselben Pflichten zu.
	dē rē pūblicā bene meruisse (meritum esse)	sich um den Staat sehr verdient gemacht haben
B	quod propter sē petitur, honestum nōmināmus.	Was um seiner selbst willen erstrebt wird, nennen wir das Gute.
B	aliquandō cum illō, quod honestum intellegimus, pūgnāre id vidētur, quod appellāmus ūtile. *(Cicero)*	Manchmal scheint das, was wir als das Gute erkennen, mit dem, was wir das Nützliche nennen, im Widerstreit zu liegen.
	victōriā suā glōriārī	**mit seinem Sieg prahlen**

Ständische Ordnung (Forts.) 77

ōrdō equester, ōrdinis equestris	Ritterstand
equester (tris, tre), equestris	beritten, aus dem Ritterstand
eques, equitis *m* (equus 42) ▷	Reiter, „Ritter"
plēbs, plēbis *f*	(nichtadliges) Volk
plēbēius (a, um) ▶	nicht adlig; *Subst.* Plebejer
patrōnus, ī *m* (81)	Schutzherr, Anwalt
↔ **cliēns**, clientis *m*	Schutzbefohlener, Klient
fidēs, fideī *f* (79)	Treue, Glaubwürdigkeit, Vertrauen
fidem habēre	Glauben schenken
fidem datam fallere (*oder* frangere)	ein gegebenes Versprechen brechen
fīdus (a, um)	treu, zuverlässig
↔ **perfidus** (a, um)	treulos, verräterisch
officium, iī *n*	Dienst(leistung), Pflicht
mūnus, neris *n*	Amt, Aufgabe; Geschenk
fungī, fūnctus sum ▶	verrichten, verwalten
merēre, uī *und* **merērī**, meritus sum	verdienen, sich verdient machen
meritō *Adv.*	verdientermaßen, mit Recht
honor *oder* **honōs**, ōris *m*	Ehre, Ehrenamt
honestus (a, um)	angesehen, anständig
glōria, ae *f*	Ruhm, Ehre
glōriārī, glōrior	sich rühmen
māgnificus (a, um) (māgnus 15, facere 47)	großartig, prächtig

D nobel – Patronat – Schutzpatron – Klient – offiziell – fungieren – Funktion – Meriten – Honorar

E order – nobility – humble – patron – faith – office – merit – honour – honest – glory – magnificent

F ordre – noblesse – humble – patron – foi – perfide – office – mériter – honneur – honnête – gloire – magnifique

78 Politisches System

Die Regierungsämter der römischen Republik (magistrātūs), deren Reihenfolge in der Laufbahn (cursus honōrum) gesetzlich festgelegt war, wurden durch Wahl (creāre) in den Volksversammlungen (comitia oder concilia plēbis) besetzt. Sie sind gekennzeichnet durch Doppelbesetzung (Kollegialität), gegenseitiges Einspruchsrecht (iūs intercēdendī) und einjährige Amtszeit (Annuität). Nur der Zensor wurde für fünf Jahre und ohne Kollegen gewählt.

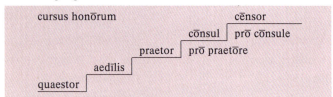

Nach ihrer (bei Wiederwahl oft mehrfachen) Amtszeit sind die gewesenen Beamten Mitglieder des Senats (300, im 1. Jh. 600 Köpfe), der die amtierenden Magistrate berät (senātūs cōnsultum), und können als Prokonsuln oder Proprätoren (sine collēgā) eine Provinz verwalten (administrāre).

B ▽

est proprium mūnus magistrātūs intellegere sē gerere persōnam cīvitātis.	Es ist eine wesentliche Aufgabe des Beamten einzusehen, dass er das Gemeinwesen nach aussen hin darstellt.
rem gerere	politisch handeln
rem pūblicam gerere	regieren
honestē sē gerere	sich anständig benehmen

△

Der tribūnus plēbis (es gab 10) ist der Vertreter der Interessen der Plebs gegenüber den Magistraten und dem Senat. Er hat die Vollmacht, Amtshandlungen zu verhindern (iūs intercēdendī), Volksversammlungen einzuberufen (iūs cōntiōnis habendae), Gesetze einzubringen (iūs lēgis ferendae) und an den Senatssitzungen teilzunehmen; Exekutivvollmacht (imperium), wie sie die Magistrate haben, besitzt er jedoch nicht.

‚dictātor' ist bis zur Mitte des 2. Jhs. v. Chr. ein legales, auf höchstens 6 Monate befristetes Sonderamt, das bei einem Ausnahmezustand besetzt wurde. Später kommt die Diktatur als unbefristete Alleinherrschaft vor (Sulla, Caesar).

Politisches System 78

magistrātus, ūs *m* — Amt, Amtsträger, Behörde

gerere, gessī, gestum — tragen, führen, ausführen

rēs gestae, rērum gestārum *f Pl.* (rēs 69) — Taten, Geschichte

administrāre, vī, tum — verwalten, leiten

collēga, ae *m* — Amtskollege

cursus honōrum (cursus 59, honor 77) — Ämterlaufbahn, Karriere

quaestor, ōris *m* — Quästor *(zuständig für Finanzen)*

aedīlis, is *m* — Ädil *(zuständig für innere Angelegenheiten: Polizei, Märkte)*

praetor, ōris *m* — Prätor *(zuständig für Rechtsprechung)*

prō praetōre *und* **prōpraetor**, ōris *m* — Provinzgouverneur mit den Befugnissen eines Prätors *(sine imperiō, d. h. ohne militärische Vollmacht)*

cōnsul, lis *m* (cōnsulere 58) — Konsul *(höchster Vertreter der Exekutivgewalt)*

cōnsulātus, ūs *m* — Konsulamt, Konsulwürde

prō cōnsule *und* **prōcōnsul**, lis *m* — Provinzgouverneur im Range eines Konsuls

cōnsulāris (e), is — konsularisch; *Subst.* ehem. Konsul

cēnsor, ōris *m* (cēnsēre 24) — Zensor *(zuständig für Vermögensschätzung und Sittenaufsicht)*

▶

tribūnus plēbis (plebs 77) — Volkstribun *(Vertreter der Plebs)*

tribūnicia potestās (pot. 75) — Amtsgewalt der Volkstribunen

dictātor, ōris *m* — Diktator *(Sonderamt mit unbeschränkter Vollmacht anstelle der Konsuln)*

dictātōrem dīcere — einen Diktator ernennen

▶

78 (Forts.) *Politisches System*

ex dēcrētō praetōris dē hāc causā	aufgrund der Entscheidung des Prätors in diesem Prozess
ēdictum praetōris	**Verfügung des (neu gewählten) Prätors** *über die Rechtsgrundsätze, nach denen er das ‚iūs cīvīle' anwenden will*
ā cōnsule in exilium ēiectus	vom Konsul in die Verbannung geschickt
in prōscrīptōrum numerō esse	**zum Kreis der Geächteten gehören**
dē forō dēcēdere	sich aus dem öffentlichen Leben zurückziehen
classicī dīcēbantur nōn omnēs, quī in classibus erant, sed prīmae tantum classis hominēs. *(Gellius, 2. Jh. n. Chr., Noctes Atticae VII 13, 1)*	‚Klassiker' hießen nicht alle Angehörigen der Klassen von Bürgern, sondern nur die Leute der ersten Klasse *(mit großem Vermögen, vgl. zu 70).*

Rekonstruktion der röm. Rednertribüne (19. Jh.)

rostra

rostrum

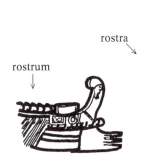

„Versammlungen"	cōntiō / (Volk)	concilium / (bes. Senat oder Plebs)	comitia (Wahl, Heer)
(Orte)	forum	cūria, templum *oder anderswo*	campus Martius

Politisches System (Forts.) 78

creāre, vī, tum (47)	wählen
dēsīgnāre, vī, tum (sīgnum 63)	bezeichnen, bestimmen
cōnsul dēsīgnātus	gewählter Konsul *vor seinem Amtsantritt*
dēcrētum, ī *n* (dēcernere 48)	Beschluss, Entscheidung
ēdictum, ī *n* (dīcere 31)	Anordnung, Verfügung *(der Magistrate)*
senātūs cōnsultum (cōnsulere 48)	Senatsbeschluss
ēicere, iō, iēcī, iectum	hinauswerfen, verbannen
prōscrībere, scrīpsī, scrīptum	öffentlich bekannt machen; ächten
expellere, pulī, pulsum ▶	vertreiben, verbannen
forum, ī *n*	Marktplatz, Öffentlichkeit
rōstra, ōrum *n Pl.*	die Rednertribüne *auf dem Forum*[1]
cūria, ae *f*	Rathaus, Sitzungsgebäude des Senats
comitia, ōrum *n Pl.*	Volksversammlung, Wahlen
classis, is *f* (40)	Abteilung, Bürgerklasse
cōntiō, ōnis *f* (*aus* *conventio, convenīre 61)	öffentliche Versammlung des Volkes *(von einem Magistrat einberufen)*
concilium, iī *n*	Versammlung

D Magistrat − Zensur − Diktatur − designiert − Dekret − Edikt − Forum − Kurie − Klasse − Konzil

E administration − to design − to create − class − council

F gérer − administration − désigner − créer

---

[1] *eigentlich Rammsporne erbeuteter Kriegsschiffe als Siegestrophäen*

79 *Auswärtige Beziehungen*

Vorbild für das Verständnis der auswärtigen Beziehungen ist das Verhältnis zwischen Rom und seinen italischen Bundesgenossen (sociī). Dieses wurde nach dem Modell der Beziehungen zwischen patrōnus *und* clientēs *(77) abgewickelt; d. h. ein prominenter Römer übernahm die Vertretung des betreffenden Gemeinwesens vor Senat und Volk von Rom sowie vor den Gerichten und sorgte auch für loyales Verhalten seiner Klientel gegenüber der Schutzmacht.*

nātiōne Germānus	**ein Germane seiner Abstammung nach**
barbarā cōnsuētūdine nūllō ōrdine	nach Barbarensitte ohne jede Ordnung
fīnēs eōrum sē violātūrum negāvit.	Er versicherte ihnen, dass er ihr Gebiet nicht verletzen werde.
ex senātūs cōnsultō prōvincia ei datur.	Aufgrund eines Senatsbeschlusses wird ihm die Provinz zur Verwaltung zugeteilt.
in fidem atque potestātem populī Rōmānī sē permittere	**sich dem Schutz und der Macht des römischen Volkes überlassen**
pācem nōn in armīs pōnere, sed in abiectō armōrum metū	den Frieden nicht auf Waffen gründen, sondern darauf, dass es keine Angst vor Waffen mehr gibt
parcere subiectīs *(Dat.)*	**Unterworfene schonend behandeln**
māgnitūdine tribūtōrum premī	durch die Höhe der Abgaben belastet sein

---

‚Bündnis'

pāx:	*Abgrenzung der Interessen nach Auseinandersetzung, je nach Kräfteverhältnis auch vom Sieger diktiert*
foedus:	*Bündnis auf Gegenseitigkeit*
societās:	*einseitige politische Abhängigkeit, militärische Gefolgschaft, jedoch keine Steuern wie in den Provinzen*
amīcitia:	*Freundschaftsvertrag mit Fürsten und Stämmen*
amīcus:	*erblicher Ehrentitel mit Ehrenrechten in Rom (Gastfreundschaft, öffentlicher Ehrensitz, Vertretung vor Gericht)*

Auswärtige Beziehungen 79

gēns, gentis *f* (66)	Volk, Volksstamm
gentēs exterae, gentium exterārum *f Pl.* (exterus 7)	auswärtige Völker, Ausland
nātiō, ōnis *f* (nāscī 45)	Volksstamm, Herkunft
barbarus (a, um) *(griech.)*	fremd, ausländisch, unzivilisiert
fīnis, is *m* (20)	Grenze; *Plur.* Gebiet
fīnitimus (a, um)	angrenzend, benachbart; *Subst.* Grenznachbar
prōvincia, ae *f* ▶	Amtsbereich, Provinz
lēgātus, ī *m* (84)	Bevollmächtigter, Gesandter
lēgātiō, ōnis *f*	Gesandtschaft
foedus, deris *n* (fidēs)	Vertrag, Bündnis
societās, ātis *f* (76)	Bündnis
socius, iī *m* (76)	Bundesgenosse
amīcitia, ae *f* (29)	Freundschaftsbündnis
amīcus, ī *m*	Freund, politischer Anhänger
fidēs, fideī *f* (77) ▶	Schutz, Beistand
pāx, pācis *f*	Vertrag, Friede
pācāre, vī, tum	befrieden, unterwerfen
in potestātem redigere (pot. 75, redigere 47)	unterwerfen
subicere, iō, iēcī, iectum	unterwerfen
subigere, ēgī, āctum	unterwerfen, bezwingen
dēficere, iō, fēcī, fectum (45) — ā Rōmānīs	abfallen — von den Römern
tribūtum, ī *n* (tribuere 17)	Abgabe, Steuern

D/E/F Nation / nation / nation − föderalistisch / federal / fédéral − Tribut / tribute / tribut

D Barbar − Delegation − Pazifist　　**E** peace − to pay − subject

F gens − Provence − légation − paix − payer − sujet

80 *Ruhe von Staatsgeschäften, Geselligkeit*

Der Wechsel zwischen Stadthaus und Landgut (s. o. zu 67) bedeutet seit dem 2. Jahrhundert v. Chr. auch die Abwechslung von negōtium *und* ōtium. *Die Muße dient dem gebildeten adligen Römer - sei es im Alleinsein, sei es in Gesellschaft von Freunden - der Beschäftigung mit Philosophie, Dichtung, Geschichte* (bonārum artium, quae ad hūmānitātem pertinent, studia).

Scīpiō in ōtiō dē negōtiīs cōgitāre et in sōlitūdine sēcum loquī solitus erat.	Scipio war gewohnt, während seiner Mußezeit über die Staatsgeschäfte nachzudenken und in der Einsamkeit mit sich selbst zu sprechen.
ōtium ad scrībendum potissimum cōnferō.	Ich verwende meine Mußezeit vor allem zum Schreiben.
▽	
requiēscere ā reī pūblicae mūneribus	von den politischen Aufgaben ausruhen
quiētam vītam agere	ein ruhiges Leben führen
quiētā rē pūblicā	in einer Zeit ohne besondere politische Ereignisse
animō quiētō	in ruhiger Stimmung
△	
egō hīc cōgitō morārī, dum mē reficiam.	Ich gedenke hier zu bleiben, bis ich mich erholt habe.
nōs ‚convīvia‘ appellāmus, quod tum maximē simul vīvitur.	Wir nennen es ‚convivia‘, weil wir bei dieser Gelegenheit am intensivsten Gemeinschaft erleben.
invītō eum, ut apud mē paululum versētur.	Ich lade ihn ein, eine Weile bei mir zu leben.
G nōn multī cibī hospitem accipiēs, multī iocī.	Du wirst einen Gast bekommen, der nicht viel isst, aber viel Spaß bringt.
āleā (pilā) lūdere	Würfel (Ball) spielen

Ruhe von Staatsgeschäften, Geselligkeit 80

ōtium, iī *n*	freie Zeit, Muße, Ruhe
←→**negōtium**, iī *n*	Geschäft, Aufgabe
requiēscere, quiēvī, quiētum	ruhen, sich erholen
quiēs, quiētis *f* *und* **requiēs**, quiētis *f*	Ruhe, Erholung
quiētus (a, um) (*vgl.* tranquillus 40, placidus 39)	ruhig, gelassen
reficere, iō, fēcī, fectum reficī *oder* sē reficere ▶	wiederherstellen, erneuern sich erholen
convīvium, iī *n* (vīvere 3)	Gastmahl, Gelage
invītāre, vī, tum	einladen, auffordern
hospes, pitis *m*	Gastfreund, Fremder
lūdus, ī *m* (71)	Spiel
lūdere, lūsī, lūsum	spielen
iocus, ī *m* ↕	Scherz, Spaß
sōlitūdō, dinis *f* (sōlus 17)	Alleinsein, Verlassenheit

D Requiem − Refektorium − Hospiz − Hospital − Il-lusion − Jux
E negotiation − quiet − solitude − joke − to invite − hospital
F solitude − hôtel − jeu − inviter

81 *Rechtswesen*

Quellen des römischen Rechts (iūs cīvīle proprium Rōmānōrum) *waren die überlieferten Normen* (mōs māiōrum 73) *und die auf Antrag eines Magistrats* (rogante magistrātū) *vom Volk* (iussū populī aut plēbis) *beschlossenen Gesetze* (lēgēs). *Eine strenge Systematik, wie wir sie im BGB oder StGB kennen, haben die antiken Juristen nicht entwickelt. Vielmehr herrschte – wie noch heute im englischen Recht – die Orientierung an Musterurteilen.*

iūs est ars bonī et aequī.	**Recht ist Kenntnis und Anwendung dessen, was gut und recht ist.**
B lēx est, quod populus iubet atque cōnstituit.	Gesetz ist, was das Volk anordnet und festsetzt.
līs in iūdiciō est.	Die Sache liegt dem Gericht vor.
causam agere	**einen Prozess führen**
– dīcere	**sich (vor Gericht) verteidigen**
iūs dīcere	**Recht sprechen**

vindicāre sibi laudem, – innocentem ā suppliciō, – servum in lībertātem ?

animadvertere facinus, – graviter in sociōs ?

▽

aequitās est iūstitiae *(Dat.)* maximē propria.	Rechtsgleichheit ist für die Gerechtigkeit besonders kennzeichnend.
tam inīquō iūre sociīs imperātur!	Mit solcher Rechtsbeugung verfährt man Bundesgenossen gegenüber!
aequa postulāre	angemessene Forderungen stellen

△

id nōn culpā, sed vī māiōre accidit.	Das ist nicht schuldhaft, sondern durch höhere Gewalt geschehen.
iniūriam accipere ab aliquō	**von jemandem Unrecht erleiden**
↔ aliquem iniūriā afficere	**jemandem Unrecht antun**
falsō crīmine	**unter falscher Anschuldigung**
quaestiō dē caede	**Untersuchung in einer Mordsache**

A1 *Worin unterscheiden sich* līs, causa *und* iūdicium*?*

A2 *Womit können die Rollen vor Gericht (Angeklagter, Anwalt, Zeuge, Richter) im L bezeichnet werden?*

Rechtswesen 81

iūs, iūris *n*	Recht
iūdicium, iī *n* (dīcere 31)	Gericht, Urteil
lēx, lēgis *f*	Gesetz, Gebot
causa, ae *f* (22)	(Sache, Ursache), Rechtssache
līs, lītis *f*	Streit, Rechtsstreit
▶	
vindex, dicis *m*	*(Rolle vor Gericht:)* Richter, Ankläger, Verteidiger
vindicāre, vī, tum	beanspruchen, schützen, befreien; vorgehen gegen jmdn., bestrafen
animadvertere, vertī, versum (4)	vorgehen gegen jmdn., bestrafen
iūdex, iūdicis *m*	Richter
iūdicāre, vī, tum	urteilen, beurteilen
reus, reī *m*	Angeklagter
patrōnus, ī *m* (77)	Anwalt, Verteidiger
testis, is *m f*	Zeuge
▶	
iūstitia, ae *f*	Gerechtigkeit
iūstus (a, um)	gerecht
aequitās, tātis *f*	Gleichheit, Angemessenheit, Gerechtigkeit
aequus (a, um) (21)	eben, gleich, gerecht
⟷ **inīquus** (a, um) (21)	ungleich, ungerecht
▶	
culpa, ae *f*	Schuld
flāgitium, iī *n*	Schandtat, Niederträchtigkeit
iniūria, ae *f*	Unrecht, Beleidigung
crīmen, minis *n*	Vorwurf, Beschuldigung; Verbrechen
facinus, oris *n* (47)	Tat, Untat, Verbrechen
scelus, leris *n*	Verbrechen
scelestus (a, um)	verbrecherisch, frevelhaft
caedēs, is *f* (44)	Mord

D/E/F: *s. unter 82*

82 *Gerichtsverfahren, Strafen*

Der Zivilprozess *wurde durch die Klage beim Prätor* (āctiō) *eingeleitet. Dieser bestimmte das Verfahren, insbesondere durch*
- *Benennung eines Richters (z. B.* Lūcius Tītius iūdex estō)*,*
- *Definition des Tatbestandes (z. B.* dolus malus subest, cum sit aliud simulātum, aliud āctum: Arglist liegt bei Vorspiegelung falscher Tatsachen vor*) und*
- *Begrenzung des Ermessensspielraums für das Urteil* (quā iūdicī condemnandī absolvendīque potestās permittitur).
Auch der Strafprozess *setzte Klageerhebung beim Prätor* (dēlātiō nōminis) *voraus. Einen Staatsanwalt als öffentlichen Ankläger gab es nicht. Wenn der Prätor nicht selbst zu einer Entscheidung kommt, beruft er ein Geschworenengericht* (iūdicium pūblicum) *ein. Dieses wird aus den ständigen Gerichtshöfen* (quaestiōnēs perpetuae) *rekrutiert, die es für die verschiedenen Straftaten (z. B. Erpressung:* pecūniae repetundae *(Gen.), Wahlbetrug:* ambitūs) *gab und deren Laienrichter durch Los aus dem Kreis der Senatoren und Ritter bestimmt wurden. Drohte einem Verurteilten Ächtung* (aquae et īgnis interdictiō)*, Verlust des Bürgerrechts* (capitis dēminūtiō) *oder gar die Todesstrafe* (supplicium)*, so ging er meist freiwillig in die Verbannung* (exilium)*. Kapitalverbrechen konnten nur vor dem Volk* (comitia) *verhandelt werden.*

	M. Tulliī Cicerōnis āctiō in C. Verrem secunda	Rede Ciceros für die zweite Verhandlung gegen Verres
G	aliquem sceleris (scelere) accūsāre	jemanden eines Verbrechens anklagen
	quī arguunt — quī arguuntur	die Ankläger — die Angeklagten
B	aliquem in capitis perīculō dēfendere	jemanden verteidigen, dem die Todesstrafe droht
	falsārum tabulārum convincere	der Urkundenfälschung überführen
	prōditiōnis damnāre	**wegen Verrats verurteilen**
	pecūniā damnāre	**zu einer Geldstrafe verurteilen**
	caedis absolvere	**von der Mordanklage freisprechen**
	damnātī suppliciō *(Abl.)* pūnītī sunt.	An den Verurteilten wurde die Todesstrafe vollzogen.
G	in vinclīs cīvēs Rōmānōs necātōs esse arguō.	Ich klage an, dass man römische Bürger in der Untersuchungshaft *(ohne Prozess)* getötet hat.

A *Wie verteilen sich die Aktivitäten bei Gericht (82* accūsāre *usw.) auf die juristischen Rollen (81* iūdex *usw.)?*

Gerichtsverfahren, Strafen 82

āctiō, ōnis *f* (agere 47)	Handlung, Gerichtsverhandlung, Rede
accūsāre, vī, tum (causa 81)	anklagen, beschuldigen
arguere, uī (22)	beschuldigen, darlegen
↔ **dēfendere**, fendī, fēnsum (62)	verteidigen
convincere, vīcī, victum (vincere 83)	(einer Sache) überführen, widerlegen
iūrāre, vī, tum (iūs 81)	schwören
iūs iūrandum	Eid, Schwur
damnāre, vī, tum	verurteilen, verdammen
↔ **absolvere**, solvī, solūtum (solvere 69)	ablösen, freisprechen
▶	
poena, ae *f*	Buße, Strafe
pūnīre, vī, tum	bestrafen
sevērus (a, um)	ernst, streng
cūstōs, ōdis *m f*	Wächter(in)
cūstōdia, ae *f*	Wache, Haft, Gefängnis
vinculum *oder* **vinclum**, ī *n*	Band, Fessel; *Pl.* Gefängnis
vincīre, vinxī, vinctum	binden, fesseln
exilium, iī *n*	Verbannung
exul, lis	verbannt; *Subst.* Verbannter
crux, crucis *f*	Kreuz, Kreuzigung, Marter
supplicium, iī *n*	Todesstrafe, Hinrichtung

D Defensive — Absolution — Pein — Kustos — Exil

E to accuse — to argue his case — to defend — to convince — to damn — to absolve — to punish — pain — severe — custody — cross

F accuser — défendre — convaincre — jurer — absoudre — punir — peine — sévère — supplice — croix

---

zu 81:

D Jura, Jurist — Justiz — Kriminalroman — legal

E cause — judge — testimony — just — justice — equity — iniquity — injury — to vindicate — crime

F loi — cause, chose — juge — juger — juste — équité — crime — venger

83 *Kampf, Sieg und Niederlage I*

Einen Krieg zu führen hielten die Römer unter drei Bedingungen für gerecht (bellum iūstum): *(1) Wenn sie selbst angegriffen wurden, (2) wenn ein Vertrag verletzt worden war oder (3) wenn Bundesgenossen Beistand geleistet werden sollte. Zum ‚bellum iūstum, pium et lēgitimum' gehörte die Einhaltung fester Formen bei der Kriegserklärung* (bellum indīcere).

Bei der Belagerung feindlicher Städte wurden die fremden Gottheiten in feierlicher Weise aufgefordert, ihren Platz dort zu verlassen (ēvocāre deōs).

Kapitulierte der Gegner, so wurde nach dem mōs māiōrum der Schutz (fidēs 77, 79) *des siegreichen Feldherrn gewährt, der die Rolle des* patrō-nus *übernahm; die Alternative war völlige Unterwerfung und Aufhebung der staatlichen Existenz des Feindes* (parcere subiectīs et dēbellāre superbōs: *Vergil, Aeneis VI 853).*

cum Germānīs bellum gerere	**mit den Germanen Krieg führen**
bellum dūcere	**den Krieg in die Länge ziehen**
aequō proeliō *(Abl.)* **discēdere**	**unentschieden auseinander gehen**
agmen prīmum, − novissi-mum	Vorhut, Nachhut
in aciē cadere	**in der Feldschlacht fallen**
M illud erat breve et acūtum.	Das war kurz und geistreich.
subsidiīs *(Abl.)* cornua fir-māre	die Flügel mit Reservemannschaften verstärken
B strātī caede hostēs fuērunt.	Hingemäht in der Schlacht lagen die Feinde da.
solum tēlīs sternere	den Boden mit Geschossen bedecken
arma prōicere	**die Waffen niederlegen**
victīs *(Dat.)* **obsidēs imperāre**	**von den Besiegten Geiseln fordern**

A *Durch welche Bedeutungsmerkmale unterscheiden sich* agmen − exercitus (84) − cōpiae − aciēs ?

Kampf, Sieg und Niederlage I 83

bellum, ī *n*	Krieg
bellum cīvīle (cīvīlis 76)	Bürgerkrieg
hostis, is *m* (*vgl.* inimīcus 29)	(Landesfeind), Feind
īnfēstus (a, um)	feindlich, feindselig
proelium, iī *n*	Gefecht, Kampf
pūgna, ae *f*	Kampf, Schlacht
pūgnāre, vī, tum	kämpfen
(*vgl.* certāre 62)	
oppūgnāre, vī, tum	belagern, bestürmen
expūgnāre, vī, tum	erstürmen, erobern
▶	
agmen, minis *n* (agere 47)	Heereszug
aciēs, aciēī *f*	Schlachtordnung
ācer (cris, cre)	scharf, spitz; erbittert
acūtus (a, um)	spitz; scharfsinnig
cornū, ūs *n*	Horn; Heeresflügel
auxilium, iī *n*	Hilfe; *Plural* Hilfstruppen
subsidium, iī *n* (53)	Hilfsmannschaft, Reserve
praesidium, iī *n*	Schutz, Besatzung
▶	
sternere, strāvī, strātum	hinbreiten, hinwerfen, nieder-werfen
prōicere, iō, iēcī, iectum	hinwerfen, niederwerfen, preis-geben
vincere, vīcī, victum	siegen, besiegen
victor, ōris *m*	Sieger; *Adj.* siegreich
victōria, ae *f*	Sieg
triumphus, ī *m (griech.)*	Siegeszug, Triumph
▶	
clādēs, clādis *f* (50)	Niederlage, Verlust
praeda, ae *f*	Beute
obses, obsidis *m f*	Geisel, Bürge
captīvus (a, um) (capere 52)	gefangen; *Subst.* Kriegsgefangener
sub iugum mittere (iugum 41)	zu Sklaven machen

D Duell − Gast − Trumpf − Straße − akut   **E** host − street − project
F vaincre, vainqueur − projet

84 *Militärische Organisation*

In Rom waren ursprünglich alle römischen Bürger vom 17. bis zum 60. Lebensjahr zum Wehrdienst verpflichtet. Erst um 100 v. Chr. trat an die Stelle des Bürgeraufgebots ein Söldnerheer aus Berufssoldaten, die auch aus Gegenden außerhalb Italiens kamen.
Die Schlagkraft des Heeres beruhte auf der Bewaffnung (arma et tēla), *der* Taktik (aciēs) *und auf dem hohen* Ausbildungsstand *der Legionäre zu Fuß* (peditēs), *der durch ständige Übung verbessert wurde* (exercitus; exercēre 47).
Die Reiterei (equitātus) *hatte Aufklärungs- und Sicherungsaufgaben. Sie wurde auf den Flügeln* (cornua) *und zur Verfolgung* (persequī) *eingesetzt. Durch die Technik des Lagerbaus* (castra collocāre, movēre) *trug das Heer sozusagen immer eine transportable Festung bei sich.*

domī militiaeque	**zu Hause und im Felde**
perītus reī mīlitāris	**Kenner des Kriegshandwerks**
mīlitēs sacrāmentō *(Abl.)* (sacramentum) dīcunt.	Die Soldaten schwören den Dienst-eid.
dīlēctum habēre	**Truppen ausheben**

B   ▽

corōnam ei servāre, ā quō castra oppressa sunt	einen Ehrenkranz für denjenigen vorsehen, von dem das Lager überrollt wurde
urbem corōnā circumdare	einen Belagerungsring um die Stadt legen

△

cum omnibus impedīmentīs	**mit dem gesamten Tross**

B   ▽

iter fugae *(Dat.)* expedīre	einen Fluchtweg freihalten
cum expedītā manū mīlitum	mit einer kampfbereiten Gruppe
rem frūmentāriam expedīre	die Verproviantierung regeln

△

Militärische Organisation 84

mīles, litis *m*	Soldat
mīlitāris (e), is	soldatisch, militärisch
mīlitia, ae *f*	Kriegsdienst
exercitus, ūs *m* (exercēre 47)	Heer
cōpiae, ārum *f Pl.* (69)	Truppen, Streitkräfte
cōpiās cōnscrībere (77)	Truppen ausheben
legiō, ōnis *f*	Legion *(ca. 5000–6000 Mann)*
cohors, cohortis *f*	Kohorte *(ca. 500–600 Mann)*
centuria, ae *f* (centum 16)	Hundertschaft
lēgātus, ī *m*	Legat, Legionskommandeur
tribūnus mīlitum	Militärtribun, Legionsoffizier *(sechs in einer Legion)*
centuriō, ōnis *m*	Zenturio *(Führer einer Hundertschaft)*
sīgnum, ī *n* (63) ▶	Zeichen, Feldzeichen
sacrāmentum, ī *n* (sacer 72)	Diensteid
dīlēctus, ūs *m*	Auswahl, Truppenaushebung
stīpendium, iī *n*	Sold
stīpendia merēre (*vgl.* mercēs 69)	Kriegsdienst leisten
corōna, ae *f (griech.)*	Ehrenkranz; Belagerungsring; Zuhörerkreis
▶	
equitātus, ūs *m* (equus 42)	Reiterei
pedes, ditis *m* (pēs 2)	Soldat zu Fuß, Infanterist
impedīmenta, ōrum *n Pl.* (53)	Gepäck, Tross
expedītus (a, um)	frei, unbehindert; *Subst.* Leichtbewaffneter
expedīre, vī, tum (impedīre 53) ▶	frei machen, bereit machen

84 (Forts.) *Militärische Organisation*

scūtīs capita tegere — mit den Schilden den Kopf schützen
M tēlōrum nūbēs — ein Geschosshagel
castra vallō fossāque mūnīre — das Lager mit Wall und Graben befestigen

A1 *Übersetze folgende Wendungen:* nāvem armātīs ōrnāre — amīcum cōnsiliīs idōneīs īnstruere — omnia ad fugam comparāre — ēloquentiā sē armāre.

A2 *Worin besteht die Ausrüstung des römischen Legionärs?*
Welche Wörter haben etwas mit dem römischen Lager zu tun?
In welche Truppeneinheiten gliedert sich das römische Heer?

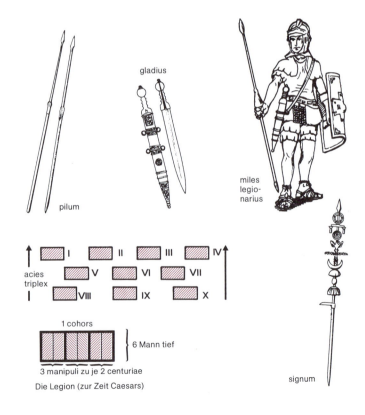

Militärische Organisation (Forts.) 84

arma, armōrum *n Pl.*	Waffen, Gerät
armāre, vī, tum	bewaffnen, ausrüsten
armātus (a, um)	bewaffnet, in voller Rüstung
scūtum, ī *n*	Schild
pīlum, ī *n*	Wurfgeschoss, Pilum
tēlum , ī *n*	Angriffswaffe
gladius, iī *m*	(kurzes) Schwert
ferrum, ī *n* (41)	Waffe, Schwert
ferrō ignīque (ignis 37)	mit Feuer und Schwert
▶	
castra, ōrum *n Pl.*	Lager
castra movēre (55)	das Lager abbrechen
castellum, ī *n*	Festung, Bollwerk
hīberna, ōrum *n Pl.*	Winterlager
(hiems 11)	
vallum, ī *n*	Wall
fossa, ae *f*	Graben, Kanal

D Miliz — Sakrament — Stipendium — Expedition — Armatur — Pfeil — Gladiole — Kastell — Fossil

E military — crown — to arm — arms — castle — wall

F militaire — couronne — château — hiver — fosse

85 *Kampf, Sieg und Niederlage II*

Bei der Einschließung (cingere), *Belagerung* (obsidēre) *und Einnahme* (occupāre) *befestigter Städte wandten die Römer eine überlegene Technik an. Sie bauten z. B. fahrbare Türme mit Rammböcken, durch welche die Stadttore gewaltsam geöffnet werden sollten.*

B cūstōdiās vigiliāsque in mūrō dispōnere
Wachposten auf der Mauer verteilen

in apertō locō paucae statiōnēs equitum vidēbantur.
In dem offenen Gelände konnte man einige Reiterposten sehen.

explōrātōrēs praemittere, quī locum idōneum castrīs dēligant
Kundschafter vorausschicken, die einen geeigneten Lagerplatz aussuchen sollen

urbem omnibus cōpiīs *(Abl.)* **cingere**
mit allen Truppen die Stadt einschließen

lēgātō circumventō *(Dat.)* **subvenīre**
dem eingeschlossenen Kommandeur zu Hilfe kommen

imperātor dē īnsidiīs ex perfugīs certior factus est.
Der Feldherr erfuhr durch Überläufer von dem Anschlag.

G ▽
interclūsī flūminibus *(Abl. instr.)*
durch Flüsse abgeschnitten

hostēs frūmentō *(Abl. separ.)* interclūdere
die Feinde von ihrer Getreidequelle abschneiden
△

M vitiīs *(Dat.)* dēditus
den Lastern ergeben

vim tempestātis effugere
der Gewalt des Sturmes entkommen

hostēs fundere ac fugāre
die Feinde vernichtend schlagen

fugientēs hostēs ūsque ad flūmen persequī
die fliehenden Feinde hartnäckig bis zum Fluss verfolgen

A *Durch welche Bedeutungsaspekte unterscheiden sich die folgenden Verben mit dem gemeinsamen Merkmal „ein-/umschließen"?*
continēre (36) − circumdare (10) − cingere − claudere (63) − cohibēre (53) − complectī (29) − circumvenīre − coercēre (53)

D Station − umzingeln − Okkupation − Trubel − reduzieren − Rezeption

E station − to explore − to occupy − to perturb − trouble − to repel − to reduce − to persecute

F veiller − station − explorer − ceinture − occuper − perturber − réduire − persécuter − fuir

Kampf, Sieg und Niederlage II 85

vigilāre, vī, tum	wachen, wachsam sein
vigilia, ae *f* (11)	(Nacht-)Wache, Wachposten
statiō, ōnis *f* (stāre 43)	Wachposten
explōrāre, vī, tum	erkunden
explōrātor, ōris *m* ▶	Kundschafter
cingere, cinxī, cinctum	umgürten, umgeben
circumvenīre, vēnī, ventum (venīre 64)	umringen, umzingeln
interclūdere, clūsī, clūsum (claudere 63)	absperren, abschneiden
obsidēre, sēdī, sessum	belagern, besetzt halten
īnsidiae, ārum *f Pl.* (sedēre 43)	Falle, Hinterlist
perturbāre, vī, tum	beunruhigen, in Verwirrung bringen
turba, ae *f* ▶	Verwirrung, Menschengewühl
repellere, reppulī, repulsum	zurücktreiben, abweisen
redūcere, dūxī, ductum	zurückführen, zurückziehen
recipere, iō, cēpī, ceptum sē recipere (capere 52)	zurücknehmen, aufnehmen sich zurückziehen
dēdere, didī, ditum (dare 52) hostibus sē dēdere dēditī, ōrum *m Pl.*	hingeben, ausliefern, widmen sich den Feinden ergeben Unterworfene
occupāre, vī, tum ▶	einnehmen, besetzen
fugere, iō, fūgī, fugitūrum	fliehen, meiden
fuga, ae *f*	Flucht
prōfugere, iō, fūgī	sich flüchten
effugere, iō, fūgī, fugitūrum ↕	entfliehen, entkommen
fugāre, vī, tum	in die Flucht schlagen, vertreiben
persequī, secūtus sum	verfolgen, einholen

Elemente der Wortbildung

1 Bestimmungsvorsilben (Präfixe) und ihre Bedeutung

1.1 Präfixe von Verben

ā- ab- abs-	fort-, los-, ab-, weg-	*ab/esse* fort sein, abwesend sein – *ā/mittere* loslassen, verlieren – *ab/īre* weggehen – *abs/tinēre* abhalten; sich enthalten
ad-	heran-, hin-, hinzu-, an-	*ac/cēdere* herangehen – *ad/īre* hingehen – *ad/icere* hinzufügen – *ac/cendere* anzünden
ante-	voran-, vor-	*ante/cēdere* vorangehen – *ante/pōnere* vorziehen
circum-	um-	*circum/dare* umgeben – *circum/venīre* umzingeln
com-, con-, co-	zusammen-, an-, er-, miteinander (auch bloße Verstärkung)	*co/hibēre* zusammenhalten – *com/mendāre* anvertrauen – *con/iungere* miteinander verbinden – *cōn/sequī* einholen, erreichen
dē-	ab-, weg-, herab-	*dē/sistere* abstehen, ablassen – *dē/cēdere* weggehen – *dē/scendere* herabsteigen
dis-, dī-	auseinander, weg-, zer-	*dis/cēdere* auseinander gehen – *dī/mittere* wegschicken – *di/spergere* zerstreuen – *di/stinguere* unterscheiden
ex-, ē-	heraus-, aus-, los-	*ex/pedīre* losmachen – *ef/fundere* ausgießen, vergeuden – *ē/dūcere* herausführen – *ē/vertere* umstürzen
in-	hinein-, ein-, an-	*in/vādere* eindringen – *in/gredī* hineingehen – *in/citāre* antreiben – *īn/stituere* einrichten – *īn/sequī* unmittelbar folgen
inter-	dazwischen-, unter-	*inter/cēdere* dazwischentreten, vermitteln – *inter/mittere* unterbrechen – *inter/īre* untergehen
ne-, neg-	nicht	*neg/legere* nicht achten, vernachlässigen – *ne/scīre* nicht wissen – *ne/quīre* nicht können
ob-	entgegen-, gegen-	*oc/currere* entgegeneilen – *op/pōnere* gegenüberstellen – *op/primere* unterdrücken – *op/pūgnāre* bestürmen
per-	durch-	*per/agere* durchführen, vollenden – *per/venīre* hingelangen – *per/cutere* durchbohren, töten
prae-	vor-, voran-	*prae/ferre* vorziehen – *prae/ficere* voranstellen, an die Spitze stellen

Elemente der Wortbildung

praeter-	vorbei-	*praeter/īre* vorbeigehen, übergehen – *praeter/mittere* vorbeilassen, unterlassen
prō-, prō(d)-	hervor-, vor-	*prō/cēdere* hervorgehen, vorgehen – *prō/icere* vorwerfen, wegwerfen – *prōd/esse* nützen
re-, re(d)-	zurück-, wieder-, wider-	*red/īre* zurückkehren – *red/dere* wiederbringen, (in e. Zustand bringen) machen zu – *re/sistere* widerstehen – *re/quīrere* nachforschen
sub-	(dar)unter-, heran-, zu Hilfe	*sub/īre* daruntergehen, nahe herangehen – *sub/sequī* unmittelbar nachfolgen – *sub/icere* unterwerfen – *sub/venīre* zu Hilfe kommen – *suc/cēdere* heranrücken, an die Stelle treten, gelingen
super-	über-, übrig	*super/esse* übrig sein, im Überfluss vorhanden sein
trā-, trāns-	hinüber-, über-	*trā/dūcere* hinüberführen – *trā/dere* übergeben, überliefern

1.2 Präfixe von Substantiven und Adjektiven:

con-, per-, prae-	steigernd: sehr, ganz	*cōn/scius (a, um)* wissend, bewusst *per/māgnus (a, um)* sehr groß *prae/clārus (a, um)* hoch berühmt, ganz deutlich
dis-, in-, ne-, ne(g)-	verneinend: nicht, un-	*dif/ficilis (e), is* nicht leicht, schwierig – *im/mortālis (e), is* unsterblich – *neg/ōtium* (Nichtmuße) Beschäftigung – *ne/fās* (nicht göttliches Recht) Frevel

2 Wortableitung durch Suffixe und deren Bedeutung

2.1 Suffixe von Verben

-sc-ere	Beginn und Verlauf eines Vorgangs	*īrāscī* in Zorn geraten, zürnen (zu *īra*) – *adolēscere* heranwachsen
-(i)tā-re, -sā-re	Häufigkeit und Intensität eines Vorgangs	*agitāre* heftig betreiben, erwägen (zu *agere*) – *versārī* sich befinden, sich aufhalten (zu *vertere*)

Elemente der Wortbildung

2.2 Suffixe von Adjektiven

-āx, -ācis	zu einem Verhalten neigend	*audāx, ācis* wagemutig (zu *audēre*)
-ilis, -bilis, -ris (e), is	zu einer Tätigkeit oder Sache gehörig	*mōbilis (e), is* beweglich (zu *movēre*) – *ūtilis (e), is* nützlich, brauchbar (zu *ūtī*) – *familiāris (e), is* vertraut
-idus (a, um)	in einem Zustand befindlich	*validus (a, um)* gesund, stark (zu *valēre*) – *cupidus (a, um)* begehrlich (zu *cupere*)
-tus (a, um), -ōsus (a, um)	versehen mit, voll von, reich an	*onustus (a, um)* beladen, schwer (zu *onus*) – *iūstus (a, um)* gerecht (zu *iūs*) – *cōpiōsus (a, um)* reichlich (zu *cōpia*)
-ter (tra, trum)	paarweise gegenübergestellt	*dexter* ↔ *sinister* rechts ↔ links – *noster* ↔ *vester* unser ↔ euer

2.3 Suffixe von Substantiven

-ia, -iae *f* -itia, iae *f*	Abstraktum zu Adjektiven und Partizipien, die menschliches Verhalten bezeichnen	*temperantia* Mäßigung (zu *temperāre*) – *iūstitia* Gerechtigkeit (zu *iūstus*) – *memoria* Gedächtnis, Erinnerung (zu *memor, oris*)
-tās, tātis *f*	Abstraktum zu Adjektiven jeder Art	*gravitās* Schwere, Bedeutung (zu *gravis*) – *facultās* Möglichkeit, Fähigkeit (zu *facilis*)
-tūdō, -dinis *f*	A. zu Adjektiven, die einen Zustand oder eine Eigenschaft bezeichnen, auch zu Verben	*māgnitūdō* Größe (zu *māgnus*) – *valētūdō* Gesundheitszustand (zu *valēre*) – *cōnsuētūdō* Gewohnheit (zu *cōnsuēscere*)
-tūs, -tūtis *f*	Bezeichnung von Klassen menschlicher Wesen und ihrer Haupteigenschaften	*virtūs, tūtis* Tüchtigkeit (zu *vir*) – *servitūs, tūtis* Knechtschaft (zu *servus*) – *iuventūs, tūtis* Jugend(lichkeit) (zu *iuvenis*)
-tor (-sor), ōris *m* -trīx, trīcis *f* (auch Adj.)	Handelnde Person (‚nomina agentis'), abgeleitet von Verben	*scrīptor* Schriftsteller (von *scrībere*) – *dēfēnsor* Verteidiger (von *dēfendere*) – *victrīx* Siegerin, siegreich(e) (von *vincere*)
-tiō, ōnis *f* (-siō, ōnis *f*)	Handlung (‚nomina actionis')	*factiō* (gemeinsames) Handeln, Partei (zu *facere*) – *nātiō* Volksstamm, Herkunft (zu *nāscī*) – *dēfēnsiō* Verteidigung (zu *dēfendere*)

Elemente der Wortbildung

-tus, ūs *m* **-sus, ūs** *m*	Begriff einer Handlung, abgeleitet von Verben	*conventus* Versammlung, Gerichtstag (von *convenīre*) – *ūsus* Gebrauch, Nutzen, Übung (von *ūtī*) – *cursus* Lauf (von *currere*)
-men, minis *n*	Ergebnis eines Vorgangs, abgeleitet von Verben	*agmen* Marschzug (von *agere*) – *discrīmen* Unterschied, Entscheidung (von *discernere*)
-mentum, ī *n*	Mittel zu…, abgeleitet von Verben	*monumentum* Mahnmal (von *monēre* erinnern, ermahnen) – *impedīmentum* Hindernis (von *impedīre* hindern)
-ulum, ī *n* **-culum, ī** *n* **-bulum, ī** *n*	Mittel, Ort oder Ergebnis einer Handlung, abgel. von Verben	*vinculum* Fessel (von *vincīre*) – *ōrāculum* Götterspruch (von *ōrāre*) – *vocābulum* Wort (von *vocāre*) – *fābula* Erzählung (von *fārī*) – *perīculum* Gefahr (von *ex-perīrī*)
-or, -ōris *m*	Phänomen, abgeleitet von Verben	*clāmor* Geschrei (von *clāmāre*) – *amor* Liebe (von *amāre*) – *terror* Schrecken (von *terrēre*)
-ulus (a, um) **-ellus (a, um)** (auch Adj.)	Verkleinerung („nomina deminutiva')	*castellum* Schanze, Kastell (zu *castra*) – *puella* Mädchen (zu *puer*) – *libellus* Büchlein (zu *liber, brī*) – *parvulus* winzig (zu *parvus*)

3 Lautregeln für die Wortbildung

Ablaut	qualitativ	*tegere* (bedecken): *toga* (Gewand) – *velle* (wollen): *voluntās* (Wille) – *dare* (geben): *dōnum* (Gabe, Geschenk)
	quantitativ	*movēre* (bewegen): *mōbilis* (beweglich) – *cadere* (fallen): *cāsus* (Fall, Zufall)
Assimilation	Angleichung	*dis + ferre: differre* (sich unterscheiden; aufschieben) – *sub + currere: succurrere* (zu Hilfe eilen)
Dehnung	vor -ns und -nf	*conicere* (vermuten), aber *cōnferre* (vergleichen) und *cōnscrībere* (verfassen) – *incēdere* (heranrücken), aber *īnfirmus* (schwach) und *īnstituere* (beginnen, einrichten)
Ersatzdehnung	für Lautausfall	*dis + mittere: dīmittere* (entlassen) – *ob + mittere: ōmittere* (aufgeben)
Kontraktion (Forts. →)	Zusammenziehung	*con + agere: cōgere* (zusammentreiben) – *conventiō: cōntiō* (Versammlung)

Elemente der Wortbildung

Lautschwund	im Anlaut	*cō/gnōscere,* aber *nōscere* (erkennen) – *cō/gnātus* (Verwandter), aber *nātus* (Sohn)
	im Inlaut	*sub + regere: surgere* (sich erheben) – *per + regere: pergere* (fortfahren)
	im Auslaut	*cord-is* (des Herzens), aber *cor* (das Herz) – *pedis* (des Fußes), aber *pēs* (der Fuß) (aus *ped-s*)
Rhotazismus	s zwischen Voka-len → r	*dis + emere: dirimere* (auseinander bringen) – *flōs* (Blume), aber *flōrēre* (blühen)
Vokal-schwächung	im Inlaut	*agere* (handeln): *red/igere* (in einen Zustand versetzen) – *caedere* (fäl-len): *con/cīdere* (niederschlagen)
Wandel des Konsonanten	Wechsel von hart und weich	*scrībere* (schreiben), aber *scrīptor* (Schriftsteller) – *tegere* (bedecken), aber *tēctum* (Dach)
Dental-veränderung	d/t + t → s/ss	*mittere* (schicken): mitt- + t → *missus (a, um)* – *ūtī* (gebrauchen): ut + t → *ūsus, ūs* (Gebrauch)

Tropen und Figuren

der literarischen Rhetorik, die für die Wortbedeutung von Wichtigkeit sind.
(Die hier aufgeführten Begriffe stammen aus der antiken griechischen Rhetorik, daher haben sie griechische Namen.)

(1) Tropen (Umschreibungen)

Metapher (‚Übertragung‘)	Wörter aus verschiedenen Bedeutungsbereichen werden verbunden.	*silva rērum sententiārumque* (Cicero): ein Vorrat an Sachkenntnissen und Gedanken
Metonymie (‚Umbenennung‘)	Wörter aus verwandten Bedeutungsbereichen werden gewählt.	*cēdant arma togae* (Cicero): Krieg soll dem Frieden weichen.
Synekdoche (‚Mitbezeichnung‘)	Wahl des engeren statt des umfassenderen Begriffs (pars prō tōtō) oder umgekehrt	*tēctum* „Dach" oder *līmen* „Schwelle" für *domus* „Haus"
Allegorie (‚Andersreden‘)	Wahl eines Bildes für einen abstrakten Begriff	*O nāvis, referent in mare tē novī flūctūs?* (Horaz): Trägt von neuem, o Schiff, dich die Flut aufs Meer hinaus? (gemeint ist das ‚Staatsschiff‘)
Euphemismus (‚Worte guter Vorbedeutung gebrauchen‘)	Umschreibung und mildernde Bezeichnung einer unangenehmen Sache	*suae vītae dūrius cōnsulere:* allzu hart mit dem eigenen Leben verfahren (für: Selbstmord)
Hyperbel (‚Übertreibung‘)	Wahl eines Wortes, das im Hinblick auf das Gemeinte die Verhältnismäßigkeit überschreitet	*equī, quī cursibus aurās anteīrent* (Vergil): Pferde, die an Schnelligkeit die Winde übertreffen
Ironie (‚Verstellung‘)	Wahl eines Wortes, das mit dem Kontext kontrastiert	*O praeclārum cūstōdem ovium, ut āiunt, lupum!* O hervorragender Wächter der Schafe, wie man dich nennt, Wolf!
Litotes (‚Abschwächung‘)	Wahl eines negativen Ausdrucks anstelle des stärkeren positiven	*nōn parva est rēs, quā dē agitur:* nicht unbedeutend ist die Sache, über die wir verhandeln. (statt: eine bedeutende Sache)
Periphrase (‚Umschreibung‘)	Wahl eines Ausdrucks, der das Gemeinte indirekt bezeichnet	*Trōicī bellī scrīptor:* der Autor des Troischen Krieges (für: Homer)

Tropen und Figuren

(2) Figuren der Worthäufung

Hendiadyoin (‚Eins mit Hilfe von zweien')	Synonyme Wörter werden verbunden, um mehrere Seiten einer Sache zu zeigen.	*ōrant atque obsecrant:* sie bitten flehentlich *nātūra pudorque:* natürliche Scham
Klimax (‚Leiter')	Synonyme Wörter werden in Form einer Steigerung angeordnet.	*nōn feram, nōn patiar, nōn sinam* (Cicero): Ich werde es nicht ertragen, nicht hinnehmen, nicht erlauben.

(3) Figuren der Wortverknüpfung

Antithese (‚Gegenüberstellung')	Verwendung von Wörtern gegensätzlicher Bedeutung zum Zweck des Kontrasts	*ōdit populus Rōmānus prīvātam luxuriam, pūblicam māgnificentiam dīligit* (Quintilian): Das römische Volk hasst privaten Luxus, liebt aber öffentliche Pracht.
Oxymoron (‚spitzigdumm')	Geistreiche Zusammenstellung von Wörtern widersprüchlicher Bedeutung, um eine paradoxe Situation auf den Begriff zu bringen	*quid velit et possit rērum concordia discors?* (Horaz): Was will und soll die zwieträchtige Eintracht in der Natur? *cum tacent, clāmant* (Cicero): Gerade ihr Schweigen ist eine laute Anklage.
Enallage (‚Vertauschung')	Überraschende Zuordnung eines Attributs	*nocturna caelī fōrma:* die Schönheit des Nachthimmels

Syntaktische und semantische Kasus-Funktionen[1]

	Genitiv	Dativ	Akkusativ	Ablativ
Satzglied	Objekt Prädikativ Attribut Prädikatsnomen	Objekt Adverbiale Prädikativ Attribut Prädikatsnomen	Objekt Adverbiale Prädikativ Attribut Prädikatsnomen	Objekt Adverbiale Prädikativ Attribut Prädikatsnomen
Frage	cuius?	cui?	quem, quid, quō etc.?	(1) unde, ā quō (2) ubī, quandō (3) quārē, quōcum
Bedeutung: Grundfunk- tionen	nähere Bestim- mung durch Zuordnung zu ...	Zuwendung, Beteiligung, Zweck	Richtung, Ziel, räumliche und zeitliche Aus- dehnung	(1) Trennung, Her- kunft (separativus) (2) Ort, Zeitpunkt (locativus) (3) Mittel (instru- mentalis) und Begleiterschei- nung (sociativus)
Einzelfunk- tionen	possessoris partitivus qualitatis pretii criminis subiectivus obiectivus	possessivus finalis auctoris		(1) auctoris, origi- nis, comparationis (2) temporis (3) causae, mensu- rae, limitationis, qualitatis, pretii, modi
verdeutlicht durch Präposi- tionen			ad, apud, prope, propter, ob, contrā, ante ←→ post, in, extrā ←→ intrā, sub ←→ suprā etc.	(1) ā, ab, ē, ex, dē, sine (2) prō, prae, sub, in (3) cum
abhängig von ... (Wortarten)	Substantiven; Adjektiven und adjektivisch gebrauchten Par- tizipien (cupi- dus, memor, patiēns, amāns u. a.); Verben (oblīviscī, accū- sāre u. a.); interest	Adjektiven (amīcus, fīdus, aptus u. a.); Verben (par- cere, invidēre, studēre u. a.) Je nach E im Dat. oder Akk. unter- schiedliche Bedeutung bei prōvi- dēre, cōnsulere u. a.	Adjektiven adjektiv. ge- brauchten Parti- zipien (longus, altus u. a.); Verben (adae- quāre, sequī, iuvāre, fugere etc.)	Adjektiven u. adj. verwendeten Parti- zipien (dīgnus, nātus, ortus etc.); Verben (ūtī, fruī, potīrī u. a.); opus est; ‚verba affectūs‘, ‚verba separativa‘

[1] Syntaktische Funktionen des Nominativs: Subjekt, Attribut, Prädikatsnomen, Prädikativ

Übersicht über die Gliedsätze

Bedeutungsverhältnis	Satzgliedfunktion	Einleitungswörter	Modus	Negation	Sinnweiser im übergeordn. Satz
(1) temporal (Zeit)	Adverbiale	postquam, priusquam, simulac, cum, dum, dōnec	Ind. oder Konj.	nōn	tum, eō tempore
(2) kausal (Grund)	Adverbiale	quod, quia, quoniam, cum	Ind. oder Konj.	nōn	proptereā, eō magis, ob eam rem
(3) konzessiv[1] (Gegengrund)	Adverbiale	quamquam, etiamsī, quamvīs, ut, cum	Ind. oder Konj.		tamen
(4) konditional (Bedingung)	Adverbiale	sī, sīn (autem), sīve – sīve	Ind. oder Konj.	nisi (nī)	–
(5) komparativ (Vergleich)	Adverbiale	ut, quemadmodum, quam, quantus, quālis; quasi	Ind. oder Konj.	nōn	ita, sīc, tam, tantus, tālis, īdem, alīter
(6) konsekutiv (Folge)	Adverbiale	ut	Konj.	nōn	ita, sīc, tam, tantus, tālis
(7) explikativ[2] (Entfaltung)	Subjekt Objekt Attribut Adverbiale	cum, quod; ut, nē; quīn	Ind. oder Konj.	nōn (nē)	,verba affectūs‘, V. des Geschehens und Bewirkens, mōs est, eō cōnsiliō, eā condiciōne
(8) final (Zweck)	Adverbiale	ut, quō, nē	Konj.	nē	–
(9) intentional (Absicht)	Subjekt Objekt	ut, nē; quōminus; quīn	Konj.	nē nē nōn	,verba cūrandī‘ und ,postulandī‘, ,timendī‘ und ,impediendī‘
(10) interrogativ (Satzfrage)	Subjekt Objekt	-ne, nōnne, num, an, utrum... an, quīn; (sī)	Konj.	nōn	Verben des Wissens, Wissenlassens, Wissenwollens; (der Erwartung)
(Wortfrage)	Subjekt Objekt	quis, quid; quī, quae, quod, uter, unde, ubī, quō, cūr, quandō, quam...	Konj.	nōn	Verben des Wissens, Wissenlassens, Wissenwollens; (der Erwartung)
(11) (relativ (Bezug)	Subjekt Objekt Attribut Adverbiale	quī, quae, quod, quisquis, quīcumque, ubī, quā, unde...	Ind. oder Konj.	nōn	is, īdem, hīc, tantus, tālis, tot(iēns), ibī, eō, inde

1 Von den Konzessivsätzen kann man die Adversativsätze (cum + Konj.) unterscheiden, die einen Gegensatz zur Haupthandlung anführen (D „während"; vgl. die Beispiele zu (22)).
2 Der im Deutschen häufigere Modalsatz („indem") fehlt in der Tabelle; der entsprechende Gliedsatz mit cum erscheint hier unter den ,Explikativsätzen'.

Grammatisches Register

(Die Zahlen verweisen auf die Gruppen.)

Adjektiven, Valenz von 25
Adverbien 8, 13, 18
Begehrssätze, s. Intentionals.
cum adversativum 22
– causale 22
– concessivum 22
– explicativum 60
– historicum 14
– inversum 14
– iterativum 14
– temporale 14
Demonstrativpronomina 34
Erläuterungssätze, s. Explikativs.
Explikativsätze 28, 60
Finalsätze 22
Fragesätze, s. Interrogativs.
Gleichheit und Verschiedenheit,
    Ausdrücke der 21
Imperativ 27
Indefinitpronomina 35
Intentionalsätze 27, 56
Interrogativsätze 26
Irrealis 23
Kausalsätze 22
Komparativ 21
Komparativsätze 21
Konditionalsätze 23
Konsekutivsätze 23
Konzessivsätze 22

Negationen 35
Optativ 27
Personalendungen 34
Personalpronomina 34
Possessivpronomina 34
Potentialis 23
Präpositionen 7, 9, 10
quin Frageadverb 26
– Subjunktion 14
quod causale 22
– explicativum 60
quominus 53
Realis 23
Reflexivpronomina 34
Relativpronomina 34, 35
Relativsätze, konjunktivische 22
Superlativ 21
Unpersönliche Ausdrücke 60
ut comparativum 21
– concessivum 22
– consecutivum 23
– explicativum 60
– finale 22
verba dicendi 31
verba sentiendi 4, 5
verba timendi 30
Verben des Geschehens 60
Vergleichssätze, s. Komparativs.

Alphabetischer Index

(× bezeichnet den Basiswortschatz; die Zahlen verweisen auf die Gruppen.)

A

× a/ab/abs 9
× abesse 9
× abire 9
absens 9
absolvere 82
× abstinere 59
abstrahere 68
× ac 19
× accedere 9
× accendere 37
× accidere 60
× accipere 5
× accusare 82
× acer 83
× acerbus 38
× acies 83
actio 82
acutus 83
× ad 9
× adaequare 21
× addere 19
× adducere 56
× adeo 23
× adesse 9; 53
× adhibere 47
× adhuc 13
× adicere 19
× adimere 52
× adipisci 50
× adire 9
× aditus 9
× adiungere 19
× adiuvare 53
× administrare 78
× admirari 25
× admittere 60
admodum 18
× admonere 55
admovere 64
adolescere 45
adoriri 49; 62
× adulescens 45
× adulescentia 45
advenire 64
× adventus 64
× adversus 6
× aedes 72
× aedificare 51
aedificium 51
aedilis 78

× aeger 46
aegre ferre 29
× aequalis 21
× aequare 21
aequitas 81
× aequus 21; 81
aer 39
× aes 41; 69
× aestas 11
× aestimare 24
× aestus 39; 40
× aetas 11
× aeternus 12
× afferre 52
× afficere 28
affirmare 33
× ager 41; 67
× agere 47
× aggredi 64
× agitare 47
× agmen 83
× ait, aiunt 33
× alere 3
alibi 8
× alienus 69; 76
(alio 8)
× aliquando 12
× aliqui/qua/
quod 35
× aliquis/quid 35
aliquot 15
× aliter 21
× alius 21
× alter 26
× altitudo 6
× altus 6
× amare 29
× ambitio 74
× amicitia 29; 79
× amicus 29; 79
× amittere 50
× amnis 36
× amor 29
× amplus 6
× an 26
× anceps 58
× angustus 6
× anima 3
× animadvertere 4; 81
animal 42
× animus 1

annales 71
× annus 11
× ante 14
× antea 14
anteponere 21
× antequam 14
× antiquus 12
anxius 30
× aperire 63
× apertus 63
× apparere 63
× appellare 32
× appetere 27
appropinquare 6
× aptus 25
× apud 9
× aqua 3; 36
× ara 72
× arbitrari 24
× arbor 42
× arcere 53
× arcessere 57
× ardere 37
arduus 41
arena 41
× argentum 41
× arguere 22; 82
argumentum 22
× arma 84
armare 84
armatus 84
arrogantia 74
× ars 71
× artificium 71
× arx 67
× ascendere 41
× asper 41
× aspicere 4
assentiri 61
× assequi 50
assiduus 12
× at 20
× ater 38
× atque 19
× atqui 20
atrox 54
× attingere 44
attribuere 17
× auctor 71
× auctoritas 75
× audacia 48

Alphabetischer Index

(Zahlen in Klammern verweisen auf die linken Seiten.)

× audax 48
× audere 48
× audire 4
× auferre 52
× augere 52
× aura 39
× auris 2
× aurum 41
  auspicium 72
× aut 20
× autem 20
  autumnus 11
× auxilium 83
× avaritia 74
  avarus 74
× avertere 53
  avis 42
× avus 66
B
  barbarus 79
× beatus 70
× bellum 83
× bene 24
× beneficium 52
  benevolentia 27
  bestia 42
  bibere 3
  (bis 16)
× bonum 24; 69
× bonus 24
  brevi 13
× brevis 6
C
× cadere 43
× caedere 44
× caedes 44; 81
  caelestia 39
× caelestis 39; 72
× caelum 39
× calamitas 50
× campus 41
  candidus 38
  canere 71
  canis 42
  cantare 71
× capere 52
  captivus 83
× caput 2; 67
× carere 70
× carmen 71
× carpere 42

× carus 25
  castellum 84
× castra 84
× casus 43
× causa 22; 81
  cautus 58
× cavere 58
× cedere 62; 64
  celare 63
  celeber 72
× celebrare 72
× celer 59
  celeritas 59
  cena 3
× censere 24
  censor 78
× centum 16
  centuria 84
  centurio 84
× cernere 4
× certamen 62
× certare 62
  certe/certo 5
× certus 5
× ceteri 15
× cingere 85
× circa/circum 10
× circiter 35
× circumdare 10
× circumvenire 85
  (citra 7)
× civilis 76
× civis 76
× civitas 76
  clades 50; 83
  clam 63
× clamare 33
× clamor 33
× clarus 25
× classis 40; 78
× claudere 63
  clementia 73
× cliens 77
× coepisse 49
× coercere 53
× coetus 61
× cogere 61
× cogitare 48
  (cognomen 66)
× cognoscere 5
  cohibere 53

× cohors 84
  cohortari 55
× colere 67; 72
  collega 78
× colligere 23; 61
× collis 41
× collocare 6
  colloquium 31
  colonia 67
  colonus 67
× color 38
× comes 61
  comitari 61
× comitia 78
× commemorare 32
× commendare 56
  commercium 69
× committere 47
× commodus 25
× commovere 55
× communis 61
× comparare (pār) 21
× com-parare 50
× comperire 5
  complecti 29
× complere 44
× complures, rium 15
× componere 51
× comprehendere 5
× conari 48
× concedere 22
× concidere 45
  conciliare 61
× concilium 78
  concipere 4
  concitare 55
  concludere 23
× concordia 76
× concurrere 61
× concursus 61
  concutere 44
× condere 51; 63
× condicio 23
× conducere 61; 69
× conferre 21; 61
× conficere 47
× confidere 58
× confirmare 55
  confiteri 31
× confligere 62
× conicere 23

221

Alphabetischer Index

coniugium 66
× coniungere 19
coniuratio 76
× coniu(n)x 66
conscientia 1
× conscius 1
× conscribere 77; 84
consensus 61
consentire 61
× consequi 23; 50
× conservare 53
considerare 4
× considere 43
× consilium 48
× consistere 43
consolari 55
× conspectus 4
× conspicere 4
× constans 73
constantia 73
× constare 43; 69
constat 43
× constituere 48
× consuescere 60
× consuetudo 60
× consul 78
× consularis 78
× consulatus 78
× consulere 48; 58; 78
× consumere 52
× contemnere 29
contemplari 4
× contendere 33; 59; 62
× contentio 62
contentus 50
continens 40
continentia 73
× continere 40
× contingere 50
× continuus 12
× contio 78
× contra 6
× contrarius 6
× controversia 62
× conubium 66
× convenire 61
× convenit 60
× conventus 61
× convertere 54
convincere 82
convivium 80

× copia 69
× copiae 84
copiosus 69
× cor 2
× cornu 83
corona 84
× corpus 2
corrigere 57
× corrumpere 53
× cottidianus 11
× cottidie 11
cras 11
× creare 47; 78
× creber 15
× credere 58
× crescere 45
× crimen 81
× crinis 2
× crudelis 54
× cruor 2
crux 82
cubare 3
× culpa 81
cultura 67
× cultus 67; 72
× cum *Konjtn* 14; 22; (60)
× – *Präp* 61
× cum (primum) 14
× cum ... tum 19
× cunctari 48
× cuncti 15
× cupere 27
× cupiditas 27
× cupido 27
× cupidus 27
× cur 22
× cura 58
× curare 58
× curia 78
currere 59
currus 68
× cursus 59; 78
× custodia 82
× custos 82
D
× damnare 82
damnum 50
× dare 52
× de 9
× dea 72
× debere 60

× decedere 9
× decem 16
× decernere 48
decet 60
decimus 16
decipere 53
× declarare 32
× decretum 78
× decus 60
× dedere 85
dediti 85
× deducere 64
× deesse 9; 53
× defendere 62; 82
× deferre 32
× deficere 45; 79
deicere 43
× dein(de) 13
× delectare 28
× delere 54
× deligere 27
demere 19
× demittere 57
× demonstrare 22
× demum 13
× denique 13
× dens 2
denuo 13
depellere 62
× deponere 49
× deprehendere 52
× descendere 41
× deserere 53
× desiderare 27
desidia 74
× designare 78
× desinere 49
desistere 49
× desperare 30
detrimentum 50
× deus 72
× dexter 6
× dicere 31; 33; 78
dicio 75
dictator 78
× dictum 31
× dies 11
× differre 20; 49
× difficilis 47
× difficultas 47
digitus 2

222

Alphabetischer Index

× dignitas 75
× dignus 25
dilectus 84
× diligens 29
× diligentia 29
× diligere 29
dimicare 62
× dimittere 57
dirigere 57
× diripere 54
× discedere 64
× discere 5; 71
discernere 20
× disciplina 71
discipulus 71
discordia 76
discrimen 20; 58
dispergere 61
disponere 57
× disputare 26
dissentire 61
× disserere 32
× dissimilis 21
distinguere 20
distribuere 17
× diu 13
× diversus 6; 20
× dives 70
× dividere 17
× divinus 72
× divitiae 70
× divus 72
× docere 71
× doctus 71
× dolere 28
× dolor 28
dolus 53
domina 65
× dominari 75
dominatio 75
× dominus 65
× domus 65
× donare 52
× donec 14
× donum 52
dormire 3
× dubitare 48
× dubius 48
× ducere 24; 57
× dulcis 38
× dum 14

× duo 16
durare 59
× durus 41
× dux 57

E
× e/ex 9
edere 3
× ēdere 47
edictum 78
educare 71
× educere 64
× efferre 47
× efficere 47
× effugere 85
effundere 36
× egere 70
egestas 70
× ego 34
× egredi 64
× egregius 25
eicere 78
eloquentia 31
× emere 69
× enim 22
× eo 8; 21
eodem 8
× epistula 71
× eques 77
equester 77
× equidem 34
× equitatus 84
× equus 42
× ergo 23
× erigere 51
× eripere 52
× errare 50
error 50
erudire 71
× esse 9; 70
× et 19
× etenim 22
× etiam 19
etiamsi 22
etsi 22
evadere 64
× evenire 60
× eventus 60
× evertere 54
evocare 31
× ex 9
× excedere 64

× excipere 59
× excitare 55
× exemplum 71
× exercere 47
× exercitus 84
× exigere 47; 56
× exiguus 17
× exilium 82
× exire 9
× existimare 24
× exitus 9
expedire 84
expeditus 84
× expellere 78
× experiri 5
expers 70
explicare 32
× explorare 85
explorator 85
× exponere 32
expugnare 83
exquirere 26
exsequi 72
× exsistere 45
× exspectare 30
× exstinguere 37
exsultare 28
exterior 7
exterus 7; 79
× extra 7
× extremus 7
exul 82

F
faber 51
× fabula 31; 71
× facere 47
facies 2
× facilis 47
× facinus 47; 81
× factio 76
× factum 47
× facultas 47
× fallere 53
× falsus 5
× fama 31
fames 3
× familia 65
× familiaris 65
fanum 72
fari 31
× fas 72

223

Alphabetischer Index

× fateri 31
fatigare 59
× fatum 72
favere 29
favor 29
× felix 72
× femina 66
fera 42
× fere 35
× ferme 35
× ferox 42
× ferre 68
× ferrum 41; 84
fertur/ferunt 71
ferus 42
fessus 59
festus 72
× fides 77; 79
× fidus 77
× fieri 60
× figere 44
figura 51
× filia 66
× filius 66
× fingere 51
finire 20
× finis 20; 22; 79
× finitimus 79
× firmus 55
× flagitium 81
× flamma 37
× flectere 44
× flere 28
× florere 42
flos 42
× fluctus 36
× fluere 36
× flumen 36
× foedus, eris 79
folium 42
fons 36
fore 9
× forma 2
formido 30
fors 72
× fortasse 48
× forte (fors) 72
× fortis 73
fortitudo 73
× fortuna 72
× forum 78

× fossa 84
× frangere 44
× frater 66
× fraus 53
× frequens 15
frigidus 39
× frigus 39
× frons 2
× fructus 42
× frui 42
× frumentum 42
× frustra 50
× fuga 85
fugare 85
× fugere 85
× fuisse 9
fundamentum 51
× fundere 36
× fungi 77
× funus 72
× furor 46
futurus 12
G
× gaudere 28
× gaudium 28
× gens 66; 79
(nomen gentile 66)
× genus 66
× gerere 78
gignere 45
× gladius 84
× gloria 77
gloriari 77
× gradus 17
× grandis 17
× gratia 75
× gratus 75
× gravis 17; 29
× gravitas 75
grex 67
H
× habere 24; 70
× habitare 3
habitus 3
× haerere 43
harena 41
× haud 35
haurire 36
herba 42
heri 11
hiberna 84

× hic *Adv* 8
× hic, haec, hoc 34
× hiems 11
× hinc 8
historia 71
hodie 11
× homo 2
× honestus 77
× honos/honor 77
(cursus) honorum 78
× hora 11
horrere 30
× hortari 55
× hospes 80
× hostis 83
× huc 8
× humanitas 73
× humanus 73
× humilis 77
× humus 41
I
× iacēre 43
× iacere 43
× iactare 43
× iam 12
× ibi 8
× īdem, eadem, idem 21
ideo 23
× idoneus 25
× igitur 23
× ignarus 1
× ignis 37
× ignorare 1
× ignoscere 29
× ignotus 5
× ille, illa, illud 34
illic 8
(illinc 8)
illuc 8
× illustris 25
× imago 71
imber 39
× imitari 71
immanis 25
immensus 17
× imminere 58
× immo 33
× immortalis 72
× impedimentum 53; 84
× impedire 53
× impellere 56

224

Alphabetischer Index

× imperare 75
× imperator 75
imperitus 5
× imperium 75
× impetrare 50
× impetus 27
× impius 73
× imponere 56
× imprimis 14
× improbus 25
improvisus 58
imus 7
× in 9
× inanis 44
incedere 64
× incendere 37
× incendium 37
× incertus 5
× incidere 60
× incipere 49
× incitare 55
× incolere 67
× incolumis 46
incommodum 50
× incredibilis 58
× inde 8
indicere 63
indicium 63
indignus 25
inducere 56
industria 73
iners 74
× inesse 9
infans 45
inferi 72
inferior 7
× inferre 55
infestus 83
infimus 7
× infirmus 55
× infra 7
× ingenium 1
× ingens 25
(ingenuus 65)
× ingredi 49
inicere 55
× inimicus 29
× iniquus 21; 81
inire 9; 49
× initium 9; 49
× iniuria 81

innocens 73
× inopia 69
inopinatus 58
× inquam 33
× inquit 33
inquirere 26
insanus 46
inscius 1
inscribere 71
× insequi 49
× insidiae 85
× insignis 25
× instare 58
× instituere 48
× institutum 48
× instruere 51
instrumentum 51
× insula 40
× integer 73
× intellegere 5
× intendere 48
× inter 10
intercedere 60
intercludere 85
× interdiu 11
interdum 15
× interea 13
× interesse 10; 20; 61
× interficere 54
× interim 13
× interior 7
× interire 10; 45
× intermittere 49
interpretari 24
interrogare 26
intervallum 6; 11
intimus 7
× intra 7
intrare 64
intueri 4
invadere 64
invehi 33; 68
× invenire 26
investigare 26
× invidere 29
× invidia 29; 75
invitare 80
× invitus 27
iocus 80
× ipse (a, um) 34
× ira 29

irasci 29
iratus 29
× ire 9
× is, ea, id 34
× iste, ista, istud 34
× ita 21
× itaque 23
× item 21
× iter 68
× iterum 13
× iubere 57
iucundus 28
× iudex 81
× iudicare 81
× iudicium 81
× iugum 41; 83
× iungere 19
× iurare 82
× ius 81
ius iurandum 82
× iussu 57
× iustitia 81
× iustus 81
iuvare 53
iuvat 28
× iuvenis 45
× iuventus 45
L
labi 43
× labor 59
× laborare 59
lacessere 55
× lacrima 28
lacus 36
× laedere 54
× laetari 28
× laetitia 28
× laetus 28
lapis 51
largiri 52
largus 52
latere 63
× latus (a, um) 6
× latus, eris 2
× laudare 24
× laus 24
× lavare 3
× lectus 3
× legatio 79
× legatus 79; 84
× legere 71

225

Alphabetischer Index

× legio 84
× lenis 39
  leo 42
× levare 17
× levis 17
× lex 81
× libenter 27
× liber, bri 71
× liber (era, erum) 65
  liberalis 73
  liberalitas 73
× liberare 65
× liberi, orum 65
× libertas 65
  libertus 65
  libet 27
× libido 27
× licentia 60; 74
× licet 60
  lignum 51
  limes 68
× lingua 2; 31
  liquidus 36
  lis, litis 81
× littera 71
× litterae 71
× litus, oris 40
× loca 6
× locare 6
× locus 6
× longe 21
× longus 6
× loqui 31
  lucere 38
  lucrum 50
× ludere 80
× ludus 71; 80
× lumen 38
× luna 39
  lupus 42
× lux 11; 38
× luxuria 74
M
  maerere 28
  maeror 28
  maestus 28
× magis 18
  magister 71
× magistratus 78
× magnificus 77
× magnitudo 15

  magnopere 18
× magnus 15
  maiestas 75
× maior 15
× maiores, rum 65; 73
× male 24
× malle 27
× malum 24
× malus 24
× mandare 56
× manere 59
× manus 2
× mare 40
  maritimus 40
  maritus 66
× mater 66
× materia 51
  matrimonium 66
× maturus 45
× maxime 18
× maximus 15
  medicus 46
× meditari 48
× medius 6
× melior 24
  membrum 2
× meminisse 1
× memor 1
× memoria 1
× mens 1
  mensa 3
× mensis 11
  mentiri 32
  mercator 69
  merces 69
× merere 77
× mereri 77
  meridies 11
× merito 77
  merx 69
  metiri 17
× metuere 30
× metus 30
× meus (a, um) 34
× miles 84
× militaris 84
× militia 84
× mille 16
  minae 33
  minime 18
  minimus 15

  (minister 71)
× minor 15
× minuere 52
  minus 18
× mirari 25
× mirus 25
× miscere 3
× miser 29
  miseria 29
× misericordia 29
× mittere 57
  mobilis 74
  modestia 73
  modestus 73
× modicus 17
× modo 12
× (non) modo ... 19
× modus 17
× moenia 67
  moles 17
  molestus 28
× mollis 41
  momentum 55
× monere 55
× mons 41
  monstrare 63
× monumentum 55
× mora 49
× morari 49
× morbus 46
× mores, rum 73
× mori 45
× mors 45
× mortalis 45
× mos 73
× mos est 60
× motus 55
× movere 55
× mulier 66
× multi 15
× multitudo 15
  multo 18
× multum 18
  multus 15
  mundus 41
× munire 67
× munitio 67
× munus 77
× murus 51
× mutare 69
  mutuus 69

226

Alphabetischer Index

N
× nam 22
× nancisci 50
× narrare 32
× nasci 45
× natio 79
× natura 45
natu (natus, us) 45
natus – nata 66
nauta 40
navigare 40
× navis 40
× -ne 26
-ne ... an 26
× nē ... quidem 19
× nē 22; 27; (60)
× nec 19
× necare 54
× necessarius 65
× necesse est 60
× necessitas 60
nectere 19
× nefas 72
× negare 33
× neglegere 29
× negotium 80
× nemo 15
nepos 66
× neque 19
× neque enim 22
× neque vero 20
nequire 75
nervus 2
× nescire 1
(neuter 26)
(neve 22; 27)
nex 54
× ni 23
niger 38
× nihil 15
× nimis 18
× nimium 18
× nimius 18
× nisi 23
× niti 59
nix 39
× nobilis 77
× nobilitas 77
× nocere 53
noctu 11

nocturnus 11
× nolle 27
× nomen 31
× nominare 31
× non 35
non modo ... 19
non modo non ... 19
× non nisi 23
non solum ... 19
× nondum 13
noniam 13
× nonne 26
× nonnulli 15
nonus 16
× nos 34
× noscere 5
× noster 34
× notus 5
novae res 76
novem 16
× novisse 5
× novus 12; 76
× nox 11
nubere 66
nubes 39
× nudus 63
× nullus 15
× num 26
× numen 72
× numerus 16
× numquam 15
× nunc 12
× nuntiare 32
× nuntius 32
× nuper 12
O
× ob 10; 22
× obicere 53
obire 10
× oblivisci 1
× obscurus 63
obsecrare 33
observare 57
× obses 83
× obsidēre 85
obstare 53
× obtinere 75
obviam 10
× occasio 60
occidere 45

× occīdere 54
occultare 63
× occultus 63
× occupare 85
× occurrere 62
octavus 16
× octo 16
× oculus 2
× odisse 29
× odium 29
× offendere 62
× offerre 52
× officium 77
× olim 12
omen 72
× omittere 49
× omnes 15
× omnino 18
× omnis 15
× onus 17
× opera 51
× opes 69; 75
× opinio 58
× oportet 60
× oppidum 67
opponere 53
× opportunus 25
× opprimere 54
× oppugnare 83
ops 69
× optare 27
× optimates 76
× optimus 24
× opus 51
× opus est 60; 70
× ora 40
oraculum 72
× orare 56
× oratio 31
orator 31
× orbis 41
× ordo 77
origo 45
× oriri 45
× ornamentum 51; 71
× ornare 51; 71
× os, oris 2
× ostendere 63
ostium 36
× otium 80

227

Alphabetischer Index

P

pacare 79
paene 35
palam 63
palus, udis 41
panis 3
× par 21
× parare 48
× parcere 53
× parentes 66
× parēre 57
× parere 45; 50
× pars 17
partes, ium 76
parsimonia 73
particeps 70
× partim 17
× parum 18
× parvus 15
× passus 2
pastor 67
patefacere 63
× pater 66
× patres 65
patres conscripti 77
× patere 63
× pati 59
patientia 59
× patria 76
patricius 77
× patrius 76
patronus 77; 81
× pauci 15
paulatim 18
paulo (ante/post) 18
paulum 18
× pauper 70
pavor 30
× pax 79
× peccare 50
× pectus 2
× pecunia 69
× pecus, oris 67
× pedes, itis 84
× peior 24
× pellere 44
penates 72
× pendēre 43
pendere 43
× per 10
peragere 47

percipere 4
percutere 44
× perdere 50
× perducere 56
× perferre 59
× perficere 47
perfidus 77
× pergere 49
× periculum 5; 58
× perire 10; 45
peritus 5
permanere 59
× permittere 60
permovere 55
× pernicies 54
× perpetuus 12
× persequi 85
persona 71
× perspicere 4
× persuadere 55
× perterrere 30
× pertinere 6; 20
× perturbare 85
× pervenire 10; 64
× pes 2
× pessimus 24
pestis 46
× petere 27; 56
philosophia 71
× pietas 73
pilum 84
× pingere 71
piscis 42
pius 73
× placere 29
× placet 48
× placidus 39
× plane 33
planus 41
plebeius 77
× plebs 77
× plenus 44
× plerique 15
× plerumque 15
× plures 15
× plurimi 15
plurimum 18
× plus 18
× poena 82
poeta 71
× polliceri 32

× pondus 17
× ponere 51
× pons 68
pontifex 72
populares, ium 76
popularis 76
× populus 76
× porta 67
× portare 68
× portus 68
× poscere 56
× posse 75
× possidēre 70
× post 14
× postea 14
postquam 14
× posteri, orum 14; 65
posterior 14
× posterus 14
× postremo 13
× postremus 14
× postulare 56
× potens 75
× potentia 75
× potestas 75; 78
× potior 75
× potiri 75
potissimum 75
× potius 75
× prae 10
× praebere 52
× praeceps 2
× praeceptum 57
× praecipere 57
× praeclarus 25
× praeda 83
× praeesse 10; 57
× praeferre 21
praeficere 57
× praemittere 10; 57
× praemium 52
(praenomen 66)
praeponere 21
× praesens 12
praesertim 22
× praesidium 83
× praestare 52
× praestat 21
× praeter 10
× praeterea 19
× praeterire 10; 12; 33

Alphabetischer Index

× praetermittere 49
× praetor 78
  pravus 5
× precari 56
× preces, um 56
× premere 54
× pretium 69
× primo 13
× primum 13
× primus 14; 16
× princeps 75
  principatus 75
× principium 49
× prior 14
× prius 14
  priusquam 14
  privare 52
× privatim 76
× privatus 76
× pro 10
× probare 24
  probus 25
× procedere 10
  proconsul 78
× procul 7
× prodere 76
× prodesse 53
  prodigium 72
  proditio 76
× producere 57
× proelium 83
  profanus 72
× profecto 33
× proficisci 64; 68
  profugere 85
× progredi 49
× prohibere 53
  proicere 83
  proles 65
× promittere 32
× promptus 48
× prope 7
× properare 59
× propinquus 6; 65
× propior 7
× proponere 32
  propraetor 78
× proprius 76
× propter 22
  propterea 22
  proscribere 78

  prosequi 61
  prospicere 58
× providere 58
× provincia 79
× proximus 7
  prudens 1
× prudentia 1
  publice 76
× publicus 76
× pudor 30
  puella 45
× puer 45
× pugna 83
× pugnare 83
× pulcher 25
  punire 82
× purus 73
× putare 24
Q
  quā 8; 26
× quaerere 26
  quaestio 26
  quaestor 78
× qualis 21
× quam 21
  quamobrem 22
× quamquam 22
  quamvis 22
  quando 13
  quanto 18
× quantus 15
  quare 23
× quartus 16
× quasi 21
× quattuor 16
× -que 19
× quemadmodum 26
× queri 33
× qui, quae, quod 26; 34
× quī 26
× quia 22
× quicumque 35
× quidam 35
× quidem 22
× quidquid 35
× quies 80
× quietus 80
  quin 26; 60
  quin etiam 26
  quinque 16
  quintus 16

  quire 75
× quis, quid 26; 35
× quisquam 35
× quisque 35
× quisquis 35
  quivis 35
× quo 8; 21; 22
× quod 22; 60
  quominus (53)
× quomodo 26
  quondam 12
× quoniam 22
× quoque 19
  quot 15
  quotiens 15
R
× rapere 52
  rapidus 36
× rapina 52
  raro 15
  rarus 15
× ratio 1; 22
× ratis 40
  recedere 64
× recens 12
× recipere 85
× recitare 32
× rectus 5
  re(d)- 10
× reddere 47
  redigere 47; 79
× redire 10
× reditus 10
× reducere 85
× referre 32
× reficere 80
× regere 57
  regio 6
× regius 75
× regnare 75
× regnum 75
× religio 72
× relinquere 61
× reliquus 61
  remanere 59
× remittere 10
× removere 52
  remus 40
  repellere 85
× repens 12
× repente 12

229

Alphabetischer Index

repentinus 12
× reperire 26
× repetere 56
× reprehendere 24
requies 80
requiescere 80
× requirere 26
× reri 24
× res 69
 (res adversae 50)
 res familiaris 69
× res gestae 78
× res novae 76
× res publica 76
 (res secundae 50)
× resistere 62
respicere 58
× respondere 26
× restituere 52
× retinere 49
× reus 81
× reverti 64
× rex 75
× ridere 28
× ripa 36
robur 2
× rogare 56
rostra 78
rota 68
ruere 59
× ruina 54
× rumpere 44
× rursus 13
rus 67
rusticus 67
S
× sacer 72
× sacerdos 72
× sacra 72
sacramentum 84
× sacrum 72
× saeculum 11
× saepe 15
× saevus 54
× salus 46
× salutare 32
salve, salvete 32
salvus 46
× sanctus 72
× sane 33
× sanguis 2

× sanus 46
× sapiens 1
× sapientia 1
× satis 18
× saxum 41
scelestus 81
× scelus 81
× scientia 1
scilicet 23
× scire 1
× scribere 71
scutum 84
× se 34
secare 44
secreto 63
secundum 10
× secundus 16; 50
securus 58
× sed 20
× sedere 43
× sedes 43; 67
seditio 76
(semel 16)
semen 42
semi- 17
× semper 15
× senator 77
(senatorius 77)
× senatus 77
× senectus 45
× senex 45
× sensus 4
× sententia 31
× sentire 4
× sepelire 72
septem 16
septimus 16
sepulc(h)rum 72
× sequi 61
× sermo 31
× sero 13
× servare 53
× servire 65
× servitus 65
× servus 65
× seu 20
× severus 82
sex 16
sextus 16
× si 23; 26
× sibi 34

× sic 21
× sicut(i) 21
× sidus 39
× significare 63
× signum 63; 84
× silentium 31; 33
× silva 42
× similis 21
× simul 14
simulac 14
× simulacrum 71
× simulare 21
simulatque 14
× sin 23
× sine 61
× sinere 60
× singularis 25
× singuli 15
× sinister 6
sinus 40
sitis 3
× situs (a, um) 6
× sive 20
× societas 76; 79
× socius 76; 79
× sol 39
× solere 60
solidus 41
solitudo 80
× sollicitare 55
solum, i 41
 (non) sōlum . . . 19
× solus 17
× solvere 69
somnium 3
× somnus 3
× sordidus 25
× soror 66
× sors 72
× spatium 6; 11
× species 2
× spectare 4
× sperare 30
spernere 29
× spes 30
spirare 3
spiritus 3
× sponte 27
× stare 43
× statim 12
statio 85

Alphabetischer Index

× statua 71
× statuere 48
× status 43
× sternere 83
× stipendium 84
  struere 51
× studere 27
× studium 27
× stultus 1
× suadere 55
× sub 9
× subicere 79
  subigere 79
× subire 9
× subito 12
× subitus 12
× subsequi 61
× subsidium 53; 83
  subvenire 53
× succedere 53
× succurrere 53
× sui 34
× sumere 52
× summa 7
× summus 7
× sumptus, us 52
× super 9
× superare 62
× superbia 74
× superbus 74
× superesse 9
  superi, orum 72
× superior 7
× supplex 33
× supplicium 82
× supra 7
  supremus 7
× surgere 43
× suscipere 59
× suspicari 58
× suspicio 58
× sustinere 59
× suus 34
  T
× tabula 71
× tacere 31
  tacitus 31
× talis 21
× tam 21
× tamen 22
× tamquam 21

× tandem 13
× tangere 44
× tantum 18
× tantus 15
× tardus 59
× tectum 63
× tegere 63
× tellus, uris 41
× telum 84
  temere 58
× temperare 58
× tempestas 11; 39
× templum 72
× temptare 48
× tempus 11
× tendere 44
  tener 45
× tenere 70
× tenuis 25
  (ter 16)
× tergum 2
× terra 41
× terrere 30
× terror 30
× tertius 16
× testis 81
× timere 30
× timidus 30
× timor 30
  toga 3
× tolerare 59
× tollere 52
× tot 15
  (totiens 15)
× totus 17
× tractare 47
× tradere 71
× traducere 68
× trahere 68
× traicere 68
× tranquillus 40
× trans 9
× transferre 68
× transire 9
× tres 16
× tribuere 17
  tribunicius 78
× tribunus militum 84
  tribunus plebis 78
  tributum 79
× tristis 28

  triumphus 83
× tu 34
× tueri 53
× tum 12; 13; 19
× tumultus 76
  tunc 12
  tunica 3
× turba 85
× turpis 25
× turris 67
× tutus 53
× tuus 34
× tyrannus 75
  U
× ubi 8
× ubi (primum) 14
  ubicumque 8
  ubique 8
  ulcisci 62
× ullus 35
× ulterior 7
  ultimus 7
  ultra 7
  ultro 27
× umbra 39
× umquam 15
× una 61
× unda 40
× unde 8
× undique 8
  universum 39
× universus (a, um) 17
× unus 15; 16
× unusquisque 35
  urbanus 67
× urbs 67
  urere 37
  urgere 58
× usque 12
× usus 53; 60
× ut 21; 22; 23; 27; 60
× ut non 23
× ut primum 14
× uter 26
× uterque 26
× ūtī 60
× utilis 25
  utinam 27
× utrimque 8
× utrum ... an 26
× uxor 66

Alphabetischer Index

V
vacare 44
× vacuus 44
× vadum 36
× valde 18
vale, valete 32
× valere 46; 75
× valetudo 46
× validus 46
× vallis 41
× vallum 84
× varius 38
vastare 54
vastus 54
vates 72
× -ve 20
× vehemens 39
× vehere 68
× vehi 68
× vel 20
× velle 27
velum 40
× velut(i) 21
× vēndere 69
× venenum 46
vēnire (-eo) 69
× venire (-io) 64
× ventus 39
ver 11
verberare 54
× verbum 31
× vere 5

× vereri 30
× veritas 5
× vero 5
× (neque) vero 20
× versari 6
× vertere 44
× verum 20
× . . . verum (etiam) 19
× verus 5
vesper 11
vesperi 11
× vester 34
× vestigium 26
× vestis 3
vetare 75
× vetus 12
× vexare 54
× via 68
in vicem 69
vicinus 67
× victor 83
× victoria 83
victus 3
× vicus 67
× videre 4
× videri 4
× videtur 48
vigilare 85
× vigilia 11; 85
viginti 16
× villa 67
× vincere 83

vincire 82
× vinculum 82
vindex 81
× vindicare 81
vinum 3
× violare 54
× vir 45; 66
× vires 75
× virgo 45
× virtus 73
× vis 2; 54; 75
× visere 4
× vita 3
× vitare 27
× vitium 74
× vivere 3
× vivus 3
× vix 18
× vocare 31
× voluntas 27
× voluptas 28
× volvere 44
× vos 34
× votum 72
× vox 31
× vulgus 76
× vulgo 63
× vulnerare 46
× vulnus 46
× vultus 2

Anleitung zur Arbeit mit dem Grundwortschatz Latein nach Sachgruppen

In diesem Buch sind rund 1850 Vokabeln des lateinischen Grundwortschatzes in 85 überschaubare Lerneinheiten eingeteilt. Dieser Einteilung liegt die Absicht zugrunde, die Erkenntnisse der Wissenschaft vom Lernen für die Wortschatzarbeit fruchtbar zu machen. Sie verbietet nämlich die Isolierung der Einzelvokabel, wie sie z. B. eine alphabetische Anordnung mit sich bringt, und fordert ihre Darbietung in Sinnzusammenhängen. Solche Zusammenhänge aber bietet die Sprache selbst an. Denn in ihr sind die Wörter durch mannigfache Beziehungen der Form (z. B. Wortbildung) und der Bedeutung (z. B. Wortfelder) miteinander verbunden. Das ergibt eine Reihe von Gliederungsgesichtspunkten, mit deren Hilfe man die Bedeutungsbeziehungen, die zwischen den einzelnen Vokabeln bestehen, bewusst machen und für das Lernen nutzen kann. Diese Gesichtspunkte sind vorab in der „Einführung in die lateinische Wortkunde" beschrieben und werden schwerpunktmäßig für den möglichst lernwirksamen Aufbau der einzelnen Lerneinheiten und ihre Verknüpfung untereinander verwendet. Wie das Buch im Einzelnen eingerichtet ist und wie man mit ihm arbeiten kann, wird im Folgenden erläutert.

Rechte Seiten (Lernseiten):
Auf den rechten Seiten ist der Lernstoff in zwei Dringlichkeitsstufen dargestellt. Ein für jede Lektüre unabdingbarer Basiswortschatz von etwa 1300 Wörtern ist in schwarzer Farbe, der übrige Bestand in weinrot gedruckt. Für die Gestaltung der Lerneinheiten gelten folgende Überlegungen:

(**1**) Der Aufbau einer Gruppe kann sich aus <u>außersprachlichen Sachverhalten</u> ergeben, die es erlauben, eine Reihe von Wörtern aufgrund ihrer Bedeutungsbeziehungen unter einen gemeinsamen Oberbegriff zu stellen. So ist z. B. das politische System in 75 – 78 oder das Rechtswesen in 81/82 zum Anlass genommen, die Vokabeln nach Sachgruppen darzustellen.

(**2**) Ein anderes Gliederungsprinzip ist das <u>Wortfeld</u>. In ihm sind bedeutungsähnliche (synonyme) Wörter zusammengestellt, die dazu dienen können, jeweils bestimmte Bedeutungsmerkmale hervorzuheben, wie es in 27 mit den Ausdrücken des Wollens und Strebens oder in 31-33 mit den Ausdrücken der sprachlichen Äußerung geschieht. In 62 gibt eine Übersicht über die Bedeutungsnuancen der Synonyme für „kämpfen" Auskunft.

(**3**) Bedeutungsähnliche Wörter können eine Reihe bilden, in der die Bedeutung allmählich von der einen Seite zur anderen Seite eines Gegensatzes übergeht, wie es bei der Reihe von *nullus* bis *omnes* in 15 der Fall ist (<u>Bedeutungskontinuum</u>). Auch kann die Anordnung der Vokabeln anhand steigender <u>Grade eines Bedeutungsmerkmals</u> erfolgen, wie sie bei den Wörtern für „Verbrechen" in 81 oder für „Strafen" in 82 vorliegen.

(**4**) Vokabeln sind immer wieder in Form von <u>Gegensatzpaaren</u> angeordnet, in denen sich die Wörter gegenseitig bestimmen und im Gedächtnis stützen, etwa die Ausdrücke des Wissens und Nichtwissens in 1 oder der Zuneigung und Abneigung in 29.

(**5**) Eine bewährte Lernhilfe besteht auch darin, dass immer wieder Wörter zusammengestellt sind, die einer <u>Wortfamilie</u> angehören, z. B. *aequus, inīquus, aequālis, (ad)aequāre* in 21 oder *līberī, līberāre, lībertās, lībertus* in 65.

(**6**) Auch nach ihrer <u>Wortbildung</u> können Wörter zusammengehören. In 61 zeigen z. B. viele Wörter das Präfix *con-*, weil das gemeinsame Handeln ihr übereinstimmendes Bedeutungsmerkmal darstellt. In 73/74 finden sich viele Substantive mit den Suffixen *-tās, -ia* u. a., wie sie für abstrakte Begriffe bezeichnend sind.

Man kann also zunächst einmal jede Lerneinheit durcharbeiten, um Zusammenhänge dieser Art festzustellen und für das Lernen zu nutzen.

Jede Gruppe ist wiederum in sich gegliedert (▶), d.h. jeweils mehrere Vokabeln sind zu überschaubaren Sinneinheiten als Lernblock zusammengefasst. So lassen sich z.B. in 2 die Untergruppen „Körper als Ganzes", „Kopf" sowie „Rumpf und Gliedmaßen" unterscheiden.

234

In 14 folgen die Zeitverhältnisse „vorher", „zugleich" und „nachher" aufeinander. Das Erkennen dieser Feingliederung stellt ebenfalls eine wichtige Lernhilfe dar.

Schließlich ist jede Lerneinheit durch <u>Querverweise</u> mit den anderen Gruppen verbunden, z. B. in Gruppe 6:

propinquus (a, um) (65)   nahe, benachbart

prope 7 (vgl. vīcīnus 67)

Das Wort *propinquus* kommt in 65 in anderer Bedeutung (also in anderem Zusammenhang, nämlich „Haus und Familie") vor. Mit *prope* aus Gruppe 7 gehört es in dieselbe Wortfamilie. Das Wort *vīcīnus* ist mit *propinquus* bedeutungsähnlich (synonym), gehört aber in den besonderen Sinnbezirk „Siedlung".

Wenn man diesen Querverweisen folgt, erfährt man mehr über die Vokabel, die man lernen soll.

Die deutschen (**D**), englischen (**E**) und französischen (**F**) Wörter am Fuß der Seite zeigen das Fortleben des Lateinischen und können ebenfalls als Lernhilfe dienen, indem man auf das lateinische Ausgangswort zurückgeht und dessen Bedeutung mit der des modernen Wortes vergleicht.

Alle diese Zusammenhänge, in denen eine Vokabel steht, eignen sich auch zu gezielter Aufgabenstellung. Zahlreiche Beispiele dazu finden sich auf den Seiten 6–8. Man bearbeitet diese Aufgaben am besten nach dem Lernen bei geschlossenem Buch oder als Lernkontrolle.

Linke Seiten (Übungsseiten):

Die linken Seiten enthalten Materialien zur Vertiefung der Vokabelkenntnisse und Übungen zum Erfassen der Wortbedeutungen. Damit werden nicht nur weitere Lernhilfen angeboten. Es wird vielmehr auch deutlich gemacht, wie das Vokabellernen mit dem grammatischen Wissen und mit der Kenntnis von der Kultur der römischen Antike zusammenhängt. Hier folgt eine Übersicht über den Inhalt der linken Seiten:

(**1**) In einem <u>einführenden Text</u> wird jede Vokabelgruppe kurz charakterisiert, ihre Feingliederung erläutert oder auch auf ihren Bedeutungszusammenhang mit anderen Gruppen der Sequenz hingewiesen. Bei den Sachgruppen 65 bis 85 enthalten diese Einführungen eine kleine <u>Realienkunde</u> über die Gesellschaft, die Kultur, das politische System und das Rechtswesen des antiken Rom. Darin liegt keine Belastung mit zusätzlichem Lernstoff. Vielmehr ist die Bedeutung vieler lateinischer Wörter ohne solche Kenntnisse weder angemessen zu verstehen noch in wechselnden Zusammenhängen bei der Lektüre richtig aufzulösen.

(**2**) Weiterhin werden zahlreiche <u>Kontexte</u> aufgeführt, in denen die Vokabeln der rechten Seite bei den lateinischen Schulautoren vorkommen. Bei der Auswahl der Kontexte wurden vor allem Caesar und Cicero berücksichtigt. Bei den Beispielen wird auf besondere Bedeu-

235

tungsunterschiede (**B**), auf übertragenem (metaphorischen) Gebrauch (**M**) oder auf eine vom Deutschen abweichende (grammatische) Konstruktion (**G**) hingewiesen, die man sich einprägen sollte. Wo die deutsche Entsprechung fehlt (**?**), kann man das Einsetzen der passenden deutschen Bedeutung (von der rechten Seite) üben. Wendungen und Wortverbindungen, die wie Vokabeln gelernt werden können, sind **fett** gedruckt.

Grundsätzlich sollte man bei allen Kontextübungen die deutsche Übersetzung, die lediglich der Kontrolle dient, erst einmal abdecken.

(**3**) Eine Reihe von Übungen sind als besondere <u>Aufgaben</u> (**A**) am Fuß der Seite angeführt. Doch lassen sich aus dem angebotenen Material leicht weitere Aufgabenstellungen ableiten, z. B. für die erste Beispielreihe in 3: „Bestimme Wortart und Form der unterstrichenen Wörter und beschreibe die Bedeutungsunterschiede!"

(**4**) Oft sind die Kontexte, in denen bestimmte Vokabeln vorkommen können, systematisch beschrieben, so dass das <u>Wörterlernen mit grammatischer Wiederholung verbunden</u> werden kann. So sind in 4 bei „verba sentiendi" und in 31 bei „verba dicendi" typische Ergänzungen zusammengestellt. In 14, 22 und 60 (links) werden die Gliedsätze mit *cum*, in 21–23 und 60 (links) die Gliedsätze mit *ut* behandelt. In 22 sind alle Verwendungen von *ut* übersichtlich zusammengestellt. In 25 gibt es eine Übersicht über die begleitenden Kasus bei Adjektiven.

(**5**) In vielen <u>Graphiken</u> werden Feldstrukturen veranschaulicht. So findet man z. B. in 9, 53, 57 und 64 Schaubilder, welche die Leistung der Präfixe verdeutlichen. In 12 und 18 werden Bedeutungsübergänge sichtbar gemacht.

In 27–29 wird die Steigerung von Bedeutungsmerkmalen an einem Stufenmodell gezeigt. Wortfelder sind im Überblick in vielen Gruppen visuell verdeutlicht. Alle diese Strukturbilder kann man zum Auswendiglernen assoziativer Reihen nutzen.

Die in der Übersetzung nicht zu erfassenden Bedeutungsnuancen von *pietās* (73) und *fidēs* (77) werden graphisch dargestellt.

(**6**) In den Kontextbeispielen sind die Wörter, deren Bedeutungsentfaltung und Bedeutungsdifferenzierung erfasst und gelernt werden sollen, <u>unterstrichen</u>. Hier zeigt ein Vergleich mit den auf der rechten Seite angegebenen Bedeutungen, dass der Übersetzer oft veranlasst wird, eine von der <u>Lexikonbedeutung</u> abweichende <u>Kontextbedeutung</u> zu wählen, um den Sinn des Satzes angemessen wiedergeben zu können. So ist z. B. in 3 auf der rechten Seite notiert:

vīvus (a, um)   lebendig, am Leben

Das Kontextbeispiel auf der linken Seite lautet aber:

      Hannibale <u>vīvō</u>   zu Lebzeiten Hannibals

Auch hieraus lassen sich gezielte Aufgaben entwickeln.

Tabellen und Register (Anhang):
Als Arbeitshilfen sind dem Buch Tabellen und Register beigegeben, die zur Lösung der Aufgaben herangezogen werden können:
(1) Wer sich bei der Erarbeitung einer Gruppe besonders mit der <u>Wortbildung</u> der Vokabeln befassen will, findet auf den Seiten 210–214 eine Übersicht über die Präfixe und Suffixe, die dabei Verwendung finden, und über die lautlichen Veränderungen, die dabei zu berücksichtigen sind.
(2) Oft zeigen die Kontextbeispiele <u>stilistische Wortverwendung</u>. Wer darauf sein Augenmerk richten will, kann in der Liste der Tropen und Figuren auf S. 215 f. nachschlagen.
(3) Mit der Vokabelwiederholung kann eine Wiederholung der Formenlehre des Nomens und der Kasussyntax verbunden werden, indem man bei jedem Kontextbeispiel den <u>Kasus</u> genau bestimmt und nach seiner <u>syntaktischen und semantischen Funktion</u> fragt. In Zweifelsfällen kann ein Blick in die Übersicht auf S. 217 helfen.
(4) Sehr häufig sind die Kontextbeispiele Satzgefüge, bei denen Form, Funktion und Bedeutung der <u>Gliedsätze</u> genau bestimmt werden müssen. Hier hilft die Übersicht über die verschiedenen Gliedsatzarten auf S. 218.
(5) In den Materialien der linken Seiten sind die wichtigsten Themen der Satzlehre mitbehandelt. Wer ein ganz bestimmtes Thema daraus wiederholen und einüben will, kann es mit Hilfe des <u>grammatischen Registers</u> auf S. 219 auffinden.
(6) Zum Schluss erlaubt ein alphabetischer Index (S. 220–232), jede in diesem Buch belegte Vokabel wiederzufinden.

Zusammenhang der Teile:
Je mehr alle Teile des Buches im Zusammenhang zur Wortschatzarbeit herangezogen werden, desto erfolgreicher wird sie sein. Während Tabellen und Register dabei helfen, die linken Seiten zu nutzen, dient die „Einführung in die lateinischen Wortkunde" der Einsicht in grundlegende sprachliche Sachverhalte, deren Kenntnis für das Verständnis der Feingliederung der jeweiligen Gruppe auf der rechten Seite vorausgesetzt wird. In der Graphik auf S. 13 können diese Sachverhalte mit einem Blick erfasst werden.
Die „Übersicht über die Gruppensequenz" auf S. 17 erlaubt, diejenigen Lerneinheiten aufzufinden, deren Vokabeln für die gerade gelesene Lektüre kennzeichnend sind. So bietet etwa Caesars „Bellum Gallicum" I 3 schwerpunktmäßig Wörter aus den Gruppen 75–82, Ciceros Rede gegen Verres 1 1–10 solche aus den Gruppen 81/82.
Die Vokabeln *esse* (9;70), *petere* (27;56) und *rēs* (69) – durch Häufigkeit und Bedeutungsvielfalt besonders wichtig – werden in aller Ausführlichkeit auf S. 14–16 in der Einführung behandelt. Das sollte beim Durcharbeiten der entsprechenden Gruppen nicht vergessen werden.

Weitere Aufgaben und Übungsbeispiele:

Die folgenden Übungen und Aufgaben zu einzelnen Gruppen des „Grundwortschatzes" sollen dazu helfen, lernwirksame Binnenstrukturen der jeweiligen Lerneinheit für das Gedächtnis zu verstärken. Dabei ist der aktive Umgang mit den lateinischen Wörtern durchaus beabsichtigt. Denn das Lernen in nur einer Richtung (lat.→dt.) bringt erfahrungsgemäß eine zu geringe Langzeitwirkung hervor. Die Übungen und Aufgaben sind unterrichtlich erprobt.

Nr. der
Gruppe

1 Welche Wörter gehören mit *scīre* zu einer Wortfamilie?
Mit welchen Wörtern kann man im L „Nicht-Wissen" bezeichnen?

4 Welche lat. Wörter bezeichnen vorwiegend die visuelle Wahrnehmung?

5 Sechsmal „erfahren": Durch welche Bedeutungsmerkmale unterscheiden sich die folgenden Wörter?
discere – accipere – cōgnōscere – comperīre – perītus – experīrī
Welche sprachliche Form kann die Ergänzung der Verben dieser Reihe haben?

6 Wie heißen auf L und D die Gegenbegriffe zu: *longus – dexter – lātus*?
Zu welchem dieser drei Adjektive passt seiner Bedeutung nach das Substantiv *lkatus, -teris n* (2)?

8 Welche lat. Wörter entsprechen den Pronominaladverbien *hūc – quō – illūc*, wenn die Fragen „woher?" und „wo?" lauten?

9 Übersetze folgende Wendungen: *lūdis adesse – amīcum adīre – amīcīs dēesse – hieme exeunte – Alpēs trānsīre*.
Wie lauten die Gegenbegriffe zu: *abesse – dēcēdere – exīre*?

11 Welche Wörter der Gruppe sind von *diēs* und *nox* abgeleitet bzw. mit ihnen verwandt?

12 Stelle die Bedeutungsverhältnisse zwischen folgenden Wörtern graphisch dar (↔ Bedeutungsgegensatz; Bedeutungsähnlichkeit): *vetus – repentīnus – subitus – novus – recēns – ūsque – continuus – assiduus antīquus*.

15 Nenne Gegenbegriffe zu: *nūllus – paucī – frequēns – numquam – rārō*.

16 Was bedeuten die folgenden mit Zahlen verbundenen Ausdrücke?
singula mīlia armātōrum – cōnsul tertium – MCMLXXXIX – mīlitēs mūrum in altitūdinem pedum sēdecim perdūcunt

17 Welche lat. Verben können den Vorgang der „Zuteilung" bezeichnen?
Wie lauten die Gegenbegriffe zu: *ūniverus – gravis exiguus*?

19 Welche Negationen entsprechen den folgenden Konjunktionen?
et – etiam – et... et – cum... tum

20 Wie lauten die mit *dis-* zusammengesetzten Wörter des „Unterscheidens"? Gibt die dt. Bedeutungen an!

21 Welche lat. Wörter gehören mit *aequus* und *similis* zu einer Wortfamilie?

23 Welche Bedeutungsverhältnisse können *ut, cum quod* ausdrücken: temporal/komparativ/kausal/konzessiv/final/konsekutiv/relativ?

24 Sechsmal „meinen": Nenne die lat. Verben mit ihrem Stammformen!

25 Wie lauten die Gegenbegriffe zu: *malum – reprehendere – indignus – pulcher – sordidus – improbus?*

26 Welche Wörter gehören mit *quaerere* zu einer Familie?
Viele Wortfragen beginnen mit *qu-:* Welche fallen dir ein?

27 Welche Wörter gehören mit *velle* zu einer Wortfamilie?

28 Wie lauten die Gegenbegriffe zu: *dolēre – maerēre – trīstis – flēre – molestus?*

29 Welche Bedeutungsverhältnisse bestehen zwischen den folgenden Begriffspaaren: *invidēre – favēre; neglegere – dīligere; dīligere – amāre; amor – odium; contemnere – neglegere?*

31 Nenne Angehörige derselben Wortfamilie zu: *fārī – dīcere – ōrāre – loquī – nōmen – vōx.*

39 Welche lat. Wörter lassen sich den Oberbegriffen „Gestirne", „Luftbewegung" und „Niederschläge" zuordnen?

41 Welche Bedeutungsverhältnisse kennzeichnen die folgenden Wortpaare: *terra – mare; mōns – collis; iugum – vallis; plānus – arduus; dūrus – mollis?*

43 Nenne zu den angegebenen Zustandsverben die entsprechenden Vorgangsverben: *iacēre – sedēre – stāre – pendēre.*

46 Stelle die Angehörigen der Wortfamilien von der Wurzel *val-* („gesund") und *sal-* („heil-") zusammen!

47 Stelle die lat. Synonyme für „hervorbringen" und „vollenden" zusammen!
facere gehört zu einer großen Wortfamilie. Welche Angehörigen kennst du?

48 Was bedeuten *cōnstituere* und *īnstituere* in den folgenden Wendungen?
statuam in templō cōnstituere, diem conciliō cōnstituere, optimum esse domum revertī cōnstituere;

239

diēs festōs īnstituere, quaestiōnem īnstituere, puerōs litterīs Graecīs īnstituere

50 Welche lat. Verben können „erlangen" bedeuten?
Nenne Synonyme (bedeutungsähnliche Wörter) zu *calamitās*!

52 Nenne Gegenbegriffe zu: *minuere – auferre – prīvāre – removēre*!

55 Von welchen Verben sind die folgenden Substantive abgeleitet und was bedeuten sie: *monumentum – impedimentum (53) – ōrnāmentum (51) – mōmentum*?

56 Welche lat. Verben können eine Bitte ausdrücken?

58 Nenne Gegenbegriffe zu: *cōnfidere – prōvidēre – secūrus.*

60 Welche Ausdrücke bezeichnen im L „Ereignis, Geschehen", „Gewohnheit, Sitte" und „Notwendigkeit"?

61 Nenne Gegenbegriffe zu: *cōnsentīre– dispergere – sine.*

62 Die Bedeutungen von *contendere* wechseln mit Art und Füllung seiner Ergänzungen. Was bedeutet das Wort in den folgenden Verbindungen? (Vgl. auch 33 und 59!)
Cicerō apud senātōrēs contendit illa esse vēra – Rōmam contendere – Quam celerrimē domum proficīscī contendit – cum hoste contendere

63 Welche Wörter gehören mit *clam* zu einer Wortfamilie?

65 Welche der folgenden Wörter können füreinander eintreten?
domus – patrēs – necessārius – familia – posterī – propinquus – māiōrēs – prōlēs

66 Welche Wörter sind von *līber* abgeleitet?

70 Nenne Gegenbegriffe zu: *egēre – inopia – expers – pauper.*
Welche der folgenden Wörter können füreinander eintreten?
habēre – beātus – opēs – tenēre – bona – dīves – possidēre – dīvitiae

73 Welche sittlichen Verpflichtungen/Bindungen umfasst der Begriff *pietās*?

75 Welche Wörter bilden mit *posse* eine Wortfamilie?
Nenne Gegenbegriffe zu: *nequīre – vetāre – grātia.*

76 Welche Ausdrücke hat das L für „politische Unruhen"?
Nenne Gegenbegriffe zu: *optimātēs – prīvātus – proprius – discordia.*

79 Worin unterscheiden sich die lat. Ausdrücke für „Vertrag/Bündnis"?

81 Welche Substantive können dem Oberbegriff *culpa/crīmen* zugeordnet werden?

83 Nach welchen Bedeutungsmerkmalen lassen sich *bellum, proelium, pūgna* und *certāmen* unterscheiden? Vgl. die Übersicht über bedeutungsähnliche Verben in 62!